Werner Völker

»Wohin es geht«

Der junge Goethe

Deutscher Taschenbuch Verlag

Zur Rechtschreibung in diesem Buch:
Der Autor hat sich an die Regeln der neuen Rechtschreibung gehalten.
Die Texte Goethes und Sonstiger werden nach den verwendeten
Ausgaben zitiert

Das gesamte lieferbare Programm der *Reihe Hanser*
und viele andere Informationen finden Sie unter
www.reihehanser.de

Originalausgabe 2010
Deutscher Taschenbuch Verlag GmbH & Co. KG, München
© Carl Hanser Verlag München 2010
Umschlag: Lisa Rost
Gesetzt aus der Bembo 11/13·
Gesamtherstellung: Druckerei C. H. Beck, Nördlingen
Gedruckt auf säurefreiem, chlorfrei gebleichtem Papier
Printed in Germany · ISBN 978-3-423-62399-5

Inhalt

I. Das Kind – (1749–1765)

Planetarischer Prolog 13 · 1. »Die Straße, in welcher unser Haus lag ...« 15 · 2. Klein-Goethe war allein zu Haus ... 22 · 3. Von Wohlhabenheit und Bildungsbürgertum 24 · 4. Von Rind- und Schafherden und ländlichen Festen »... mit mancherlei Lust und Ungezogenheit« 32 · 5. Hätschelhans oder Eine Mutter und ihr Sohn 35 · 6. Ein schwarzer Verbrecher oder Klopstock in Kinderköpfen 37 · 7. Wohlwollen, Misswollen, Peitschen, Beißen, Kratzen, Treten! 41 · 8. Wolfgang Goethe & Max Moors 45 · 9. Reiten und Fechten, Fechten und Reiten 49 · 10. Von Diderots »Hausvater« bis zu den »Philosophen« von Palissot ... 52 · 11. Degen, Duell & Satisfaktion (Frankfurt, etwa 1761) 58 · 12. Wortwechsel im Treppenhaus 60 · 13. Après un moment d'oubli – l'épilogue – Nachspiel 63 · 14. Goethe und »Die Goldene Bulle« 65 · 15. »Alles stand uns zu Diensten ...« Vom unbändigen Lesehunger der Goethe-Kinder 69 · 16. »Ego et frater meus ...« Hermann Jakob Goethe (1752–1759) 81 · 17. Weidenraupenzucht Leidengraupensucht Seidenraupenzucht 87 · 18. Non scholae ... »Er närrischer Kerl! Er närrischer Junge!« 95 · 19. Ein großes Tor mit Zinnen, ein Garten ... und die verbotenen Früchte des Sommers 101 · 20. Nachtrag aus der Schawellchen-Quelle 107 · 21. Stadterkundungen, Freundschaften & Wissensdurst 112 · 22. Cornelia oder Eine Schwester bleibt zurück 118

II. Der Jüngling – Studienjahre (1765–1770)
23. Mein Leipzig lob ich mir ... 127 · 24. Orientierungen & Enttäuschungen 131 · 25. »Ihr andern ... könnt nicht so weit sehen, wie wir Poeten ...!« 138 · 26. Eine Ohrfeige von Gottsched 143 · 27. »Weil ich gerade dabei bin, über das weibliche Geschlecht zu sprechen ...!« 145 · 28. Verliebt in die Liebe 153 · 29. Philosophie & Handwerk 156 · 30. Leipziger Tage und Nächte 159 · 31. Leipzig ade ... 161 · 32. Wieder in Frankfurt 164

III. Der junge Mann – Jurist und Dichter (1770–1775)
33. Mit neuen Kräften auf nach Straßburg 173 · 34. Intermezzo mit Marie Antoinette »L'Autrichienne« 178 · 35. Wie eine Wetterfahne im Wind ... 184 · 36. Er fragte nach meinem Namen ... Goethe trifft Herder in Straßburg 186 · 37. »Auf Richtwegen, welche die Neigung schon andeuteten, nach dem geliebten Sesenheim.« 194 · 38. »Widerhaken im Herzen« 201 · 39. »Als ich ihr die Hand noch vom Pferde reichte, standen ihr die Tränen in den Augen.« 203 · 40. Jakob Michael Reinhold Lenz 208 · 41. Positiones Juris 209

Goethe, der Jurist – *(August 1771–April 1772)*

42. Ein Dichter wird Anwalt 213 · 43. Die Advokatur ... nach dem Wunsch meines Vaters 215 · 44. Fuchs gegen Wolf oder Vor dem Kauf, dem Pferd, dem Gaul, schaut man ihm getrost ins Maul ...! 219 · 45. »Der Rabe schilt die Dohle schwartz ...« 221 · 46. Zwischen Frankfurt und Darmstadt 226 · 47. Tatkraft, Redlichkeit, Freiheitswille – Götz von Berlichingen 229

Praktikant am Reichskammergericht (Mai–September 1772)

48. Eine doppelte Welt 233 · 49. Mit Geist und Munterkeit 235 · 50. Bräutigam und Braut 239 · 51. Dichtung und Wirklichkeit 248 · 52. Frauenzimmer nehmen großen Antheil an seinem Schicksal ... – Kurzer Bericht über Jerusalem 251 · 53. Ein Meteor am Literaturhimmel oder »Ich weis nicht warum ich Narr soviel schreibe ...« 255 · 54. Ein sonderbarer Zeitgenosse: Johann Christian Senckenberg, Arzt und Stifter 260 · 55. Ein Heiratsspiel und das Trauerspiel »Clavigo« oder »... wie sich Gatte und Gattin in Gesellschaft zu benehmen hätten ...« 267 · 56. »Von deutscher Stärke, Tiefe und Wahrheit ...« 273 · 57. Goethes Ingenium oder Der Protagonist »Werther« und eigene Selbstmordfantasien 276 · 58. »Werther«–Wirkungen 279 · 59. Lahn/Rheinreise (Juni/Juli bis August 1774) mit Lavater und Basedow 282 · 60. »Lilis Park« darin »Eine Wetterfahne im Wind« 286 · 61. Die Fluchtreise in die Schweiz (Mai–Juli 1775) 294 · 62. »Bedecke deinen Himmel, Zeus ...« 300 · 63. Vom Wachsen und Werden des jungen Herrn G. 305 · 64. Ein Bote aus Weimar 307 · 65. Fürstendienst, Glück oder Knechtschaft? 309 · 66. Die Delph, das Dämonische und das Ende ... das ein Anfang war 313

Literatur- und Abkürzungsverzeichnis (Siglen) 319
Anmerkungen 322
Abbildungsverzeichnis 334

»Kind, Kind! nicht weiter! Wie von unsichtbaren Geistern gepeitscht, gehen die Sonnenpferde der Zeit mit unsers Schicksals leichtem Wagen durch, und uns bleibt nichts als, mutig gefaßt, die Zügel festzuhalten, und bald rechts, bald links, vom Steine hier, vom Sturze da, die Räder wegzulenken.
Wohin es geht, wer weiß es? Erinnert er sich doch kaum, woher er kam.«

Goethe, Egmont

I. Das Kind
(1749–1765)

Planetarischer Prolog

»Die Konstellation war glücklich;
die Sonne stand im Zeichen der Jungfrau
und kulminierte für den Tag;
Jupiter und Venus blickten sie freundlich an,
Merkur nicht widerwärtig;
Saturn und Mars verhielten sich gleichgültig:
nur der Mond, der soeben voll ward,
übte die Kraft seines Gegenscheins um so mehr,
als zugleich seine Planetenstunde
eingetreten war.
Er widersetzte sich daher meiner Geburt,
die nicht eher erfolgen konnte,
als bis diese Stunde vorübergegangen.«

Goethe, DuW

1. »Die Straße, in welcher unser Haus lag ...«
Der Hirschgraben

Ja, die Hirsche! Wer heute nach Frankfurt kommt, wird in der Nähe des Goethe-Hauses keine mehr entdecken, auch keinen Graben, alles ist zugebaut, und Bankentürme prägen das Bild der Stadt.

Hirsche gab es aber selbst bei Goethes Geburt am 28. August 1749 dort schon nicht mehr. Aufschlussreich ist eine Stelle aus »Dichtung und Wahrheit«, der Autobiografie des Dichters – Goethe erinnert sich an seine Kinderzeit, an die vielen Fragen, die sie ihren Eltern stellten, darunter auch die nach dem Straßennamen – wieso »Hirschgraben«, wenn doch weit und breit keine Hirsche mehr zu sehen waren? Goethe schreibt:

> Wir hatten die Straße, in welcher unser Haus lag, den Hirschgraben nennen hören; da wir aber weder Graben noch Hirsche sahen, so wollten wir diesen Ausdruck erklärt wissen. Man erzählte sodann, unser Haus stehe auf einem Raum, der sonst außerhalb der Stadt gelegen, und da, wo jetzt die Straße sich befinde, sei ehmals ein Graben gewesen, in welchem eine Anzahl Hirsche unterhalten worden. Man habe diese Tiere hier bewahrt und genährt, weil nach einem alten Herkommen der Senat alle Jahre einen Hirsch öffentlich verspeiset, den man denn für einen solchen Festtag hier im Graben immer zur Hand gehabt, wenn auch auswärts Fürsten und Ritter der Stadt ihre Jagdbefugnis verkümmerten und störten, oder wohl gar Feinde die Stadt eingeschlossen oder belagert hielten. Dies gefiel uns sehr, und wir wünschten, eine solche zahme Wildbahn wäre auch noch bei unsern Zeiten zu sehen gewesen.

Hier also wohnte sie, die Familie Goethe. Ein beinahe idyllisches Frankfurt noch, Mitte des 18. Jahrhunderts, verglichen mit dem Imponiergehabe heutiger Zeit, wenn es sich auch nach und nach zu einem umtriebigen Verkehrsknotenpunkt entwickelte und immerhin schon etwa 40 000 Einwohner zählte. Dazu kamen umliegende Dörfer, die zu Frankfurt gehörten mit etwa 5000 Einwohnern und etwa 3000 Juden, die zusammengepfercht, rechtlos und unterdrückt am östlichen Stadtrand unter ganz entsetzlichen Bedingungen hausten.

Keine besonders tolerante Stadt; die Lutheraner stellten das Stadtregiment, Katholiken hatten keine Chance, Ratsmitglieder oder gar Bürgermeister zu werden. Die Gleichstellung der Reformierten und der Katholiken ließ noch bis zum Beginn des 19. Jahrhunderts auf sich warten. In Goethes Kindheit war man immerhin so »modern«, dass man eine öffentliche Straßenbeleuchtung (auf Anregung der französischen Besatzung) einführte (was auch gleich eine Laternensteuer nach sich zog), und man verfügte schon über öffentliche (und natürlich auch private) Brunnen, sogar eine Wasserleitung (Quellwasser aus Friedberg) gab es. Pumpenbrunnen wurden installiert (man dachte an die schnellere und effizientere Wasserversorgung bei Bränden), und manche von ihnen wurden besonders verziert und mit Reliefs geschmückt.

Im Siebenjährigen Krieg zogen französische Truppen (ab 1759) in Frankfurt ein, und Goethes Vater musste sich wohl oder übel mit Einquartierungen abfinden. Immerhin wurde die erwähnte Straßenbeleuchtung noch verbessert, ebenso die Straßenschilder und die Nummerierung der einzelnen Häuser.

Das Goethe-Haus am Großen Hirschgraben war inzwischen umgebaut; Johann Caspar Goethe hatte nach dem Tod seiner Mutter (1754)* damit begonnen (ohne die Hilfe eines

---

* Cornelia Goethe, geb. Walther, verwitwete Schellhorn wurde 86 Jahre alt.

Architekten), die beiden aneinandergebauten Häuser in seinem Sinne umzugestalten. Immerhin machte der Maurermeister Springer entsprechende Pläne, um eine Baugenehmigung zu erhalten.

Ein Überhang, das sogenannte Vorkragen der Geschosse, war (bei Umbauten) noch erlaubt; allerdings bestimmte die Bauordnung vom 27. Juli 1719 (die nach einem Brand erlassen worden war), dass dieser Überhang »doch nur ein und ein halben Werkschuh« breit sein dürfe. (Ein Frankfurter Schuh = 28,46 cm.) Die Vorschrift galt allerdings nur in ganz bestimmten Gassen; in engeren Gassen (Brandgefahr, Überspringen des Feuers) war nur ein Überhang von einem Schuh erlaubt, und nach dem ersten Stock war alles »gerad auf ohne Überhäng«[1] aufzubauen; für die Geschosshöhe gab es besondere Vorschriften.

Aber Vater Goethe hatte ganz offensichtlich gute Beziehungen; beraten von dem befreundeten Ingenieur Friedrich von Uffenbach, der auch bei städtischen Bauvorhaben mitwirkte, machte er sich an die Arbeit, und es muss teilweise ganz abenteuerlich zugegangen sein in beiden Häusern. Aber der alte Zustand, eng und düster und verwinkelt, entsprach nicht länger den Vorstellungen Johann Caspar Goethes. Vater Goethe hatte alles genau geplant, und der Sohn erinnert sich später:

> Da nun also das Einreißen und Aufrichten allmählich geschah, so hatte mein Vater sich vorgenommen, nicht aus dem Hause zu weichen, um desto besser die Aufsicht zu führen und die Anleitung geben zu können: denn aufs Technische des Baues verstand er sich ganz gut; dabei wollte er aber auch seine Familie nicht von sich lassen.

Die Kinder erleben, wie sich ihre gewohnte Umgebung radikal verändert:

> Diese neue Epoche war den Kindern sehr überraschend und sonderbar. Die Zimmer, in denen man sie oft enge genug gehalten und mit

> wenig erfreulichem Lernen und Arbeiten geängstigt, die Gänge, auf denen sie gespielt, die Wände, für deren Reinlichkeit und Erhaltung man sonst so sehr gesorgt, alles das vor der Hacke des Maurers, vor dem Beile des Zimmermanns fallen zu sehen, und zwar von unten herauf, und indessen oben auf unterstützten Balken gleichsam in der Luft zu schweben, und dabei immer noch zu einer gewissen Lektion, zu einer bestimmten Arbeit angehalten zu werden – dieses alles brachte eine Verwirrung in den jungen Köpfen hervor, die sich so leicht nicht wieder ins gleiche setzen ließ.

Allerdings gab es nicht nur Unbequemlichkeiten für die Kinder beim Umbau, einiges war sicher auch spannend (auch nicht ganz ungefährlich); immerhin räumt Goethe in seiner Autobiografie ein, dass die »Jugend« auch ihren Spaß gehabt habe, »weil ihr etwas mehr Spielraum als bisher und manche Gelegenheit, sich auf Balken zu schaukeln und auf Brettern zu schwingen, gelassen ward«. Bewundern wir ruhig einen Augenblick lang die Gelassenheit des Vaters, der bei aller Verantwortung ruhig genug blieb, den Kindern diese Freude zu lassen.

Der Umbau ging zügig voran; endlich war es dann so weit, dass im Herbst 1755 die Dielen verlegt werden konnten und die Handwerker fleißig hämmerten, vom Hausherrn kontrolliert und überwacht, er war sein eigener, durchaus selbstbewusster Bauleiter.

Dem Treppenhaus widmete Johann Caspar Goethe seine besondere Aufmerksamkeit.* Im Dezember des Jahres wurde es durch den Steinmetzmeister Joseph Therbu errichtet, und es war »zusammen mit den raumgreifenden Vorsälen die auffälligste Neuerung, der eigentliche Luxus des Gebäudes«.[2]

Die schmiedeeisernen Initialen von Johann Caspar Goethe (JCG) und der geliebten Ehefrau Catharina Elisabeth

---

* Johann Wolfgang wird später seinen (altklugen) Kommentar dazu geben.

Goethe (CEG) sind im Geländer eingearbeitet; es verwundert aber nicht, dass die Treppengestaltung nach oben (zu den Dienstboten – und Kindermansarden) einfacher wird, der Hausherr hielt hier die Prachtentfaltung wohl für unangebracht.

Eine schwierige Phase entstand noch einmal zum Ende des Umbaus, »als zuletzt auch das Dach teilweise abgetragen wurde, und, ohngeachtet alles übergespannten Wachstuches von abgenommenen Tapeten, der Regen bis zu unseren Betten gelangte ...« Vater Goethe musste handeln, das konnte er seinen Kindern nicht länger zumuten: »... so entschloß er sich, obgleich ungern, die Kinder wohlwollenden Freunden, welche sich schon früher dazu erboten hatten, auf eine Zeitlang zu überlassen und sie in eine öffentliche Schule zu schicken.«

Louis Désire Thiénon: Goethes Elternhaus (Haus am Großen Hirschgraben in Frankfurt a. M.), 1851
In diesem Haus verbrachte Goethe – gemeinsam mit seiner jüngeren Schwester Cornelia – seine Kindheit und Jugend.

Zum Schulbesuch wird noch einiges zu sagen sein, der Knabe Goethe, bevorzugt und behütet bislang, musste sich in ungewohnter Umgebung durchsetzen; er deutet es hier immerhin schon an: »Dieser Übergang hatte manches Unangenehme: denn indem man die bisher zu Hause abgesondert, reinlich, edel, obgleich streng gehaltenen Kinder unter eine rohe Masse von jungen Geschöpfen hinunterstieß, so hatten sie vom Gemeinen, Schlechten, ja Niederträchtigen ganz unerwartet alles zu leiden, weil sie aller Waffen und aller Fähigkeit ermangelten, sich dagegen zu schützen.« (DuW, HA Bd. 9, I, 1. Buch)

Der kleine Goethe ist zunächst ein Fremdling unter der »rohen Masse von jungen Geschöpfen«, wird wegen einer gewissen »Würde«, die er ausstrahlt, gehänselt und verspottet, der Leser mag sich aber überraschen lassen, wie er mit seinen Widersachern fertig wird.

In die Zeit des Hausumbaus fällt aber ein Ereignis, das den sechsjährigen Wolfgang über die Maßen erschüttert: Das Erdbeben von Lissabon (1. November 1755), das »einen ungeheuren Schrecken« verbreitete. 60 000 Tote waren zu beklagen, und der Knabe hadert mit seinem Gott, der habe sich nun wirklich »keineswegs väterlich bewiesen«. (DuW, I. 1. Buch)

Wir haben den Umbau des Hauses (erzählerisch) vorweggenommen, stellen uns aber jetzt zunächst wieder den kleinen Knirps vor, der mit allen Privilegien aufwächst, verhätschelt und verwöhnt, vor allen Dingen von der Mutter. Eines Tages ist Wolfgang allein zu Haus und »räumt auf«; ein lyrisches Intermezzo, lustig und scherbenreich.

Das »Geräms«, das dabei eine bedeutsame Rolle spielt, nennt Goethe einmal eine Art »Vogelbauer«, in dem die Frauen nähten und strickten, sich unterhielten, die Köchin den Salat putzte. Einem Briefpartner erklärt er später, wie man sich solch ein Geräms (etymologisch wohl von »Rahmen/Gerahmtes«) vorzustellen hatte:

Was das Geräms betrifft, wornach Sie fragen, so kann man, wie Sie schon vermuten, sich den Ursprung desselben am ersten denken, wenn man sich vorstellt, wie zur Sommerszeit Bürgersleute Stühle und Bänke vor ihre Häuser setzten, wo sie unter den weit vorspringenden Überhängen der obern Stockwerke, sogar bei einem mäßigen Regen, ruhig sitzen konnten. Hatte man so durch gedachte Überhänge und durch das oben vorspringende Dach schon in die Rechte der Straße gleichsam Eingriffe getan; so lag es, besonders in weniger polizeilichen Zeiten, ganz nahe, sich einen hölzernen Käfig herauszubauen, um nicht den Augen jedes Vorübergehenden ausgesetzt zu sein. Dieses Geräms war wirklich meistenteils oben offen weil es von jenen Überhängen genugsam bedeckt war. Es hing durch eine besondre Türe mit dem Hausflur zusammen, welche nachts ebenso sorgfältig als die Haustüre selbst verschlossen wurde.

Goethe betont in seinem Brief auch noch den kommunikativen Charakter des Geräms, es sei für die Familie umso wichtiger gewesen, »als man in jenen Zeiten oft die Küchen nach der Straße zu, die Zimmer aber nach den Höfen zu anlegte, wodurch die Häuser sämtlich eine burgartige Gestalt erhielten und man nur durch das gedachte Geräms eine gewisse Kommunikation mit der Straße und dem Öffentlichen gewann. Soviel von diesem unarchitektonischen Teil altrechstädtischer Bauart.« (Brief an Reinhard vom 13. Februar 1812, HA, Bd. 3, S. 175 f.) Dieses Geräms war dem jungen Kind schon sehr vertraut; etwa drei Jahre mag er alt gewesen sein zu dem Zeitpunkt der folgenden kommunikativen Selbstverwirklichung.

2. Klein-Goethe war allein zu Haus …

Im Geräms zur Kinderzeit
spielt ich gern und gar nicht weit
(mal zu zwein und mal zu drein)
war'n die Gebrüder Ochsenstein

sie war'n im Hause gegenüber
ich gewann sie lieb und immer lieber
und von mancher Eulenspiegelei
folgendes erzählt nun sei:

Weil grad' Topfmarkt war gewesen,
trieb mit Topf und Tassen ich mein Wesen
und als mir's schon über war,
kam die Dreier-Nachbarschar –

schauten munter aus dem Geräms hervor,
zogen dem Kleinsten frech am Ohr,
dieser quiekte, schrie und kreischte,
bis **ich** mir Beachtung heischte:

warf ein Geschirr wohl auf die Straße,
was sie ergötzt in einem Maße,
daß sie das Streiten ganz vergaßen
und Beifall klatschten über Maßen –

der mich anspornt' und entzückte,
so daß mir noch ein Rauswurf glückte,
bis ich freundlichst alle Tassen
rauswarf auf die Hirschenstraßen –

sah die Ochsensteins nun feixen, bitten
(den Kleinsten friedlich jetzt inmitten)
und ich patschte in die Händchen,
fühlt' mich wohl in meinem Ländchen –

und dann war's auch schon passiert,
was ich hab' für Euch notiert:

Schüsseln, Töpfe und auch Tassen –
was nur grad' ich konnt' erfassen,
warf' ich auf die Straß hinaus,
alles sah ganz lustig aus –

Freude hatt' ich am Geklirr
feinstes Frankfurter Tongeschirr!
Als mein Kinder-Vorrat aufgezehrt –
(denn es ward: Mehr! Mehr! begehrt)

eilt' ich schnurstracks in die Küche
wo vom Mittag noch Gerüche –
und auf dem Topfbrett das Geschirr,
größ're Teller, Tassen fand ich hier:

    Und auf den Beinchen schnelle,
    eilt' ich in die Mittagshelle –

warf alles zum Geräms hinaus
hei, das war ein Ohrenschmaus:
Mein Publikum von gegenüber
hörte das nur immer lieber!

Als die Magd kam, mich zu schelten,
hatt' ich manches abgeräumt
mein Begehr' ließ sie nicht gelten:
So war die Klirrschlacht ausgeträumt!

Doch alle Brüder Ochsenstein,
die mich lobten und mich neckten
(und damit mein Wüten weckten)
wollten's **nicht** zufrieden sein –

    bis auch dorten kam die Magd,
    hat die Brüder-Bande reingejagt!

3. Von Wohlhabenheit und Bildungsbürgertum

Die Familie Goethe

Man kann die Familie Goethe durchaus wohlhabend nennen, aber nach allem, was wir wissen, sind im Vergleich mit dem Vermögen Johann Caspar Goethes ganz andere wirklich reich zu nennen. Die Herausgeber und Bearbeiter des »Liber Domesticus«[1], des Haushaltsbuches Johann Caspar Goethes, zählen Bankiers und Kaufleute auf, die in der Tat reich waren, und die Summen, die angegeben werden, sind beachtlich.[2] Aber Johann Caspar Goethe war ein Particulier, ein Privatmann der besonderen Art mit vielfältigen Aufgaben; sein Vermögen setzte sich aus zinstragendem Kapital und aus Immobilien, Häusern und Grundstücken zusammen.

Beginnen wir aber mit dem Großvater des Dichters väterlicherseits. Dieser, Friedrich Georg Göthe, Sohn eines Hufschmieds aus Artern in Thüringen, hatte Schneider gelernt, war im Ausland gewesen (Paris, Lyon), 1686 nach Frankfurt gekommen und hatte hier die Tochter eines Schneidermeisters geheiratet. Er scheint ein ansehnliches Vermögen angesammelt zu haben, und aus seiner Zeit als Schneider finde ich in den Quellen eine amüsante (frühe) »Berührung« der Familien Goethe und Textor, die ich dem Leser nicht vorenthalten möchte.*

---

* Friedrich Georg Goethe (der sich auch Fridericus Georg Göthé schrieb), Großvater des Dichters väterlicherseits, angesehener Damenschneider (später »Gasthalter« des Weidenhofes), hatte Grund zur Klage: Sein Kunde war Dr. Johann Wolfgang Textor, Stadtsyndikus (Großvater des späteren Stadtschultheißen mit identischem Namen); Damenschneider Göthé hatte für dessen Frau nicht nur ein Kleid gemacht, sondern auch Rock und Schnürbrust, dabei Fischbein verarbeitet, auch Seide, Taft und Florettband, kurz, allerlei angefertigt, auch für die Töchter, alles vom Feinsten. Frau Syndicus Textor wurde damals nicht umsonst »als eine der vornembsten Weiber in der Stadt Frankfurt« bezeichnet. Diese

Nach dem Tode seiner ersten Frau heiratete Schneidermeister Göthe die Witwe Schellhorn, eine geborene Walter. Diese hatte den »Weidenhof« geerbt, ein angesehenes, stattliches Gasthaus in der Nähe der Hauptwache, Ecke Zeil und Weidengasse gelegen. Friedrich Georg Göthe, der sich (s. Fußnote) auch schon mal Fridericus Georg Göthé schrieb und den französischen Akzent vielleicht als Reminiszenz an seinen Frankreichaufenthalt einsetzte, sattelte um. Der sehr erfolgreiche Damenschneider wurde Gastwirt, wir können auch sagen Hotelier, denn der Weidenhof war ein imposantes Gebäude und stand an vierter Stelle unter den Gasthäusern und Hotels der Stadt.

Friedrich Georg Göthe, Johann Wolfgangs Großvater, starb 1730; er muss erfolgreich gewirtschaftet haben, denn alle Quellen sprechen von einem »stattlichen« Vermögen. Allerdings gab es auch elf Kinder, von denen aber zum Zeitpunkt seines Todes nur noch drei lebten; der Sohn Johann Caspar aus der zweiten Ehe war bevorrechtigt als Erbe des mütterlichen Vermögens. Als der Stiefbruder Johann Michael starb, erbte Johann Caspar erneut. Insgesamt wurde sein Vermögen nach dem Tode der Mutter Cornelia Göthe (1754) mit 70 000 Gulden angesetzt.[3]

Eine wohlhabende Familie also.

Zu dem »zinstragenden Kapital« der Familie Goethe, das Einnahmen von 2700 Gulden im Jahr erbrachte, kam

jugendliche Frau hatte Witwer Textor (55 Jahre alt) 1693 geheiratet; doch nach nicht einmal einem Jahr Ehe »entwich« sie ihm nach Mainz. Die Uxor desertrix, wie es so schön heißt, »Ehefrau auf der Flucht«, hinterließ ca. 2000 Gulden Schulden. Die Klage Göthés beim Schöffengericht wurde zunächst einmal abgewiesen, Berufung beim Reichskammergericht in Wetzlar erfolgte; dort arbeitete man nach dem Motto: Eile mit Weile. Großvater Göthé wollte dann wenigstens die Arbeiten für die Töchter bezahlt haben; in Wetzlar geschah nichts, vermutlich musste Schneidermeister Göthé seine Forderung in den Wind schreiben; der Name Textor hatte bei ihm seitdem sicher keinen guten Klang.

Immobilienbesitz hinzu: Rat Goethe besaß je ein Mietshaus in der Eschenheimergasse und in der Bockenheimergasse, er verfügte über sogenannte »Baumstücke« (Obstbäume) am Rande der Stadt, hinzu kamen ein Weinberg und Garten vor dem Friedberger Tor. Regelmäßig ging Johann Caspar Goethe mit den Kindern in seinen Garten, und die Weinlese geriet in jedem Jahr zu einem kleinen Fest.

Vater Goethe lebte gern und gut; immer wieder finden wir z. B. in seinem Ausgabenbuch Zahlungen für Wurst aus Göttingen, für Käse, für Schinken, für Butter, wobei Letztere durchaus in größeren Mengen angeschafft wurde. Grundnahrungsmittel kamen hinzu, Gartenfrüchte wurden eingemacht, und Genussmittel wie etwa Bohnenkaffee oder auch grüner Tee waren im Hause Goethe zu finden, dazu natürlich Süßigkeiten für die Kinder. Wir erhalten nach allen Aufzeichnungen (zusätzlich etwa Reparaturen, Brennstoffe, Reinigungen, Kleidung etc.) den Eindruck eines wohlversorgten und durchorganisierten Haushalts. Vater Goethe muss sehr gut (aber nicht knauserig) gewirtschaftet haben; man hat ausgerechnet, dass die Familie in dem Zeitraum von 1753 bis 1779, in dem das Haushaltsbuch geführt wurde, im Durchschnitt 2592 Gulden jährlich (insgesamt 70 000 Gulden) verbrauchte, also weniger, als das zinstragende Kapital einbrachte.

Mit beständiger Disziplin verbuchte Johann Caspar Goethe auch Ausgaben für Bücher, Karten, dazu Ausfahrten, Konzertbesuche. Und für die Erziehung der Kinder war ihm nichts zu teuer. Viel Zeit und Energie (und viel Geld) wurde bei den Goethes in die Ausbildung der Kinder investiert.

Gerade drei Jahre ist Wolfgang alt, als er schon die Spielschule oder auch Kleinkinderschule (Kindergarten würden wir heute sagen) besucht. Geleitet wurde diese Spielschule von Frau Magdalena Hoff (in den Quellen auch die Hoffin genannt), und ihre Räume befanden sich in der Weißadlergasse.

Frau Hoff muss eine überaus fleißige und engagierte Frau gewesen sein; sie hatte schon Anfang der Vierzigerjahre (des 18. Jahrhunderts) eine Strickschule für Mädchen gegründet, hatte inzwischen sechs Kinder bekommen (von denen die beiden ältesten Töchter früh starben), und ihr Mann wurde nach verschiedenen Krankheiten zum Pflegefall. Weitere Belastungen kamen hinzu: Nach Schwierigkeiten mit dem Rat und dem Konsistorium »wegen öfter Nichtbeachtung der Erlasse« sollte das Ehepaar zehn Gulden Strafe bezahlen, die nicht aufzubringen waren.* Ein Buchdrucker namens Johann Heinrich Mayer scheint sich aber uneigennützig für die Hoffs eingesetzt zu haben, zahlte die zehn Gulden, und die Hoffs konnten aufatmen.

Nach dem Tode ihres Mannes unterhielt Frau Hoff wieder eine »Spiel-, Strick- und Kleinkinderschule« (1750), und immerhin gehörten in den Folgejahren nach und nach drei Enkel des gestrengen Stadtschultheißen Textor und Kinder des Kaiserlichen Rats Johann Caspar Goethe zu ihren Zöglingen, nämlich Johann Wolfgang, Cornelia und Hermann Jakob.

Nach der Spielschule besuchte Wolfgang die »öffentliche Elementarschule« des Johann Tobias Schellhaffer; dieser »nahm den Knaben in eine strenge Zucht und ließ ihm nichts hingehen«.[4] Schellhaffer, mit Perücke und Stecklocke über den Ohren, scheint sich Respekt verschafft zu haben, wurde aber auch vom Konsistorium wiederholt getadelt.

Die Schüler lernten Schreiben und Rechnen, und das große »Frankfurter ABC-Buch« vermittelte ihnen Fragen

---

* Elisabeth Mentzel (Wolfgang und Cornelia Goethes Lehrer, Leipzig o. J.) zeigt, mit welchen Schwierigkeiten unbotmäßige »Schulbetreiber« rechnen mussten; bei der Hoffin schreckte man nicht einmal vor einer drakonischen Maßnahme zurück – Frau Hoff, hieß es, solle »die Strafe mit vierzehntägiger Sitzung im Armenhaus bei harter Arbeit und Wasser und Brot sofort abbüßen«. (S. 23)

aus dem (lutherischen) Katechismus, dazu Gebete, Sprüche und Geschichte. Schellhaffer wird als einer der letzten Frankfurter Schulmeister »von altem Schrot und Korn« bezeichnet, der Neuerungen und zeitgemäßeres Unterrichten sicher nicht mehr verstehen konnte.

Wolfgang hat sich später erinnert und in Versen seine Schulerfahrung »in der engen Schule«, auf dem »niedern Schemelstuhle« beschrieben:

> Als der Knabe nach der Schule,
> Das Pennal in Händen, ging
> Und mit stumpfer Federspule,
> Lettern an zu kritzeln fing,
> Hofft er endlich schön zu schreiben
> Als den herrlichsten Gewinn:
> Doch daß das Geschriebne bleiben
> Sollte, sich durch Länder treiben,
> Gar ein Wert der Federspule,
> Kam ihm, in der engen Schule,
> Auf dem niedern Schemelstuhle
> Wahrlich niemals in den Sinn.

Vater Goethe hatte eine besondere Vorliebe für die italienische Sprache, und seine Reiseerinnerungen der Reise durch Italien (1740) sollten in italienischer Sprache abgefasst werden. Dabei half ihm Domenico Giovinazzi, ein ehemaliger Dominikaner, der ein heiterer Zeitgenosse gewesen zu sein scheint; man sang Arien zwischendurch, und die ganze Familie lernte Italienisch, selbst Mutter Aja, die den Gesang gelegentlich am Klavier begleitete. Giovinazzi »sang nicht übel«, erinnert sich Goethe, und Spaß und Freude hatten zumindest kurzfristig Einzug in das Goethe-Haus am Hirschgraben gehalten.

Cornelia nahm teil an den Gesangsstudien, machte schnell Fortschritte in dieser so melodiösen und sinnenfrohen Sprache; später las sie beispielsweise »I studii delle donne«, die ihr der Bruder von Leipzig aus empfahl.

Sprachen spielten im Hause Goethe eine große Rolle, jedoch auch das Schreiben, besonders das »Schönschreiben«, die Kalligrafie, genoss hohe Priorität. Johann Heinrich Thym (geb. 1723) war schon als Knabe nach Frankfurt gekommen; er war ein schriftgewandter und musikalischer junger Mann, der einem Kapelldirektor zunächst beim Notenschreiben half. Nach seiner Ausbildung und schwerer Krankheit, nach allerlei Auseinandersetzungen mit der »Obrigkeit«, nach Unterrichtsverbot durch das Konsistorium, wurde er schließlich doch ein »Magister artis scribendi«, und seine erhaltenen Schriftproben sind beeindruckend. Im Hause Goethe unterrichtet er die Kinder (neben dem Schreiben) auch in Rechnen, Geografie und Naturkunde.

Die ersten Gedichte, die Wolfgang schreibt, Neujahrsgedichte zu Ehren der Großeltern, sind (in der Schönschrift) auch von Thym beeinflusst:

> Ein neues Jahr erscheint,
> Drum muß ich meine Pflicht und Schuldigkeit entrichten,
> Die Ehrfurcht heist mich hier aus reinem Hertzen dichten,
> so schlecht es aber ist, so gut ist es gemeint. (…)

Ein noch nicht achtjähriger, durchaus selbstkritischer Dichter (1757), der den Großeltern Gesundheit wünscht, und was sein Schreiben angehe, so werde »die Feder hinfort mehr Fertigkeit erlangen«.

Auch zum Jahreswechsel 1762 wird ein Neujahrsgruß an die Großeltern verfasst, und der es schreibt, »der älteste von Eurer Töchter Söhnen«, wünscht den Großeltern Glück und ein langes Leben:

> (…)
> Ich wünsch aus kindlichem gehorsamen Gemüthe
> Euch alles Glück und Heyl von Gottes Hand und Güte
> (…) (vgl. HFL, Bd. 1, S. 70 f.)

Er fühlt sich durchaus schon als Dichter und will den Großeltern auch zeigen, »was er diß Jahr hindurch im Schreiben hat gethan«.

Zusätzlichen Unterricht erhielt Wolfgang im Lateinischen von dem Theologen Johann Jacob Gottlieb Scherbius und frühzeitig auch schon Französischunterricht von Demoiselle Gachet, und man wundert sich, dass überhaupt noch Zeit blieb zum Spielen oder zu anderen kindgemäßen Unternehmungen.

Hinzu kommen nämlich auch noch Unterrichtsstunden durch den Kupferstecher und Zeichenmeister Johann Michael Eben, der die Goethe-Kinder im Zeichnen unterrichtete. Einen »Halbkünstler« hat Goethe ihn später genannt; seine erste Schulung, beispielsweise auch das Zeichnen von Köpfen, verdankt er ihm, und später (noch auf der Italienreise) ist er sich lange Zeit nicht sicher, ob er nicht doch zum Maler bestimmt ist statt zum Dichter.

Zu dem Unterricht bei Eben kommen auch noch »Unterweisungen« in Mathematik durch den Legationsrat Johann Friedrich Moritz hinzu, die ihn nach eigener Aussage befähigten, »meine architektonischen Risse genauer als bisher auszuarbeiten und den Unterricht des Zeichenmeisters besser zu nützen«.

Vater Goethes »übertrieben interessante Schar von Hauslehrern«[5], von der Nicholas Boyle schreibt, ist damit aber noch nicht vollständig. Wir werden den Hebräischlehrer Wolfgangs kennenlernen und uns wieder wundern, dass die (zusätzliche) neue Sprache schließlich den wissbegierigen Knaben nicht doch überforderte.

Immerhin verzeichnete der Stundenplan auch noch Klavierunterricht, den Johann Andreas Bismann erteilte. Dieser »vielseitige und friedfertige« Kantor übernahm die musikalische Ausbildung Wolfgangs und Cornelias. Besonders Cornelia scheint hier gute Fortschritte gemacht zu haben, während Wolfgang sich zwar für Musik begeistern konnte, sich (in praktischer Ausübung) jedoch eher mittelmäßig einschätzt. Um die Schar der Hauslehrer noch zu erweitern, wird später dann von einem »expediten« Englischlehrer die Rede sein, auch Reit- und Fechtlehrer dürfen nicht fehlen.

Zu erwähnen bleibt, last but not least, noch Leopold Heinrich Pfeil, der eine »Schulanstalt und Pension« gründete, in der die klassischen Sprachen und auch Musik unterrichtet wurden; besagter Pfeil »stand dem Ganzen sehr lobenswürdig vor«. (DuW) Pfeil war dem Hause Goethe bestens bekannt, denn er war zunächst Kammerdiener, dann Sekretär bei Johann Caspar Goethe gewesen. Auch verwandtschaftliche Bindungen gab es, denn seine Frau, eine geborene Walther, war eine Tochter des Bruders von Johann Caspar Goethes Mutter, seine Cousine also. Pfeil, der schon vorher als selbstständiger französischer »Sprachmeister« unterrichtet hatte, war »ein Mann in seinen besten Jahren, von der wundersamsten Energie und Tätigkeit …«; »auch in unser Haus«, schreibt Goethe, »brachte die Lebendigkeit dieses Mannes einen größern Musikbetrieb.«

In der Schulanstalt Pfeil befand sich zu diesem Zeitpunkt auch »Harry« Lupton[*], ein Engländer, der mit Wolfgang und Cornelia bekannt gemacht wurde. Zwischen Lupton und Cornelia entwickelte sich eine Freundschaft, und beide, die Beinahe-Zwillinge Wolfgang und Cornelia, verbesserten im Umgang mit ihm ihr Englisch. Die »Zwillinge« neigen dabei bald zum Synchronsprechen, denn »wir hatten uns aus seinem Munde beide die Wunderlichkeiten der englischen Aussprache anzueignen gesucht und uns dadurch nicht nur das Besondere ihres Tones und Klanges, sondern das Besonderste der persönlichen Eigenart unseres Lehrers angewöhnt, so daß es zuletzt seltsam klang, wenn wir zusammen wie aus einem Munde zu reden schienen« (DuW).

[*] eigentlich Arthur Lupton (1748–1807) aus Leeds

4. Von Rind- und Schafherden und ländlichen Festen
»... mit mancherlei Lust und Ungezogenheit«

»Am rechten Ufer des Mains unterwärts«, erzählt Goethe, »etwa eine halbe Stunde vom Tor, quillt ein Schwefelbrunnen, sauber eingefaßt und mit uralten Linden umgeben.« Eine ländliche Idylle kündigt sich an. Nicht weit vom Schwefelbrunnen[1], der »Hof zu den guten Leuten«[2], ein Hospital, das man ebendieser Quelle wegen erbaut hatte. In der »guten Jahreszeit« wurden auf den umliegenden Wiesen die Rinderherden zusammengetrieben, und ein ländliches Fest mit Tanz und Gesang, aber auch »mit mancherlei Lust und Ungezogenheit« wurde veranstaltet.

Wir fragen nicht näher nach, was Goethe sich unter »Ungezogenheit« vorstellt, erfahren stattdessen, dass die Hirten mit ihren Mädchen tanzten und sangen und die Fröhlichkeit offenbar ansteckend wirkte. Der Knabe Wolfgang und die Schwester Cornelia (einige Male vielleicht auch zusammen mit ihrem Bruder Hermann Jakob) wurden von ihren Ammen und Mägden – »welche sich selbst immer gern einen Spaziergang bereiten« – wie von selbst und ohne Quengelei zu diesen Orten der Lustbarkeiten getragen oder geleitet; und noch der Autobiograf Goethe zählt diese Landfeste zu seinen ersten bleibenden Eindrücken.

Das Quellenmaterial gibt nicht allzu viel her, aber der Eindruck verstärkt sich, dass der später so altkluge Junge hier einfach nur schaut und genießt: Hier ist er Kind, hier darf er's sein.

Diesem Ort gegenüber, auf der anderen Seite der Stadt, lag ein ähnlicher, noch größerer Gemeindeplatz; hier gab es ebenfalls einen Brunnen, die Linden waren (möglicherweise) noch schöner, und hier trieb man zu Pfingsten die Schafherden zusammen, was uns ganz nebenbei an den Anfang des »Reineke Fuchs« erinnert:

> Pfingsten, das liebliche Fest, war gekommen; es grünten und blühten
> Feld und Wald; auf Hügeln und Höhn, in Büschen und Hecken
> Übten ein fröhliches Lied die neuermunterten Vögel.
> Jede Wiese sproßte von Blumen in duftenden Gründen,
> Festlich heiter glänzte der Himmel und farbig die Erde.

Festlich also, stellen wir uns vor, glänzte der Himmel; die Kinder waren glücklich, und die Mägde des Hauses Goethe verbanden (kichernd und schäkernd) Angenehmes mit den täglichen Kinderbeaufsichtigungspflichten.

Schafherden waren es an dieser Stelle, unterschiedliche Gerüche, unterschiedliche Laute, ebenfalls Volksfeste, Tanz und Gesang, ein naher Brunnen, und die Linden spendeten angenehmen Schatten. Cornelia und Wolfgang ein wenig so, nur viel kleiner und jünger, wie sie später der Maler Johann Conrad Seekatz dargestellt hat: die Familie Goethe im Schäferkostüm, selbstverständlich sind auch Schafe dabei.

Pfingsten, von alters her bekannt für Festlichkeiten unter freiem Himmel mit Pfingstbäumen, Pfingstochsen, Pfingstlauben und geschmückten Brunnen, war in der Frankfurter Umgebung wie auch anderswo ein Fest der Hirten und Herden, der Geselligkeit, der Fröhlichkeit. Der heutige Pfingstbesucher Frankfurts mag von dem »Wäldchestag« erfahren; am sogenannten (selbst erklärten) dritten Pfingstfeiertag zieht halb Frankfurt in den Stadtwald, möglicherweise auch mit mancherlei Lust und Ungezogenheit. Auf einem Ölgemälde von Johann Heinrich Hasselhorst sind sie zu sehen, die Erholung suchenden (historischen) Frankfurter, mit allerlei Vorräten versehen, fröhlich, gemütlich und vergnügt miteinander.

Familie Goethe in Schäfertracht. Gemälde von Johann Conrad Seekatz; 1762

Zu den Zeiten des jungen Goethe war alles einfacher und schlichter, Frankfurt noch beinahe eine überschaubare Stadt; die ländlichen Feste sind ihm in guter Erinnerung geblieben. Beinahe idyllische Erinnerungen an eine durchaus unbeschwerte und von den Eltern umsorgte Kindheit.

5. Hätschelhans
oder
Eine Mutter und ihr Sohn

Der kleine Goethe war ein höchst eigenwilliges, sensitives und phantasievolles Kind. Die Mutter musste ihm ständig Märchen erzählen, wobei sie nie ermüdete und das Kind kaum je müde wurde, ihr zuzuhören. Er verschlang sie geradezu mit den dunkelbraunen Augen, wenn sie erzählte; aber wehe, wenn das Schicksal einer Märchenprinzessin sich anders entwickelte, als der kleine Knirps sich das vorgestellt hatte – da konnte schon mal eine kindliche Zornesader anschwellen, oder er kämpfte mit den Tränen: Die Prinzessin heiratet doch nicht etwa den verdammten Schneider, nicht wahr, Mutter!? Wenn er auch hundertmal den Riesen totschlägt! Mutter Aja vertagte dann manchmal geschickt die Auflösung auf den nächsten Abend, und bis dahin hatte sich der kleine Wolfgang den Fortgang der Erzählung selbst zurechtfantasiert und war nun Feuer und Flamme (man konnte vor Aufregung sogar sein Herzchen am Halse pulsieren sehen), war ganz begeistert, wenn alles nach seinem Willen weiterging. Gleich rannte er dann noch zur Großmutter ins Hinterhaus, erzählte ihr, wie die Erzählung nach seinen Wünschen später ausgehen sollte, und so spannen Mutter und Großmutter im Geheimen die Schicksalsfäden des Märchenpersonals, und Wolfgang war's zufrieden.

Mit gleichaltrigen Kindern wollte er partout nicht spielen, es sei denn, sie waren sehr hübsch, wenn nicht sogar ausgesprochen schön und angenehm anzusehen. Ein schwarzhaariges Kind, erzählt Mutter Aja, erregte in einer Gesellschaft so sehr seine Abscheu, dass er heftig zu weinen anfing, schrie und mit dem Fingerchen zeigte: Das schwarze Kind da soll weg, ich kann es nicht leiden! – Dabei stampfte er mit den Füßen auf und war durch nichts zu besänftigen, hörte nicht auf zu weinen, bis die Familie wieder zu Hause war. Die Mutter tröstete ihn, während der Vater ein wenig verständnislos und ratlos dreinblickte; Wolfgang beklagte sich auch jetzt noch unter Schluchzen, dass das Kind so hässlich gewesen sei, und die Mutter konnte ihn nur nach und nach unter Liebkosungen beruhigen; das Näschen wurde geputzt, und die letzten Schluchzbewegungen verebbten in der kindlichen Brust.

Ganz anders sein Verhältnis zu seiner kleinen Schwester Cornelia, die er vom Zeitpunkt ihrer Geburt ins Herz geschlossen hatte. Alles, aber auch alles, was sie (in seiner kindlichen Fantasie) interessieren konnte, trug er an ihre Wiege, legte es ab, damit sie später (möglicherweise) damit spielen könne. Er ganz allein fühlte sich für sie zuständig, wollte sie bald selbst füttern und pflegen und reagierte eifersüchtig, wenn man sie nur aus der Wiege nahm, denn das war sein Reich, hier hatte er die »Herrschaft« über die Schwester.

Zornig wurde er, wenn man ihn nicht gewähren ließ, überhaupt reagierte der Knabe bald eher zornig, als dass er weinte. Seine Fragen an die Eltern waren ungewöhnlich, und immer musste gleich jemand Bescheid wissen, der Vater, der kaum je ein gelehrtes Buch holen durfte, die Mutter, die versuchte, kindgemäß zu erklären.

Nach den Sternen fragte er etwa, aber nicht allgemein, sondern nach den Sternbildern bei seiner Geburt, und er fand bald heraus, dass Jupiter und Venus für ihn bestimmend waren, fragte einmal mit kindlicher Sorgenfalte auf der Stirn: Die Sterne werden mich doch nicht vergessen!? Werden sie auch halten, was sie mir an der Wiege versprochen haben?

Die Mutter wiegelte ab, sagte: Beruhige dich, mein Kleiner, wir anderen müssen auch ohne die Sterne fertig werden! Er aber, inzwischen ein kleiner Pöks von sieben Jahren, bereits ein wenig altklug, sagte stolz: Was anderen Leuten genügt, damit kann ich nicht fertig werden! Darauf stellte er mit dem Zahlbrett des Vaters, mit den Zahlpfennigen, die Stellung der Gestirne nach, um so die Gunst der Sterne zu erlangen.

Dann wurde sein Bruder Hermann Jakob geboren, und Wolfgang war durch Vorbereitungen der kindlichen Einflussnahme abgelenkt. Davon später.

Der kleine Wolfgang entwickelte sich weiter, lernte schnell; der Vater förderte ihn nach Kräften, und für die Mutter würde er ein Mutterleben lang immer der geliebte Hätschelhans bleiben, der einzig geliebte und über die Maßen bevorzugte Sohn; die Geschwister hatten es schwer, auch nur einen winzigen Teil der Mutterliebe zu erhaschen.

6. Ein schwarzer Verbrecher
oder
Klopstock in Kinderköpfen

Vater Goethe hatte eine vorzüglich ausgestattete Bibliothek, die der eines Gelehrten in nichts nachstand. Er hielt auf Ordnung und hatte viele Bücher besonders einbinden lassen; dazu kamen Landkarten, Stiche, Gemälde und sogar schon ein Globus. Johann Caspar Goethe hatte seine Vorlieben; bei Lyrik war er der Ansicht, diese müsse gereimt sein, ohne Reim war es für ihn kein Gedicht.

Der Sohn schreibt später: »In meines Vaters Bibliothek hatte ich bisher nur die früheren, besonders die zu seiner Zeit nach und nach heraufgekommenen und gerühmten Dichter gefunden. Alle diese hatten gereimt, und mein Vater hielt den Reim für poetische Werke unerläßlich.« Er zählt einige auf und ergänzt: »Ich hatte diese sämtlichen Bände von Kindheit auf fleißig durchgelesen und teilweise memoriert, weshalb ich denn zur Unterhaltung der Gesellschaft öfters aufgerufen wurde. Eine verdrießliche Epoche im Gegenteil eröffnete sich für meinen Vater, als durch Klopstocks* Messias Verse, die ihm keine Verse schienen, ein Gegenstand der öffentlichen Bewunderung wurden. Er selbst hatte sich wohl gehütet dieses Werk anzuschaffen; aber unser Hausfreund, Rat Schneider, schwärzte** es ein und steckte es der Mutter und den Kindern zu.«

Johann Caspar Goethe war also gegen Klopstock; was ihn allerdings nicht hinderte, ein Exemplar der ersten Ausgabe später anzuschaffen, den Dichter außerdem zweimal in seinem Hause zu empfangen und sogar eine öffentliche Lesung im November 1777 zusammen mit seiner Frau zu besuchen.***

Doch zunächst wieder einige Jahre zurück, Klopstock war also nicht gerade gut gelitten, aber ein »heimliches« Exemplar befand sich im Hause. Die Mutter gab den Kindern Johann Wolfgang und Cornelia das Buch, und diese zogen sich in einen stillen Winkel des geräumigen Hauses zurück, um den »verbotenen« Klopstock zu lesen, und bemühten sich gar, »die auffallendsten Stellen auswendig zu lernen, und

---

* Friedrich Gottlieb Klopstock (1724–1803), Dichter; sein »Messias« beschreibt die Leidensgeschichte Jesu und die Auferstehung. K. liebte den (von Vater Goethe nicht sehr geschätzten) reimlosen Vers und die antike Odenform.

** Bedeutet: Es »schwarz«, d. h. heimlich hereinbringen.

*** Gelegentlich wird solches verschwiegen, wenn es mal wieder darum geht, Goethes Vater Sturheit und Pedanterie zu unterstellen; ich bin der Meinung, dass Johann Caspar schon von Zeitgenossen mitunter schlecht dargestellt wird, weil das (im Gegensatz zur lebenslustigen Mutter), so bequem in die Schwarz-Weiß-Zeichnung passte. Heftige Szenen soll es gegeben haben, und Rat Schneider (so der Sohn J. W.) solle schließlich geschwiegen haben, um nicht »einen Jugendfreund und eine gute Sonntagssuppe« zu verlieren. So entstehen langlebige Verzeichnungen.

besonders die zartesten und heftigsten so geschwind als möglich ins Gedächtnis zu fassen«. Sie rezitierten und deklamierten um die Wette, lasen mit verteilten Rollen. Adramelech war ihnen inzwischen vertraut, einer der gefallenen Engel, ein mächtiger Höllenfürst, der sich selbst mit dem Teufel anlegt.

In einem Winkel also Johann Wolfgang und Cornelia mit geröteten Ohren; sie hatten sich das »wilde verzweifelnde Gespräch zwischen Satan und Adramelech, welche ins tote Meer gestürzt waren«, geteilt, und Johann Wolfgang hatte die erste Rolle, (»die gewaltsamste«) übernommen, während Cornelia die zweite Rolle (»ein wenig kläglicher«) zu sprechen hatte.

Goethe erinnert sich viele Jahre später: »Die wechselseitigen, zwar gräßlichen aber doch wohlklingenden Verwünschungen flossen nur so vom Munde, und wir ergriffen jede Gelegenheit, uns mit diesen höllischen Redensarten zu begrüßen.«

So wurde Klopstock den Kindern auf eine seltsame Weise vertraut, und sie lasen mit wachsender Begeisterung; der Reiz des »Geheimen« spornte sie noch zusätzlich an.

An einem Samstagabend nun, im Winter, ließ Johann Caspar Goethe sich wieder einmal rasieren, wie er es gewöhnlich tat (möglichst spät und bei Licht), um am anderen Morgen (noch wangenglatt genug) früh zur Kirche gehen zu können. Zu diesem Zwecke kam ein Barbier ins Haus, auch Chirurgus genannt, denn Barbieren traute man, von den Zähnen bis zu den Zehen, immer auch noch andere Dienstleistungen zu. Samstagabend also – und Klopstock geisterte in den Kinderköpfen herum.

In einer Ecke des großen Zimmers, auf einem Schemel hinter dem Ofen, saßen die kleinen »Verschwörer« und Goethe erzählt, dass sie murmelten und ihre »herkömmlichen Flüche« rezitierten – aber alles noch ziemlich leise, während der Barbier damit begann, sein Handwerkszeug auszupacken, sein Seifenbecken abstellte, Pinsel und Seife herausnahm, mit dem Vater sprach und schließlich gemächlich anfing, den Kaiserlichen Rat Goethe einzuseifen. Er drehte dabei aber immer wieder irritiert den Kopf, konnte das Gemurmel offenbar nicht einordnen.

Die Klopstöcker hinter dem Ofen hatten nun gerade einen besonders dramatischen Part erwischt – Adramelech hatte »den Satan mit eisernen Händen zu fassen; meine Schwester packte mich gewaltig an, und rezitierte, zwar leise genug, aber doch mit steigender Leidenschaft:

>»Hilf mir! ich flehe dich an, ich bete wenn du es forderst,
>Ungeheuer, dich an! Verworfner, schwarzer Verbrecher,
>Hilf mir! ich leide die Pein des rächenden ewigen Todes! ...
>Vormals konnt' ich mit heißem, mit grimmigem Hasse dich hassen!
>Jetzt vermag ich's nicht mehr! Auch dies ist stechender Jammer!«

Der Barbier war noch beim Einseifen, prüfte den Stachelbart des Vaters; dieser hatte den Kopf zurückgelehnt, war ohne die sonst gewohnte Perücke – beide entspannt, sie schienen sich zu unterhalten. Plötzlich schrie Cornelia mit lauter, fürchterlicher Stimme – zum krönenden Abschluss des Verspaketes:

>»O wie bin ich zermalmt!«

Sie hatte das so furchtbar geschrien, als sei mindestens der gesamte Ofen mit schrecklichem Gewicht und glühendem Höllenfeuer auf sie gefallen!

Der Barbier zuckte zusammen, bekam einen solch gewaltigen Schrecken, dass er das heiße Wasser dem Rat Goethe über die Brust goss und seinen Seifenpinsel fallen ließ, der zu Boden polterte. Der Vater schreckte hoch und schaute zum Ofen. Die Missetäter mussten sofort hinter dem Ofen hervorkommen – Cornelia hatte noch theatralisch die Arme über der Brust gekreuzt, die Augen groß und erschrocken, als wolle sie erneut klagen und entsetzlich seufzen: »O wie bin ich zermalmt!« Dann aber nahm sie eine Hand vor den Mund, als sie merkte, was sie angerichtet hatten; Wolfgang, vom Satan zum Unschuldslamm gewandelt, stand daneben.

Der Vater ließ sich das Buch geben, fragte, was sie denn da eigentlich läsen, sah den geschwärzten Titel, fand innen den Namen Klopstock. Die Kinder wurden befragt, die Mutter kam eilig herbeigelaufen. Nein, besonders streng war er nicht, der Herr Vater, wohl aber erleichtert, dass seinem lieben Cornelchen nichts passiert war. Nach einer weiteren »Untersuchung« fand er sich jedoch bestätigt, dass Klopstock nichts für Kinder sei, setzte sich wieder in seinen Rasierstuhl, und der verdatterte Chirurgus – der noch eindringlich erwähnte, was hätte passieren können, wäre man schon beim Rasieren gewesen – begann nach abschätzenden (und wenig freundlichen) Blicken auf die Klopstock-Kinder erneut damit, den Rat Goethe einzuseifen, wobei er noch längere Zeit, stumm, ohne ein Wort gelegentlich den Kopf schüttelte. Rat Goethe, den Kopf zurückgelehnt, schien schon wieder – um die Augen herum – ein wenig zu lächeln.

7. Wohlwollen, Misswollen, Peitschen, Beißen, Kratzen, Treten!

Goethe in eine Schlägerei verwickelt? – wer kann sich das schon vorstellen! Und doch hat es sich zugetragen – in der Zeit des Umbaus des väterlichen Hauses, als die Goethe-Kinder »öffentliche« Schulen besuchten.

In dieser Zeit charakterisiert Goethe sich selbst als einen jungen Menschen, »den Lügen und der Verstellung abgeneigt«, »keineswegs leichtsinnig«, und der innere Ernst habe sich auch in seinem Äußeren gezeigt. Manchmal freundlich, aber auch spöttisch habe man ihn auf eine »gewisse Würde« angesprochen, die er sich herausnahm. »Denn ob es mir zwar an guten ausgesuchten Freunden nicht fehlte«, sagt er selbst, »so waren wir doch immer die Minderzahl gegen jene, die uns mit rohem Mutwillen anzufechten ein Vergnügen fanden, und uns freilich oft sehr unsanft aus jenen märchenhaften selbstgefälligen Träumen aufweckten, in die wir uns, ich erfindend und meine Gespielen teilnehmend, nur allzugern verloren.«

Gegen körperliche Leiden und Schmerz scheint der junge Goethe sich schon damals eine beinahe stoische Haltung zugelegt zu haben. Die Lehrer behandelten die Schüler »oft sehr unfreundlich und ungeschickt mit Schlägen und Püffen« – aber dagegen etwas zu unternehmen war verpönt, man versuchte stattdessen sich dagegen zu »verhärten«. Und unter Schülern verhielt man sich ebenso – bloß keine Schwäche zeigen!

Ein »Wettstreit« (den ich aus dem Beginn meiner Schulzeit zweihundert Jahre später noch kenne) scheint auch damals schon in Mode gewesen zu sein, bei dem »man mit zwei Fingern oder der ganzen Hand sich wechselweise bis zur Betäubung der Glieder schlägt« – keine Frage (damals wie heute), wer als Sieger galt. Auch beim Ringen und Balgen keine Schwäche zeigen, einen aus Neckerei zugefügten Schmerz ignorieren, dem Zwicken und Kitzeln eine gleichgültige Schulter zeigen!

Diesen »Leidenstrotz« scheint der junge Goethe perfektioniert zu haben. Möglicherweise machte er dadurch die erwähnten Mitschüler mit dem »rohen Mutwillen« erst recht auf sich aufmerksam, ihre »Zudringlichkeiten« wuchsen, sie versuchten es immer wieder.

Ihre Stunde kam, als einmal ein Lehrer zu einer angesagten Unterrichtsstunde nicht erschien; solange alle Kinder im

Klassenraum beisammen waren, »unterhielten wir uns recht artig«, allerdings gingen dann die wohlwollenden nach und nach weg, und Johann Wolfgang blieb mit drei misswollenden allein. Diese glaubten, ihr Opfer gefunden zu haben, den besser gekleideten Patriziersohn, den mit seiner angemaßten Würde! Und schon begannen sie, »mich zu quälen, zu beschämen und zu vertreiben«.

Nur einen kurzen Augenblick verließen sie dann – nach flüsternder Besprechung – den Klassenraum, kamen alsbald mit Ruten zurück, die sie offenbar aus einem Besen geschnitten hatten. Goethe erprobt nun seine stoische Haltung und begründet sie so: »Ich merkte ihre Absicht, und weil ich das Ende der Stunde nahe glaubte, so setzte ich aus dem Stegreife bei mir fest, mich bis zum Glockenschlage nicht zu wehren.«

Den Peinigern schien das nur recht. – »Sie fingen darauf unbarmherzig an, mir die Beine und Waden auf das grausamste zu peitschen.« Johann Wolfgang, in seiner selbst verordneten stoischen Haltung, wehrte sich nicht, erkannte aber bald, dass er sich dabei selbst überforderte, denn er hatte wohl nicht bedacht, »dass ein solcher Schmerz die Minuten sehr verlängert«.

Stoizismus* hin, Stoizismus her – im Inneren wuchs seine Wut; und dann aber: »Mit dem ersten Stundenschlag fuhr ich dem einen, der sich's am wenigsten versah, mit der Hand in die Nackenhaare und stürzte ihn augenblicklich zu Boden, indem ich mit dem Knie seinen Rücken drückte; den

---

* Stoizismus, Stoiker – nach ihrer Wandelhalle, der Stoa (lat. Porticus, Halle mit Säulenreihe), dem Versammlungsort benannt. Bedeutende Vertreter Seneca und Marc Aurel; die Stoiker standen im Gegensatz zu den Epikureern, die lustbetonte Erkenntnis anstrebten. Gerechtigkeit, Tapferkeit, Beherrschung und Menschlichkeit galten den Stoikern als Grundtugenden. Ein Stoiker, das ist beinahe sprichwörtlich geworden, duldet, hält aus, ihn kann nichts mehr erschüttern.

anderen, einen jüngeren und schwächeren, der mich von hinten anfiel, zog ich bei dem Kopfe durch den Arm [zeitgemäße Definition für den Schwitzkasten] und erdrosselte ihn fast, indem ich ihn an mich preßte.« Die Peiniger müssen überrascht gewesen sein; den letzten, der noch übrig war, ergriff Jung-Goethe mit links, riss ihn nieder und »stieß ihn mit dem Gesicht gegen den Boden«. – Donnerwetter!, möchte man ausrufen.

Und die Misswollenden? – »Sie ließen es nicht an Beißen, Kratzen und Treten fehlen«, aber Wolfgang hatte nach Ablegung der stoischen Haltung nun nur noch seine Rache im Sinn, er stieß sie »wiederholt mit den Köpfen zusammen«. Feige, wie böswillige Angreifer gewöhnlich sind, wenn sie auf energischen Widerstand stoßen, erhoben sie nun ein »entsetzliches Zetergeschrei«, das alle Schüler in kürzester Frist um die Streitenden versammelte – Gaffer, Anfeuerer, stumme Zuschauer mit geballten Fäusten im dichten Ring, Goethe und die drei zerrupften und gepeinigten Peiniger in der Mitte.

Die Corpora Delicti, die »umhergestreuten Ruten«, lagen noch am Boden, zum Beweis für die Übeltat, und der kleine Goethe zeigte bereitwillig die blutigen Striemen an seinen Beinen. Jeder war von seiner Unschuld überzeugt, und eine Welle von Sympathie und Bewunderung schlug ihm aus dem drängelnden und halsreckenden Zuschauerkreis entgegen.

Inzwischen waren endlich auch die Lehrer durch das gewaltige Geschrei alarmiert worden; sie nahmen mit gestrengen Mienen die Übeltäter fest und sicherten – nicht ohne skeptische Blicke auf den »Sieger« zu werfen – die verstreuten Ruten als Beweismaterial.

Die bösen Buben wurden abgeführt – »Man behielt sich Strafe vor und ließ mich aus dem Hause.« Johann Wolfgang zog sich also seine Strümpfe hoch, wischte die Nase, ordnete die Haare – aber ein heranwachsender Dichter kann jetzt nicht so einfach sang- und klanglos die Bühne verlassen, von Gaffern umgeben, die jetzt bereitwillig eine Gasse bildeten, darunter auch einige Bravorufer und Händeklatscher, die er für sich eingenommen hatte! Der Knabe J. W. richtete sich also zu seiner ganzen jungenhaften Höhe auf und erklärte mit durchaus lauter (wenn auch ein wenig theatralischer) Stimme, dass er »künftig, bei der geringsten Beleidigung, einem oder dem anderen die Augen auskratzen, die Ohren abreißen, wo nicht gar ihn erdrosseln würde«.

Dann erst zog er ab, Johann Wolfgang, aufrecht, das verblüffte Staunen und die offenen Münder der Mitschüler in seinem Rücken, zog gemessenen Schrittes ab, Richtung Hirschgraben, seinem sicheren Heimathafen; keinen einzigen Blick warf er zurück, er hatte es sich verboten.

8. Wolfgang Goethe & Max Moors

Ein Zweikampf (theoretisch!), zu Übungszwecken lateinisch »untermauert« und (handschriftlich!) festgehalten.*

Non minus hoc est periculosum – das ist nicht weniger gefährlich!

Eine gepflegte Langeweile unter den beiden Knaben vor dem Unterricht; Max Moors wartet auf Wolfgang, irgendetwas wollen sie aushecken, die Zeit muss überbrückt werden,

---

* Labores Juveniles, Colloquium Wolfgang et Maximilian, lateinisch-deutsch (Übersetzungen wahrscheinlich vom Vater bzw. dem Lehrer Scherbius, offensichtlich als Übung angelegt), etwa 1757. (Das Lateinische ist nicht immer perfekt bzw. korrekt; ich erlaube mir einige Übersetzungsänderungen, ohne zu sehr in den heutigen Jargon zu verfallen; bei zu viel Krittelei könnte aber der Spaßfaktor verloren gehen – ita est!)

bevor der Lehrer kommt. Kaum kommt der junge Goethe an, überfällt ihn Max auch schon vorwurfsvoll:

M.: Wo bleibst du denn nur so lange?
W.: (spielt den Ahnungslosen) Hast du etwa auf mich gewartet?
M.: So ist es – fast schon eine Stunde!
W.: Echt!? Tut mir leid, ich konnte nicht ... wär sonst früher gekommen!
M.: Was musstest du denn noch tun ...?
W.: Ich musste den Tisch decken und alles zum Empfang von Freunden vorbereiten! [garantiert nicht!]
M.: Tolle Sache, warum biste nich zu Haus geblieben?
W.: Meine Eltern wollten mich nich bei einer kleinen Tischgesellschaft dabeihaben – außerdem hatte ich dir versprochen, dass ich hierherkomme, bevor der Lehrer kommt!
M.: Was soll denn das bedeuten, dass man dich aus dem Hause schickt, wenn Gäste kommen?
W.: Macht nichts, vergiss es! (Original: Quod mea non refert percontari desino – woran mir nichts gelegen, da unterlasse ich alles Nachgrübeln.)
M.: Recht hast du, ziehst dabei aber den Kürzeren.
W.: Was soll's, sollen sie doch schmausen, ich freu mich, dass es dir gut geht.
M.: Was solln wir machen, bis der Pauker kommt?
W.: (wohl nicht ganz ernsthaft) Wir wollen uns solange die Übungen des Speccius, die Deklinationen und Konjugationen vornehmen!

Echt?, würde Maximilian in der heutigen Sprache darauf geantwortet haben (oder auch noch ganz anders, ich weiß), wenn nicht gar: »Spinnst du, Alter!?«

Ganz brav sagt er aber in diesem Übungstext: Fac missum hunc temporis traducendi modum (auf Homophone heutiger Ausdrucksweise gehe ich nicht ein) – Weg mit diesem Zeitvertreib, er meint wohl »Zeitverschwendung«.

Noch weitere (nützliche) Vorschläge werden im Dialog gemacht, bis Max endlich einen Einfall hat:

M.: Weißt du was? Lass uns mit den Köpfen zusammenstoßen!*
W.: Spinnst du? Meiner eignet sich dazu nich!
M.: Macht nichts. Lass sehen, wer den härteren hat.
W.: Hör zu! Das wolln wir doch den Ziegenböcken überlassen, bei denen ist das ganz natürlich!
M.: Angsthase! Wir kriegen dadurch 'ne härtere Birne!

Wolfgang will nicht so recht darauf eingehen, will seinen Kopf lieber »weich« behalten, will nicht »hartnäckig« werden, und wenn Max wolle, solle er doch seinen Kopf nach Belieben gegen die Wand »hauen«, das würde schon die erwünschte Wirkung haben.

Das will nun aber der kleine Max Moors auch nicht. Also zögern sie ein Weilchen. Dann schlage ein menschlicheres Spiel vor, sagt schließlich Wolfgang. Gut, sagt Max, nimm den Stock hier, solange der Pauker noch nicht da ist. Was soll ich damit, fragt Wolfgang.

M.: Warte, gleich wirst du's erfahren. Ich nehme das Lineal, und dann werden wir männlich damit gegeneinander fechten.
W.: Das ist aber nicht weniger gefährlich – und wenn der Lehrer uns so antrifft?

---

* Transkription und Übersetzung (der handschriftlichen Arbeit) bei Max Morris, Der junge Goethe, Leipzig 1909: »Scito, concuramus (ein ›r‹ fehlt, dafür hat er in der Handschrift ein ›m‹ weggestrichen, so gleicht sich alles aus; außerdem verbessert man ein junges Genie nicht) frontibus interim adversis. Wisse, wir wollen uns einander mit den Köpfen stutzen.«

Angsthase, sagt Max wieder, seine Stunde ist noch nicht gekommen, nun hau schon zu, stoß, wie du willst ...!

Horch mal, sagt Wolfgang plötzlich, hab ich's nicht gleich gesagt! Herein, herein!

M.: (aufgeregt) Sch ...! Wo sind meine Bücher? Nun schließ doch die Tür zu!

Aber Wolfgang will das nicht, es gezieme (auch so'n schönes altes Wort), es gezieme sich nicht, den Lehrer auszuschließen, und wieder ruft er: Herein! Herein!

Max hat sich beruhigt und sagt ganz cool: Er kann ruhig kommen, alles in Ordnung!

Und Wolfgang, ganz der spätere Klassiker, sagt: Bonus certe fuit genius, praeceptoris adventum nobis paulo ante indicans: istic enim primum adproperat. Ein guter Geist also. Noch ist es nicht der Geist im »Faust«, ein Teil von jener Kraft, »die stets das Böse will, und stets das Gute schafft«. Kein Geist, der stets verneint, sondern ein »bonus genius«, der die Ankunft des (gestrengen?) Lehrers ankündigt.

(Und dann kommt er auch schon, der »praeceptor«, und Max sagt noch schnell, ein wenig resignierend zum Schluss: Ist wohl so! Und nach einer Pause, flüsternd: War wohl doch nur 'n blinder Alarm, und er endet mit »Taceamus« (schweigen wir darüber), was in heutige Zeiten übersetzt so viel heißen würde wie: Vergiss es! War ja auch alles nur eine Übung, sozusagen höherer Blödsinn, eine Spinnvogelei! Dafür aber zweisprachig; zu Übungszwecken, versteht sich.

9. Reiten und Fechten, Fechten und Reiten

Johann Caspar Goethe hatte seine Grundsätze. Was einmal geplant war, sollte auch durchgeführt werden. Wenn auch inzwischen »das Unbequeme, Langweilige, Verdrießliche, ja Unnütze des Begonnenen sich deutlich offenbarte«. Wenn beispielsweise die Familie an langen Winterabenden ein Buch vorzulesen angefangen hatte – musste das auch durchgehalten werden. (Selbst wenn der Vater als Erster herzhaft gähnte!) Goethe erzählt das Beispiel von Bowers »Geschichte der Päpste«, das Familie Goethe eines Winters gemeinsam las. Die Kinder fanden es langweilig – aber man hielt durch.*

Die Kinder waren inzwischen (auch mit solchen Erfahrungen) herangewachsen, und auf den langen Winter folgte ein Frühling, ein Sommer, ein Herbst. Der Familienvorstand beschloss, dass sie jetzt fechten und reiten lernen sollten. Einen kleinen Degen hatte es (für Wolfgang) schon vorher gegeben, und die Kinder hatten sich wohl auch schon »Haurapiere« »von Haselstöcken, mit Körben von Weiden sauber geflochten, um die Hand zu schützen, zu verschaffen gewußt«. Jetzt allerdings gab es stählerne Klingen – »und das Gerassel was wir damit machten, war sehr lebhaft«. Nun gab es zwei »Fechtmeister« in der Stadt, die unterschiedliche Schulen vertraten. Johann Wolfgang kam zu den Franzosen – und »wir gewöhnten uns bald, vorwärts und rückwärts zu gehen, auszufallen und uns zurückzuziehen und dabei immer in die herkömmlichen Schreilaute auszubrechen«.

---

* Goethe ist ehrlich genug, dass er aber zugibt, dass ihm von diesem Vorlesen so viel geblieben sei, »daß ich in späteren Zeiten manches daran zu knüpfen imstande war«.

Und die andere, die deutsche Schule? Nun, die Teilnehmer übten gerade das Gegenteil.

Natürlich glaubte jede Gruppe, dass ihr Meister der bessere sei; das führte zur Entzweiung der jungen Leute, und bald hätte es sogar ernsthafte Gefechte gegeben – »... denn fast ward ebensosehr mit Worten gestritten als mit der Klinge gefochten«, erinnert sich Goethe.

Schließlich kam es zu einem Wettstreit der beiden Meister, die Schüler schauten zu. Der Deutsche stand wie eine Mauer – »und wußte mit Battieren und Ligieren seinen Gegner ein über das andremal zu entwaffnen«. Der Franzose behauptete, »das sei nicht Raison«, und fuhr in seiner Beweglichkeit fort, »den anderen in Atem zu setzen«. Einige Stöße gelangen ihm dabei, »die ihn aber selbst, wenn es Ernst gewesen wäre, in eine andere Welt geschickt hätten«.

Fazit der Geschichte? Nichts entschieden, nichts gebessert; doch wechselten einige Fechtschüler das Lager, darunter auch der junge Goethe. Allerdings war der deutsche Fechtmeister nun mit diesen »Renegaten« weniger zufrieden als mit seinen »Urschülern«. Kann man es ihm verdenken?

★

Mit dem Reiten, sagt Goethe, sei es ihm noch schlimmer ergangen. Er hatte seine erste Reitstunde im Herbst und damit in der »kühlen und feuchten Jahreszeit«.

Die ersten Kommandos, die den Reiter Goethe verwirrten, waren das »Schließen«, was wohl so viel wie aufschließen, dranbleiben bedeuten sollte. Goethe hatte seine Schwierigkeiten, zumal die Reitschüler ohne Steigbügel ritten.

Die Reitschule scheint einen robusten Umgangston gepflegt zu haben, man »beschämte« die Schüler, jedes Versäumnis, jede Ungeschicklichkeit wurde mit einer Geldbuße belegt – obendrein wurden die Unglücklichen auch noch ausgelacht.

Hinzu kam eine wenig einladende Reithalle – sie war groß und garstig, entweder feucht oder staubig, zudem war es kalt, und ein penetranter Modergeruch war überall zu empfinden. Dazu ein Stallmeister, der sich von einigen Eleven verwöhnen ließ; sie brachten ihm »Frühstücke und sonstige Gaben« und erhielten, wohl dadurch beeinflusst, »immer die besten Pferde«. Der junge Goethe bemerkte sehr wohl, dass man ihn mit dem schlechtesten Pferd warten ließ, ihn »hintansetzte«, und er seufzt: »So brachte ich die allerverdrießlichsten Stunden über einem Geschäft hin, das eigentlich das lustigste von der Welt sein sollte.«

Goethe, der später ein leidenschaftlicher und ausdauernder Reiter wurde – durchaus »verwegen zu reiten gewohnt war«, hat dieses Erlebnis sehr negativ in Erinnerung behalten und für sich daraus den Schluss gezogen, »dass ich bedeckte Reitbahnen sorgfältig vermied und höchstens nur wenig Augenblicke darin verweilte«. Es sei sehr lästig und schädlich, räsoniert Goethe aufgrund dieser Erfahrung, wenn uns etwas »auf eine peinliche und abschreckende Art« beigebracht werden soll. Allerdings habe sich in späteren Zeiten diese Erziehungsmaxime beinah ins Gegenteil verkehrt, nämlich »daß alles der Jugend auf eine leichte, lustige und bequeme Art[*] beigebracht werden müsse« – das habe aber auch wieder nur andere »Übel und Nachteile« mit sich gebracht.

Wie man's macht, ist es eben manchmal verkehrt.

---

[*] Der Dichter spielt auf Rousseau an; bei R. soll »leibliche Erziehung« spielerisch geschehen; er empfiehlt für Kinder eine »leichte und freiwillig hingenommene Führung ihrer Bewegungen« – Leibeserziehung soll Vergnügen bereiten, ohne den geringsten Zwang. Im Übrigen hat Rousseau solch grobschlächtige Formeln wie »Zurück zur Natur« nie gebraucht, die haben ihm andere untergeschoben. Ob er sich allerdings selber an seine Erziehungsmaximen gehalten hat, das ist eine ganz andere Frage. Theorie und Praxis klaffen gelegentlich weit auseinander.

10. Von Diderots »Hausvater«*
bis zu den »Philosophen«** von Palissot ...

*»Meine Leidenschaft zu dem französischen Theater
wuchs mit jeder Vorstellung ...«*

Wolfgang Goethe, inzwischen vom Kind zum Knaben gereift, kam nicht unvorbereitet in das französische Theater, das er in den Jahren der Franzosenzeit von 1759 bis 1762 sehr häufig besuchte. Durch ein Freibillet des Großvaters hatte er jederzeit Zugang; die Schauspieler kannten ihn bald, und er durfte auch schon mal hinter die Kulissen schauen.

Schon als Kind hatte er auf dem Liebfrauenberg, etwa im Scharfischen Saal und anderswo die »ohnärgerlichen und moralischen« Puppenspiele gesehen; der Rat der Stadt achtete auf Sitte und Ehrbarkeit, und die Künstler hatten sich in diesem Sinne ehrbar und züchtig zu benehmen. Besonders während der beiden Messen in Frankfurt wurden allerlei Marionettenspiele und Volksschauspiele aufgeführt, die Geschichte von David und Goliath etwa, die Komödie von der tugendhaften Genoveva, auch das Marionettenspiel von Judith und Holofernes, Stücke, die die Kinder in der großen Marionettenhütte auf dem Liebfrauenberg gebannt verfolgten.

Es ist zu vermuten, dass der junge Wolfgang Goethe auch den Erzzauberer Dr. Johannes Faustus als Puppenspiel erlebt hat, selbst, wenn er ihn (auch bei den Leseerfahrungen)

---

* Denis Diderot (1713–1784): Le père de famille, bürgerliches Lustspiel, von Lessing übersetzt.
** Charles Palissot (1730–1784): Goethe erinnert sich an einen Philosophen, »der auf allen vieren geht und in ein rohes Salathaupt beißt ...« (DuW); alles war deutlich darauf angelegt, wie Goethe später schreibt, »den von Rousseau wünschenswerth geschilderten Naturzustand lächerlich zu machen«. (WA, 45, S. 192)

nicht eigens erwähnt. Während der Straßburger Zeit (im Umgang mit Herder) versucht er sogar, einige Stoffe vor dem älteren Mentor zu verbergen. Dazu gehörten Götz von Berlichingen und Faust. Götz hatte den jungen Dichter »im Innersten« ergriffen – und »die bedeutende Puppenspielfabel des andern klang und summte gar vieltönig in mir wider«. (DuW II, 10) Letzeres eine die Vermutung stützende Aussage, dass er den Dr. Faustus schon ganz früh als Puppenspiel, vielleicht in der Marionettenhütte auf dem Liebfrauenberg, gesehen hat. Die Fabel, die Geschichte lässt ihn nicht wieder los; die Marionettenspiele (so auch Dr. Faust) waren so angelegt, dass sie »alles überflüssige Beiwerk ausschieden und den Kern der Sache in knapp umrissener Handlung auf die Szene brachten«.[1]

Nach E. Mentzel besteht kein Zweifel, wenn man Goethes Faust mit den alten Puppenspielaufführungen vergleicht, »woher die Anregung zu dem Prolog im Himmel, zu dem großen Monolog am Eingang der Tragödie, zu der Schülerszene, zum Auftritt in Auerbachs Keller und zum Hexensabbat empfing«.

Aber nur ein Genie konnte diese Anregungen über die Jahrzehnte hinweg präsent halten und sie fortlaufend mit Leipziger, Straßburger und Weimarer Erfahrungen und Erkenntnissen verbinden, sie mit der Summe seiner Lebenserfahrungen (etwa auch als Forscher und Theaterleiter) ausstatten, bis endlich kurz vor seinem Tode die letzten Ergänzungen geschaffen wurden. Dabei bezeichnet sich der Dichter einmal in aller Offenheit als ein »Kollektivwesen«, zu dessen Werk Tausende beigetragen haben: »Toren und Weise, geistreiche Leute und Dummköpfe, Kinder, Männer und Greise, sie alle kamen und brachten mir ihre Gedanken, ihr Können, ihre Erfahrungen, ihr Leben und ihr Sein; so erntete ich oft, was andere gesäet; mein Lebenswerk ist das eines Kollektivwesens, und dies Werk trägt den Namen Goethe.« (G. zu Soret, 17. Februar 1832)[2]

Faust – ein polyphones Werk der Weltliteratur, die Summe eines Lebens, entstanden und überarbeitet in Jahrzehnten, mit nicht nachlassender Energie eines Genies, das sich selbst (bescheiden) ein Kollektivwesen nennt.

Jedoch beginnt auch ein Genie, um ein Wort Karl Viëtors aufzugreifen, als Talent[3], wenn auch in diesem Falle als ein ganz außerordentliches. Bei unserer Betrachtung sehen wir also zunächst den talentierten Knaben Wolfgang wieder, der eine unglaubliche Anzahl von Stoffen, von Fabeln, von Volksschauspielen in sich aufnimmt, sie mit seinen Leseerfahrungen mischt und trotzdem die Übersicht behält, Einzelheiten wiedergeben kann und bewusst oder unbewusst Anregungen für sein eigenes Werk bereithält.

Es sind oft biblische Geschichten, historische Stoffe oder auch antike Mythen, die seine Fantasie anregen.* Wandertruppen kamen nach Frankfurt, die Festspiele zu Ehren des Rates der Stadt aufführten, und die Ackermann-Truppe beispielsweise führte (ab 1757) sogar kleine Operetten und Singspiele auf »und befriedigte die Schaulust durch glänzende Vorstellungen«. (E. Mentzel) Die Ackermann-Truppe spielte in einer großen »Bude« auf dem Rossmarkt; der junge Wolfgang scheint häufig dort gewesen zu sein, und er berichtet von dem (angeblichen) Vorwurf des Vaters über den zu häufigen Besuch von Komödien. Der Knabe will dieses aber durch den Hinweis auf die moralische Wirkung von Stücken wie »Miß Sara Sampson« und »Der Kaufmann von London« entkräftet haben.

Überhaupt hat er den Vater durch seinen permanenten Spracherwerb im Theater letzlich überzeugt. Aus dem Lateinischen waren ihm ohnehin viele Wörter bekannt, »das

---

* Vgl. auch die Schilderung des Puppenspiels in »Wilhelm Meisters Lehrjahre«; Einzelheiten bis hin zum »verdrießlichen« Vater, der den täglichen Besuch des Schauspiels am liebsten verbieten möchte, haben autobiografische Bezüge.

Italienische vermittelte noch mehr«, und er hörte das Französische von »Bedienten und Soldaten, Schildwache und Besuchen«, sodass er nach und nach sich auch in dieser Sprache elementar ausdrücken konnte.

Den Gewinn durch das Theater aber schätzt er ganz außerordentlich ein; das französische Theater, schon 1759 (im ursprünglichen Konzertsaal) im Junghof eröffnet, zog den jungen, begeisterungsfähigen und wissbegierigen Knaben unwiderstehlich an. Es spielte auch keine Rolle, wenn er zunächst nicht alles verstand, zumal wenn der Dialog beispielsweise (besonders in der Komödie) sehr »geschwind gesprochen wurde und sich auf Dinge des gemeinen Lebens bezog, deren Ausdrücke mir gar nicht bekannt waren«.

Zu Hause nahm er sich dann etwa den Racine vor (aus der Bibliothek des Vaters), und er deklamierte »die Stücke nach theatralischer Art und Weise, wie sie das Organ meines Ohrs und das ihm so genau verwandte Sprachorgan gefaßt hatte, mit großer Lebhaftigkeit, ohne daß ich noch eine ganze Rede im Zusammenhang hätte verstehen können«.

Er lernte Stellen auswendig und kam sich bald wie ein »eingelernter Sprachvogel«, sagen wir wie ein Papagei vor, und er fühlt sich auch wieder an biblische Stellen erinnert, die er früher ebenfalls auswendig gelernt und rezitiert hatte. Die unglaubliche Frühreife des Knaben Goethe, die geistige besonders, fällt immer wieder auf; gerade zehn Jahre ist er alt, als er seine ersten Eindrücke und Erfahrungen mit dem französischen Theater sammelt.

Sehr beliebt waren die Lustspiele, und er erinnert sich an Stücke von Destouches, Marivaux und La Chaussée, die häufig gespielt wurden. Großen Eindruck machte »Hypermnestra« von Lemierre auf den Knaben, »die als ein neues Stück mit Sorgfalt aufgeführt und wiederholt gegeben wurde«. Auch »Devin du Village«, »Rose et Colas« und »Annette et Lubin« blieben in Erinnerung.* Noch beim Schreiben der Autobiografie konnte sich der Dichter »die bebänderten Buben und Mädchen und ihre Bewegungen« gut vorstellen. Aber nach vielen Aufführungen regte sich der Wunsch in dem Knaben, »mich auf dem Theater selbst umzusehen, wozu sich mir so mancherlei Gelegenheit darbot«. Zwischendurch auch mal wieder ganz Kind, spielt er in den Korridoren oder auch vor der Tür; und eines Tages »gesellte sich ein schöner munterer Knabe zu uns, der zum Theater gehörte« und den Wolfgang selbst schon in kleineren Rollen gesehen hatte. Eine Freundschaft entwickelte sich, und bald waren sie auch außerhalb der Theaterzeit zusammen. Ein kleiner, charmanter Aufschneider muss er gewesen sein; von Goethe Derones oder de Rosne genannt, und man hat viel über diesen Namen spekuliert. Vielleicht war er tatsächlich der Sohn des Direktors Renaud, wie Elisabeth Mentzel annimmt, zumal dieser auch eine Tochter in dem betreffenden Alter hatte und beide Geschwister auch schon in verschiedenen Stücken auftraten.

Der kleine de Rosne (Derones) macht ihn jedenfalls mit seiner Schwester bekannt, sie war ein paar Jahre älter als die neuen Freunde, »und ein gar angenehmes Mädchen (...), gut gewachsen, von einer regelmäßigen Bildung, brauner Farbe, schwarzen Haaren und Augen«. Sie war still und wirkte beinah traurig, und der Knabenkavalier Wolfgang Goethe versuchte, ihr gefällig zu sein, musste jedoch bald einsehen, dass er ihre Aufmerksamkeit nicht gewann. Altklug, wie er ist, hat er dafür natürlich gleich eine Erklä-

---

* Vgl. E. Mentzel, Festschrift; »Le devin du village«, Operette von Rousseau, »Annette et Lubin« von Marie Favart (1762), »Rose et Calas« von Sedaine, Musik von Mosigny (1764); die französische Truppe verließ schon Ostern 1762 Frankfurt, die Vermutung erscheint nicht abwegig, dass Goethe das eine oder andere Stück auch später gesehen haben könnte. (Dazu: HA, Bd. 9)

rung parat: »Junge Mädchen dünken sich gegen jüngere Knaben sehr weit vorgeschritten, und nehmen, indem sie nach den Jünglingen hinschauen, ein tantenhaftes Betragen gegen den Knaben an, der ihnen seine erste Neigung zuwendet.« (Wenn auch viel später geschrieben, dürfte das ziemlich genau die »Erfahrung« des Knaben gewesen sein.)

Wir wollen hier nicht gleich von Goethes erster Liebe sprechen, doch bemüht war er schon, der Knabe, brachte der Schönen eine Blume mit oder eine Frucht, die sie zwar annahm und für die sie sich bedankte, doch er »sah ihren traurigen Blick sich niemals erheitern, und fand keine Spur, daß sie sonst auf mich geachtet hätte«.

Die zarten Neigungen zu diesem Mädchen halfen ihm aber, die Schwindeleien des Bruders zu ertragen, seine Erzählungen von den eigenen Großtaten. Angeblich war er ein großartiger Fechter, der kleine Schauspieler, er »verstehe sich aufs Ligieren so gut, daß er einst selbst in große Verlegenheit geraten, als er den Degen seines Gegners auf einen hohen Baum geschleudert« habe. Die Knaben trafen sich weiterhin im Theater; Wolfgang war dort bald so vertraut, dass er überall hineinschaute, auch in die Nebenzimmer, wo die Schauspieler sich umkleideten, und er stellt schon fest, dass es »nicht immer zum anständigsten herging«.

Zwischendurch ging ihm aber der Degen nicht aus dem Sinn, zumal er inzwischen selbst einen bekommen hatte. Was lag näher als diesen, nach einem Schauspiel etwa, auch einmal auszuprobieren? Einen Grund, eine Verstimmung, einen kleinen Zank gab es immer – also auf zum Duell!

11. Degen, Duell & Satisfaktion
(Frankfurt, etwa 1761)

Nach dem Schauspiel trug ich »Reife«
sichtbar durch Degen* mit seidner Schleife,
die stolz den Degenbügel schmückt' –
schon manch' Scheingefecht war mir geglückt –

en garde! so krähten wir in Nahmensur
(von Gittermaske keine Spur!) –
Grundstellung lässig – dann salutieren,
Ausfall, Angriff und parieren –

doch plötzlich trat ein Freund** hervor,
schrie aufgeregt mir in mein Ohr:
er sei beleidigt und ford're sofort
Satisfaktion von mir an and'rem Ort!

Ein'ge Scheunen in der Nähe –
er wohl als geeignet sehe,
und schon macht die Schar sich auf –
ich überprüft' nochmal den Degenknauf,

übte Ausfallschritte auf dem Wege,
probierte grimmig Mienenpflege,
dacht' an Testament, mehr an Geschrei
und wie schnell besiegt er sei.

---

* Goethe erhielt am 16. 9. 1761 einen kleinen Degen; im Ausgabenbuch des Vaters: gladius Guelfi argenteus, 15 Gulden (silbern war er also sogar; der Vater benutzt das Wort für »Schwert«). Im August 1763 sah der Knabe Goethe den siebenjährigen Mozart, der mit seiner Frisur und Degen großen Eindruck auf ihn machte.

** von Goethe in »Dichtung und Wahrheit« de Rosne genannt

Kampfleiter Toque
mit einfachem Stock
und wicht'gem Gesicht
erklärt das Kampfgericht;
il parlait Français
        S'il vous plaît!
              En garde!
                  Allez!

Schon klirrten die Klingen, ich fluchte leise,
kein Zweikampf war's auf meine Weise,
denn meine Stöße gingen stets daneben –
mein Gegner schien zu tänzeln, zu schweben –

(Wenn er mich traf, rief er: Touché!
doch der Kampfrichter feuert: Allez, Allez!)

Und dann hatte seine Spitze sich verfangen,
blieb in des Bügels Schleife hangen –
diese ward schnell ganz durchbohrt,
und drückte auch die Fehde fort,

denn mein Gegner mit ernsthafter Würde,
erklärt', daß der Beleid'gung Bürde
entfernt nun sei durch Satisfaktion,
und dann umarmt' er mich auch schon.

Nachher ging's ins Kaffeehaus –
tranken Mandelmilch gemeinsam aus,
um den Freundschaftsbund noch zu erneuern
und jeder jedem Beistand zu beteuern!

12. Wortwechsel im Treppenhaus
(Karfreitag 1759, abends nach der Schlacht bei Bergen*) »*... ich wollte sie hätten Euch zum Teufel gejagt ...!*«
(Graf Thoranc – Rat Goethe)

Frankfurt sollte von der französischen Besatzung befreit werden – das Gerücht verbreitete sich, »die Alliierten seien im Anmarsch, und Herzog Ferdinand von Braunschweig komme, die Franzosen vom Main zu vertreiben«. Natürlich erwarteten »alle preußisch Gesinnten (...) mit Sehnsucht ihre Befreiung von der bisherigen Last«. Truppen zogen durch die Stadt, machten bei Bergen halt; es war ein Kommen und Gehen, die Leute in Sorge und Aufruhr. Karfreitag 1759: Stille vor dem Sturm, so Goethe, die Kinder durften das Haus nicht verlassen. Wolfgang stieg auf den Dachboden, sah zwar nichts, hörte aber bald Kanonendonner und Gewehrfeuer.

Stunden später wurden Verwundete in die Stadt gebracht. Vater Goethe glaubte an den preußischen Sieg, ging in seinen Garten vor dem Friedberger Tor, wagte sich dann sogar bis zur Bornheimer Heide vor; Nachzügler und Trossknechte schossen auf Grenzsteine, »so daß dem neugierigen Wandrer das abprallende Blei um den Kopf sauste«. Vater Goethe hielt es nun doch für ratsam zurückzugehen. Er erfuhr unterwegs, dass »alles für die Franzosen gut stehe und an kein Weichen zu denken sei«; das konnte ihm nicht gefallen. Als er nach Hause zurückkam und die Verwundeten sah, geriet er aus der Fassung.

Graf Thoranc konnte mit dem Sieg seiner Landsleute in der Schlacht bei Bergen höchst zufrieden sein; Vater

---

* zwischen Frankfurt und Hanau.

Goethe hingegen war natürlich bitter enttäuscht. »So waren es zwei hoch erregte Männer, die abends auf dem Vorplatz im ersten Stock des Goethehauses aufeinanderstießen, der eine als Patriot enttäuscht und verbittert, der andere erst gereizt und angespannt, dann vom Sieg erhoben.« (Ernst Beutler).

*

(Vater Goethe kommt von oben, geht seine neuen Prachttreppen herunter; seit der Einquartierung geht es im umgebauten Haus zu wie in einem Bienenkorb. Das Treppenhaus ist ständig bevölkert, die Treppen gehen ja nun auch völlig offen durch alle Stockwerke; der Vorsaal im ersten Stock »belagert« von Offizieren, Adjutanten und Bittstellern, vereinzelte Verwundete. Es herrscht ein babylonisches Stimmengewirr, ein Palavern, ein Säbelrasseln, ein Stiefelscharren, dazu heute die ganz unerträgliche Siegerlaune. Zusätzlich hält der Graf auch noch offene Tafel, den ganzen Tag über ist keine Ruhe; Arrestanten werden gebracht, Bittsteller kommen ständig, klagende Bürger Frankfurts, denen vermeintliches Unrecht geschehen ist. Johann Caspar Goethe hat eine steile Falte auf der Stirn, sein Gesicht wirkt wie aus Stein …)

Graf Thoranc: (groß, hager, Blatternarben im Gesicht, dunkle, fast schwarze Augen; heiter und natürlich in Siegerlaune begrüßt er den Hausherrn)
Ihr werdet uns und Euch Glück wünschen, Monsieur Goeth, n'est pas!?
Rat Goethe: (stellt sich unwissend, ernst)
Wieso?
Graf Thoranc: Na, dass diese Sache so glücklich abgelaufen ist, c'est à dire …
Rat Goethe: (steile Falte, ernstes Gesicht, abweisend)
Keineswegs!
Graf Thoranc: Comment? Keines Wegs?

Rat Goethe: (von einigen Offizieren umringt, laut)
Ich wollte, sie hätten Euch zum Teufel gejagt …!
Graf Thoranc: (überrascht, veränderter Gesichtsausdruck)
Le diable! Comment, comment?
Qu'est c'est à dire, Monsieur Goeth?
Rat Goethe: (erregt) Ja, zum Teufel, und wenn ich dabei hätte mitfahren müssen zur Hölle!
Graf Thoranc: (mit offenem Mund, ringt um seine Fassung, läuft rot an, schreit wütend)
Das sollt Ihr büßen, dass sollt Ihr büßen … vous me le paierez cher!
Rat Goethe: (verzieht keine Miene, sagt kein Wort, schickt sich an weiterzugehen, es ist schließlich sein Haus; man kann seine nicht gerade freundlichen Gedanken in seinem offenen Gesicht lesen)
Graf Thoranc: (unterstützt von den anwesenden Offizieren, die drohende Haltungen einnehmen, zu den Degen greifen, schreit ihm hinterher, von französischer Wortkulisse unterstützt)
Ihr werdet das büßen, das werdet Ihr büßen!
(Die Worte, mit starkem französischen Akzent, hallen durch das Treppenhaus, oben und unten gibt es jetzt Zaungäste)
Au diable! Nicht umsonst habt Ihr einer gerechten Sache, je répète … ich wiederhole: einer gerechten Sache (er ereifert sich, hustet) und auch mir (klopft sich an die Brust) **auch mir!** solch eine Beleidigung zugefügt! C'est assez, assez, das wird Folgen haben, Monsieur Goeth!
Des conséquences graves …!
Rat Goethe: (aufrecht, unbeeindruckt, ist in aller Ruhe die Treppe heruntergegangen ins Erdgeschoß; eine Tür fällt zu, die Familie beginnt mit dem Abendessen; zurück bleiben die Franzosen, ratlos)

13. Après un moment d'oubli – l'épilogue*
Nachspiel
»... laßt Euch von den Undankbaren danken, die ich verschone!«

Schon kurze Zeit später wird die Familie Goethe beim Abendessen abrupt gestört; ein Adjutant des Grafen klopft, laut und vernehmlich, fordernd: »Madame Goeth, s'il vous plaît!«, verlangt er, und Mutter Aja, mit fragenden Augen, kommt der Aufforderung nach; Vater Goethe bleibt unbeweglich sitzen, den Kindern bleibt der letzte Bissen im Hals stecken.

Ein Dolmetscher wird verlangt; glücklicherweise wohnt Johann Heinrich Diene** gegenüber, ein dicker, gemütlicher Frankfurter, der fließend Französisch spricht. Sie hörten Stimmen von oben und hätten nur zu gerne gesphinxt, was denn da oben beim Grafen mit dem Dolmetscher und der Mutter eigentlich beredet wurde. Nach einer endlosen Weile kam Dolmetscher Diene herein, und die Kinder wurden sogleich zu Bett geschickt.

Die »Nachrichten« erfuhren sie erst am nächsten Tag und waren noch nachträglich entsetzt: Graf Thoranc, der Statthalter des Königs, hatte allen Ernstes befohlen, den Vater auf die Wache zu bringen und zu arretieren; die Offiziere hatten

---

  * Nach einem unbedachten Augenblick – das Nachspiel (die Sprache der Sieger)
** Dolmetscher: Johann Heinrich Diene; die Quellen schildern ihn als wohlbeleibt und heiter; die Unterhaltung mit dem Grafen Thoranc, die folgte, hat er später so oft erzählt, dass Goethe sie (in wörtlicher Rede) nacherzählt. (DuW, I, 3) Graf Thoranc ernannte Diene zum »inspecteur des lanternes«; einige Briefe von ihm (nach der Abreise Thorancs) sind erhalten; sie enthalten u. a. auch Grüße von Monsieur et Madame Goethe und von »le jeune Goethe«. (HA Bd. 9, S. 672)

nur ein ganz wenig gezögert, diesen Befehl auszuführen. Johann Heinrich Diene hatte in diese Entscheidungslücke hineinagiert, war ohne anzuklopfen in das Zimmer des Grafen gegangen, der zunächst zornig reagierte, hatte dann aber nach einigem Grummeln den Appellen und (schmeichelndem) Zureden des braven Dolmetschers sein Ohr »geliehen«. Zwischendurch drohte der Graf aber, Diene möge sein Wohlwollen nicht missbrauchen.

Dieser Hausbesitzer (und damit meinte er Johann Caspar Goethe), sagte er dann, was wäre mit ihm geschehen, wenn wir die Schlacht verloren hätten? Es geht im Dialog hin und her, und Diene sagt schließlich: »Ein Krieger ist ehrwürdig, der sich selbst in Feindes Haus als einen Gastfreund betrachtet ...!« Man werde noch lange von seinem Großmut erzählen, wenn er ...!

Schließlich wird es dem Grafen zu viel, er grummelt wieder ein wenig, und sagt dann den entscheidenden Satz: »Wir haben schon zu viel Worte gemacht; jetzt geht hin – und lasst Euch von den Undankbaren danken, die ich verschone!«

Diene war so erfreut, dass er dem Grafen die Hände küssen wollte – Rat Goethe als Arrestant auf der Hauptwache, das wäre aber auch zu schrecklich gewesen. Das war gerade noch einmal gut gegangen.

Am anderen Morgen erfuhren also die Kinder von der Beinahe-Verhaftung des Vaters, und so feierten sie denn in kindlichem Gemüte – »das Vorübergehen eines Übels, dessen Androhen wir glücklich verschlafen hatten«.*

---

* Goethe selbst, der in »Dichtung und Wahrheit« diese Szene ausführlich zitiert, fügt noch an: »Ob der Dolmetsch wirklich so weise gesprochen, oder ob er sich die Szene nur so ausgemalt, wie man es wohl nach einer guten und glücklichen Handlung zu tun pflegt, will ich nicht entscheiden; wenigstens hat er bei Wiedererzählung derselben niemals variiert. Genug, dieser Tag dünkte ihm, so wie der sorgenvollste, so auch der glorreichste seines Lebens.« (HA Bd. 9, I, 3)

14. Goethe und »Die Goldene Bulle«

> »Als Knabe machte ich mir die wunderlichste Vorstellung davon und hielt sie für eine Kuh mit goldenen Hörnern ...«
>
> (Ludwig Börne, 1826)

Heinrich Heine, der diese Äußerung Ludwig Börnes überlieferte, machte seine eigenen Erfahrungen mit der »Goldenen Bulle«, hielt sie später »als ich ein großer Junge ward«, für eine »alte Haut« und kritischer noch für »ein nichtswürdig Stück Pergament, worauf geschrieben steht, wie Kaiser und Reich sich einander wechselseitig verkauften«.

Die Rede ist von einer Art »Reichsgrundgesetz« Karls IV. von 1356. Die »Goldene Bulle« genannte urkundliche Handschrift auf Pergament, versehen mit einer Siegelkapsel aus zwei Goldblechen, die zusammengesteckt und innen mit Wachs gefüllt ist, enthält einen Text, der die Grundprinzipien zur Wahl des deutschen Königs enthält. Seit dem 17. Jahrhundert (mit der Wahl und Krönung Leopolds I.) wurde aus dieser ursprünglichen Königswahl eine Kaiserwahl, man sprach von »Kaiserkrönung«.

Der König erhielt den Titel »Römischer König« und war nach seiner offiziellen Salbung und Krönung Römischer Kaiser und damit Kaiser des Heiligen Römischen Reiches Deutscher Nation, das bis 1806 existierte. Die goldene Siegelkapsel (von lat. bulla aurea oder aurea bulla) hängt an schwarz-gelber Seidenschnur, die durch das Dokument hindurchgezogen ist.*

---

* Eine Ausstellung in Frankfurt »Die Kaisermacher«, gemeinsam veranstaltet vom Institut für Stadtgeschichte, dem Historischen Museum, dem

Das Reichsdokument, die »alte Haut«, regelte und bestätigte die Macht der Kurfürsten, die Unteilbarkeit der »Kurlande«, die Nachfolge gemäß der Primogenitur, dem Erstgeburtsrecht, gab den Fürsten weitreichende Gerichtsprivilegien und andere königliche Rechte wie etwa Berg-, Zoll-, und Münzrechte. Die Kurfürsten waren: die Erzbischöfe von Mainz, Köln und Trier, der König von Böhmen, der Pfalzgraf bei Rhein, der Herzog von Sachsen, der Markgraf von Brandenburg.

Dieses »Kollegium« aus ursprünglich sieben Kurfürsten wurde im 17. Jahrhundert in der Zusammensetzung geändert: Die Kur des Pfalzgrafen bei Rhein wurde auf Bayern übertragen (1623), eine achte Kurwürde gab es 1648 für die Pfalz, und 1692 kam eine (neunte) Kurwürde für Hannover (Braunschweig-Lüneburg) hinzu. Statt der sieben Kurfürsten (= Wahlfürsten) wählten jetzt neun Kurfürsten den jeweiligen König. Ort der Wahl war Frankfurt, das zu Zeiten der Königswahl regelrecht überflutet wurde, sodass sich die Einwohnerzahl nahezu verdoppelte. Die Bürger mussten enger zusammenrücken, sie waren verpflichtet, Quartiere bereitzustellen; einige vermieteten Fenster und »Logenplätze« an Schaulustige, die das bunte Treiben auf dem Römerberg möglichst aus nächster Nähe bestaunen wollten. Der Einzug der Kurfürsten, der sogenannte Adventus, war eine Prachtentfaltung der besonderen Art. Die geistlichen Kurfürsten kamen meistens per Schiff, die weltlichen versuchten,

Dommuseum und vom Museum Judengasse (Sept. 2006–Jan. 2007) präsentierte u. a. die Goldbulle; dank CD-ROM konnte der Besucher in der virtuellen Version »blättern«, eine Transkription und Übersetzung anfordern.

Das Frankfurter Exemplar des Reichgesetzes Karls IV. von 1356 wurde erst zehn Jahre später, 1366, ausgefertigt; die »Goldene Bulle« war bis 1806, also 450 Jahre lang (wenn auch mit Änderungen und Ergänzungen) verbindlich. Wen wundert es aber, dass sie zuletzt als »unzeitgemäß« angesehen wurde?

einander durch prächtiges Gefolge, Galakutschen und fein herausgeputzte Staatskarossen zu übertrumpfen. Lang ist die Liste der Bedienten und Beamten, vom Archivar bis zum Zuckerbäcker, von Begleitpersonen, die den hohen Herren für ihr (hauptsächlich) leibliches Wohl »unverzichtbar« erschienen.

Goethe wurde schon als Knabe mit diesen Vorgängen vertraut; er kannte die Orte, hatte den Dom oft besichtigt, fand einmal die Wahlkapelle allerdings mit »Balken, Stangen, Gerüsten und anderem solchen Gesperr, das man beiseite setzen wollte, verunstaltet«. Der wissbegierige Knabe wurde aber entschädigt, als sie nachher die Erlaubnis erhielten, »beim Vorzeigen der Goldenen Bulle an einige vornehme Fremden auf dem Rathause gegenwärtig zu sein«. Der Inhalt der Goldenen Bulle wurde dem jungen Goethe bald darauf von dem Frankfurter Schöffen Johann Daniel von Olenschlager erklärt, der zu dieser Zeit (etwa ab 1762) einen Kommentar zu dem Reichsgesetz verfasste und 1766 veröffentlichte. Zu den Bildungsprivilegien des jungen Goethe, die der Vater (auch hier) vermittelte (er war mit Olenschlager befreundet), gehören immer wieder auch die richtigen Personen zur richtigen Zeit. Olenschlager war nun gerade **der** Fachmann, der den Sohn seines Freundes in dieser speziellen Thematik unterrichten konnte und es auch gern tat.

Olenschlager wird von Goethe als »schöner, behaglicher und sanguinischer« Mann beschrieben; er schätzte ihn und hörte begierig zu, »da er mir denn den Werth und die Würde dieses Documents sehr deutlich herauszusetzen wußte«.

In der Zeit der Arbeit an dem Kommentar war Goethe oft »um ihn«, und Olenschlager fand einen interessierten Schüler, dem er die Dinge erklärte, die ihn gerade beschäftigten. Einiges veranlasste seinen gelehrigen Adepten sogar zu mimischer Darstellung, was den Schöffen Olenschlager begeisterte und zu Beifall anregte.

Der Knabe Goethe machte auch hier, wie so oft, den Versuch (nach seiner »wunderlichen Gewohnheit«), die »Anfänge der Bücher und Abteilungen eines Werks auswendig zu lernen« – wie er es beispielsweise mit den Büchern Mose, der »Äneide« und Ovids »Metamorphosen« getan hatte. »So machte ich es nun auch mit der Goldenen Bulle, und es reizte meinen Gönner oft zum Lächeln, wenn ich ganz ernsthaft unversehens ausrief: Omne regnum in se divisum desolabitur; nam principes ejus (eius) facti sunt socii furum«, was übersetzt so viel heißt wie: Jedes Reich, das in sich zerteilt (uneins) ist, wird veröden, denn seine Fürsten sind Bundesgenossen (Verbündete) der Diebe geworden. Das ist zwar nicht direkt der Anfang, aber Goethe muss sich wohl beim Abfassen seiner Autobiografie lebhaft daran erinnert haben, dass der »kluge Mann« dann lächelnd den Kopf geschüttelt und »bedenklich« gesagt habe, »... was müssen das für Zeiten gewesen sein, in welchen der Kaiser auf einer großen Reichsversammlung seinen Fürsten dergleichen Worte ins Gesicht publizieren ließ«.

Olenschlager führte mit den Kindern und Jugendlichen auch Theaterstücke auf – »denn man hielt dafür, daß eine solche Übung der Jugend besonders nützlich sei«. Der »Kanut« von Schlegel wurde aufgeführt, Wolfgang spielte den König, seine Schwester Cornelia die Estrithe; später wagte man sich an den »Britannicus« (von Racine) heran, »denn wir sollten nebst dem Schauspielertalent auch die Sprache zur Übung bringen«.

Der junge und begeisterungsfähige Wolfgang Goethe erhielt in diesem Stück die Rolle des Nero, seine Schwester spielte die Agrippina und der jüngere Sohn Olenschlagers den Britannicus.

Noch viele Jahre später zieht Goethe ein freundliches Fazit dieser Unternehmungen: »Wir wurden mehr gelobt als wir verdienten, und glaubten es noch besser gemacht zu haben als wie wir gelobt wurden. So stand ich mit dieser Familie in dem besten Verhältnis, und bin ihr manches Vergnügen und eine schnellere Entwicklung schuldig geworden.«

15. »Alles stand uns zu Diensten ...«
Vom unbändigen Lesehunger der Goethe-Kinder

Lesehunger lässt sich nicht planen, nicht verordnen; anregen vielleicht, aber wo nichts ist, kann sich auch nichts entzünden. Die Goethe-Kinder hatten vielfältige Anregungen:

Beginnen wir mit den Fabeln des Aesop, gleich drei Ausgaben dieser beliebten Fabeln standen in der Bibliothek des Vaters; dazu kamen die Fabeln des Phaedrus; Beispiele der Fabellektüre finden wir in den »Labores Juveniles« wieder.

Von der griechischen Literatur hatte Johann Caspar Goethe zweisprachige Ausgaben angeschafft, die lateinischen Klassiker las man im Original.

Wenn man sich die lateinischen Arbeiten Wolfgangs in den »Labores Juveniles« ansieht, mag man das auch wohl glauben; Schritt für Schritt wurden die Kinder gerade in dieser Mutter vieler Sprachen ausgebildet; das besondere Faible des Hausherrn für Latein muss nicht nochmals betont werden. Vergessen wir nicht, dass Latein lange genug Lingua franca der Gebildeten in Europa war.

Auch den heutigen Leser mag interessieren, dass Goethe senior Werke des Horaz besaß, dazu die heute noch (im wiedererstarkten Lateinunterricht) gelesenen Klassiker unter den Lateinlektüren, nämlich Caesar, Livius, Sallust und auch Sueton und Tacitus. Den Kindern standen außerdem Cicero, Seneca und auch Plinius d. Ä. und Plinius d. J. zur Verfügung, aber auch beispielsweise die Lustspiele des Plautus hatte der Vater nicht verschmäht.

Lyriker, die als »anstößig« galten, fanden sich nicht. Allerdings ist »unsere Quellenlage zur Bibliothek des Vaters zwar gut, aber keineswegs vollkommen«,¹ heißt es im Begleittext zu einer Ausstellung des Freien Deutschen Hochstifts/Frankfurter Goethe Museums.

Wenn Goethe in »Dichtung und Wahrheit« seine Kindheits- und Jugendlektüre erwähnt, berichtet er auch von »Volksschriften« bzw. »Volksbüchern« eines Frankfurter Verlags, die »bekannt und sogar berühmt geworden« und wegen der großen Nachfrage »mit stehenden Lettern auf das schrecklichste Löschpapier fast unleserlich gedruckt« waren. Die Goethe-Kinder hatten das Glück, »diese schätzbaren Überreste der Mittelzeit auf einem Tischchen vor der Haustüre eines Büchertrödlers täglich zu finden, und sie uns für ein paar Kreuzer zuzueignen«.²

Aber auch ohne diese »reichlichere Ernte«, diese »Masse von Schriften«, die zwar nicht »vortrefflich genannt werden« konnte, stand reichlich Lesematerial zur Verfügung: Der »Orbis pictus« des Comenius, ein Sachbild- und Textbuch der Zeit, bot »gemäß damaliger religiöser Vorstellung und Weltanschauung einen Gang durch den geordneten Kosmos, von Gott her zu Gott hin durch die Stationen des menschlichen Lebens einschließlich Naturerscheinungen, geschichtlich-staatlicher und beruflich-ständischer Gliederungen menschlicher Gemeinschaft«.³ Ganz nebenbei sollte (das mehrsprachige Werk) Lust auf die lateinische Sprache machen, die den Goethe-Kindern immer vertrauter wurde.

Danach konnten sie blättern in einer großen Foliobibel, mit Kupfern von Merian oder etwa in »Gottfrieds Chronik«, eigentlich »Historische Chronik« von Ludwig Gottfried (geb. etwa 1581, gest. 1633), die Weltgeschichte vermitteln sollte, meistens in »trockenen Tatsachen« oder auch Anekdoten; dazu gab es »Geschichten von Kriegen, Fürstenhochzeiten und Greueltaten«. (HA, Bd. 9, S. 656)

Die Bilder der Chronik, ebenfalls von Merian, mögen besonders auf die Kinder gewirkt haben; die Texte haben sie vielleicht schon manchmal skeptisch gelesen, Goethe spricht »von den mitunter rohen und gefährlichen Altertümlichkeiten«. Allerdings waren sie ja auch nicht allein, denn sie hatten im Vater einen durchaus erfahrenen Lehrmeister.

Zu den erwähnten Fabeln kommen auch noch Christian Fürchtegott Gellerts »Fabeln und Erzählungen« (von dem Autor werden wir in Leipzig wieder hören) und selbstverständlich auch Werke von Lessing, Wieland und Klopstock. (Das Leseerlebnis Klopstock war im Hause Goethe unvergessen; Vater Goethe schaffte trotzdem Werke an, lud ihn später sogar ein.)

Fabeln also als Lesestoff, dazu »Mythologien und Seltsamkeiten«; auch Ovids »Metamorphosen«, die »Ovidischen Verwandlungen«, waren dem Goethe-Sohn vertraut, und da er »besonders die ersten Bücher fleißig studierte«, so war sein »junges Gehirn schnell genug mit einer Masse von Bildern und Begebenheiten, von bedeutenden und wunderbaren Gestalten und Ereignissen angefüllt ...« Der junge Goethe (und mit ihm Cornelia), ein unersättlicher Leser, anregbar, fasziniert und mit eigenem Antrieb ausgestattet, einem schier unerschöpflichem Wissensdurst, der dazu führte, dass er niemals Langeweile hatte, wie er selbst berichtet – »indem ich mich immerfort beschäftigte, diesen Erwerb zu verarbeiten, zu wiederholen, wieder hervorzubringen«. Wir verzichten auf einen Vergleich mit heutigen Lesefähigkeiten und Fertigkeiten und hören von ihm, dass er diese »mitunter rohen und gefährlichen Altertümlichkeiten« in Kontrast setzt zu beispielsweise Fénelons »Telemach«, den er zu den Büchern rechnete, die »einen frömmern, sittlichern Effekt« als ebendiese rohen Altertümlichkeiten machten. Mehr noch, Fénelons »Telemach«, ein Erziehungsroman des 18. Jahrhunderts, ursprünglich für junge Adlige gedacht, aber auch für das aufstrebende Bürgertum, machte gar eine »süße und wohltätige Wirkung« auf sein kindliches Gemüt.

Der Roman schließt an das vierte Buch der Odyssee an, Telemach sucht seinen Vater Ulysses; der Autor, Erzieher der Enkelkinder Ludwigs XIV., sparte nicht mit Kritik am Absolutismus, fiel besonders durch ebendieses Buch »Les aventures de Télémaque« in Ungnade und wurde verbannt.

Die Goethe-Kinder haben dieses Buch mit Begeisterung gelesen, dennoch hielten sie wie echte Leser sofort Ausschau nach neuem »Material« – und da kommen sie auch schon, die Titel, die uns (möglicherweise) mit Goethe verbinden: »Robinson Crusoe« etwa, von Daniel Defoe, 1719 erstmals erschienen, wohl auch in unserer Zeit von vielen Kindern und Jugendlichen verschlungen. Danach die »Insel Felsenburg«, eine Robinsonade von Johann Gottfried Schnabel, ein Buch, das die Gründung einer Familie auf einer Insel schildert, sehr beliebt, in drei Fortsetzungen erschienen.

Die kleinen, heranwachsenden Leseratten »schnappten« sich danach Lord Ansons »Reise um die Welt«, wobei wir heutigen Leser uns wohl eher an Jules Verne und sein »In 80 Tagen um die Welt« erinnern. Lord Ansons »Reise um die Welt« aber verband für den jungen Wolfgang »das Würdige der Wahrheit mit dem Phantasiereichen des Märchens«; Schwester Cornelia nimmt teil an diesen Leseerfahrungen, und indem beide »diesen trefflichen Seemann mit den Gedanken begleiteten, wurden wir weit in alle Welt hinausgeführt, und versuchten, ihm mit unseren Fingern auf dem Globus zu folgen«, wobei die Existenz eines Globus im Hause Goethe ein weiteres unersetzliches Hilfsmittel für die Kinder darstellt, über das wohl die wenigsten Frankfurter Familien im 18. Jahrhundert verfügten, ganz zu schweigen von Gemäldesammlungen, Naturalien und Plastiken des Vaters.

Wenn Vaters Bibliothek trotz all ihrer Schätze doch einmal zu eng wurde, lockte erneut der Büchertrödler mit seinen Volksbüchern, den »Massenschriften« – »Der Eulenspiegel« etwa wurde entdeckt, und die Kinder ergötzten sich an den Schwänken des (vielleicht sogar historischen) arbeitsscheuen Schalks, der mit Wortwitz (jemanden beim Wort nehmen) und List und Tücke in der bürgerlichen Gesellschaft für etwas Kurzweil sorgt; er hat seine diebische Freude daran, wenn er jemanden »hereinlegen« kann.

Ich sehe sie vor mir, Wolfgang und Cornelia, vielleicht auf dem Boden in seinem Mansardenzimmer, die billige Schrift vor sich, manchmal gab es sogar einige Bilder; sie lesen, lachen, amüsieren sich und sind vergnügt.

Ein Nichtsnutz aber auch, dieser Eulenspiegel, der vermutlich aus Niedersachsen stammte. In einer hochdeutschen Übertragung haben Wolfgang und Cornelia ihn vermutlich gelesen, eine frühe (erhaltene) Ausgabe stammt aus Straßburg von 1515. Die Goethe-Kinder mögen herzlich gelacht haben, wenn »Ulenspiegel« beispielsweise bei einem Schuhmacher arbeitete und ihn fragte, welche Formen er zuschneiden solle.

»Groß und klein, wie der Sauhirt sie zum Tor austreibt«, antwortete der Meister und ging weg. Als er zurückkam, hatte Eulenspiegel aus dem Leder Schweine, Ochsen, Kälber, Schafe, Ziegen, Böcke und allerlei Vieh ausgeschnitten.

Der Meister sah das und wurde böse. Eulenspiegel (mit harmloser Miene): »Lieber Meister, ich habe das so gemacht, weil Ihrs so gewünscht habt.«[4]

Wolfgang und Cornelia konnten sich amüsieren, er hatte den Meister beim Wort genommen!

Und dann aber das Leseerlebnis der besonderen Art, das Auswirkungen auf die Familiengeschichte haben sollte: »Die vier Haimonskinder«, spannende Geschichten aus dem Sagenkreis der Karolinger; sie erzählen von den vier Kindern Adelhart, Ritsart, Witsart und Rainald (Reinold) von

Johann Caspar Goethe (1710–1782), der Vater. Relief von Johann Peter Melchior, 1779

Catharina Elisabeth Goethe (1731–1808), die Mutter. Relief von Johann Peter Melchior, 1779

Montalban, Söhne des Grafen Haimon (Aymon) von Dordogne. Unbotmäßig sollen sie gewesen sein, aufrührerisch gegenüber dem Kaiser, und so fängt sie an, die Erzählung:

> Karl, König der Franken, als er Kaiser geworden, lud die Fürsten und Herren des Reichs, weltliche und geistliche, zu einem großen Hoftag in seine Stadt Paris. Auf Pfingsten, in der fröhlichsten Zeit des Jahres, sollte das Fest gehalten werden – nach altem Recht und Brauch der Franken.

Der Anfang mag gleichzeitig wieder ein wenig an den Beginn von Goethes »Reineke Fuchs« erinnern – »Pfingsten das liebliche Fest war gekommen ...« Hier, in der sagenhaften Erzählung um die vier Haimonskinder, kommen sie alle zusammen – Herzöge, Grafen, Bischöfe und Äbte, unter ihnen auch der »hochgeborene Fürst Herr Haimon von Dordogne aus dem Geschlecht Bourbon«. Ein gestrenger Herr dieser Fürst Haimon, reich und mächtig, sogar der

König fürchtet ihn; seinen Schwestersohn Hugo von Bourbon hatte König Karl im Zorn getötet, als er eine berechtigte Bitte vortrug, seitdem war blutige Rache angesagt. Nach vielen Auseinandersetzungen, nach Mord und Totschlag, nach erneuten Racheschwüren und Brandschatzung – die Goethe-Kinder müssen rote Ohren bekommen haben –, nach Kampf und Krieg, wollten sich die Kontrahenten dann endlich »vertragen«; der König bot an: »… wolle Herr Haimon Frieden machen, so werde der König ihm seine leibliche Schwester Aja zum ehelichen Gemahl geben …« und Güter dazu.[5]

Da tauchte er zum ersten Mal auf, der Name Aja, die Kinder fanden Gefallen daran, nannten wohl die Mutter spontan so, und später nennt sie fast ein jeder so, der mit der Familie Goethe einigermaßen vertraut ist: Mutter Aja, die Mutter der vier Haimonskinder, ein Ehrenname für Mutter Goethe.

Mitreißende Geschichten für Cornelia und Wofgang; vielleicht schlägt ihr Herz besonders für Reinold (Reinald), den Jüngsten, der das sagenhafte Pferd Baiart (Bayard) bezwingt, es hat die Stärke von zehn Pferden – »ist eingemauert in einen Turm und wagt sich keiner zu ihm wegen seiner Bosheit«. Aber Reinold, zu einem schönen jungen Helden herangewachsen, überwuchs sogar die Brüder wie der Falk den Sperber, und als er fünfzehn Jahre alt war, hatte er Ludwig, den Sohn König Karls, »um eines Fußes Länge überwachsen«.

Und, der Leser errät es schon, dieser Ausnahmeheld Reinold, bezwingt das sagenhafte Pferd Baiart, nachdem selbst er alle seine Kräfte anstrengen musste – »saß drauf, als wär er aus ihm gewachsen, sprengte mit ihm über zwei Gräben und turnierte und zwang das Pferd so lang, bis Roß und Reiter müde waren«. Schließlich stand es da und zitterte, das stattliche Ross – »ein Kind hätte es reiten können«. Kein Wunder, dass die beiden Lesereiter mit roten Ohren zum Essen kamen, bei solcher Lektüre, und sie waren schon ungeduldig und gespannt darauf, wie es weiterging mit den vier Brüdern und ihrem sagenhaften Ross, das über solch dämonische Kräfte verfügte.

Mutter Aja ging ihnen nicht aus dem Kopf, die ihrem Gemahl die Geburt der vier Kinder zunächst hatte verheimlichen müssen, da er geschworen hatte, er werde »jedwedes Menschenkind erschlagen..., das von König Karls Blute käme«. Also musste Mutter Aja zu dieser List greifen, denn Haimon hatte im Zorn wohl die enge Verwandtschaft seiner Kinder mit König Karl nicht bedacht. Das ließ sich auch bei den langen Abwesenheiten und Kriegsfahrten des Gemahls und bei kurzen Zurückkünften einigermaßen glaubhaft darstellen; doch Haimon musste glauben, dass seine Gemahlin kinderlos geblieben sei, wenn sich später auch alles aufklärt.

Bei dieser ohnehin nicht umfassenden Beschreibung der Lektüre der Goethe-Kinder fehlt aber noch »Die Schöne Melusine«, denn der Lesehunger war nicht etwa gestillt.

Cornelia und Wolfgang mussten unbedingt wissen, was für ein Geheimnis sie hatte, die schöne Melusine; begierig waren sie darauf, zu erfahren, was dahintersteckte, hatten vielleicht den Namen schon einmal gehört und dann den Titel beim Trödler gefunden: »Die schöne Melusine«.

Schon stürzen sich die beiden in das nächste Leseabenteuer, leiden mit Reimund, der (aus Versehen) seinen eigenen Herrn bei der Wildschweinjagd erschlagen hatte. Er hadert und klagt und jammert, groß ist sein Leid über diese Unglückstat. Am Durstbrunnen schließlich trifft er auf drei Jungfrauen; die jüngste und schönste tröstet ihn; merkwürdig erscheint ihm aber bei allem Schmerz, bei aller Verzweiflung, dass sie ihn »Reimund« nennt, offenbar also seinen Namen kennt.

Nach und nach fasst er Vertrauen zu der Schönen, denn schließlich »alle Artikel des christlichen Glaubens konnte sie ihm hersagen«, wir wollen ihm glauben, dass das den Ausschlag gegeben hat. Kurz und gut, der berühmte Funke springt über, und um keine Zeit mehr zu verschwenden, macht sie ihm die Weissagung, er werde zu solchen Ehren kommen, »daß nie einer deines Geschlechts zu höheren kam«.

Reimund, noch ziemlich kleinlaut nach seinem Jammer, verspricht, alles zu tun, was sie ihm rät. Und schließlich kommt die huldvolle Bedingung der schönen Melusine: Er soll ihr schwören, »daß du mich zu deinem ehelichen Gemahl nehmen wollest und mich jeden Samstag frei und unbekümmert lässest und mir nicht nachforschest, was ich auch tu oder schaffe«.

Nun ist so ein ehefreier Tag sicherlich in mancher Beziehung ratsam, doch Reimund hatte sie gerade erst am Brunnen kennengelernt, schnappte nach Luft, schaute sie verwundert an, »seine« schöne Melusine. Sie nutzt diese Atempause, gelobt ihrerseits, dass sie nichts tun werde, »was dir schädlich oder unehrenvoll ist«. Das geht noch eine Weile so hin und her, und endlich »schwur ihr Reimund also zum andern Mal, Treue und Gelübde zu halten und niemals zu vergessen«, denn sonst würde er alles verlieren.

Nach umfangreichen Vorbereitungen fand also schließlich die Hochzeit statt, und in dieser märchenhaften Sage findet sich nun ein schönes Ehegelöbnis, wenn Melusine zu Reimund sagt: »Lieber Freund und Gemahl, nun hat das Glück uns zueinander gefüget, und wir sollen es bleiben, bis der Tod uns scheidet. Und ich steh in deinem Willen und Gebot, so du mir hältst, was du geschworen.«

Ein Schloss wurde gebaut, und gleich noch eins, eine starke Ringmauer und große Türme, man wunderte sich, dass alles so schnell fertig wurde. Nebenbei werden auch noch zehn Söhne geboren, aber einer hat ein rotes und ein grünes Auge, einer hat brennende Röte im Gesicht, ein anderer ist so grauslich, dass man ihn nicht anschauen kann, wieder ein anderer hat drei Augen. Die Söhne wachsen heran, erwerben Königreiche, und Reimund selbst »bezwang... alle Länder bis zur Bretagne und nahm sie zu eigen«. Wichtiger für die Geschichte ist der Wortbruch Reimunds; der älteste Bruder war gekommen, findet es seltsam, dass die Gemahlin nicht da ist, nur weil gerade Samstag war. Nachforschen soll er, der gute Reimund; der lässt sich auch verleiten, schlägt ein Loch in ihre Kammertür, sieht sie schließlich ahnungslos im Bade. »Vom Nabel aufwärts war sie eine über die Maßen schöne Frau, aber vom Nabel abwärts war sie ein ungeheurer Wurm und schimmerte bläulich mit silbernen Tupfen...«, die beiden Leseriesen im Goethe-Haus lasen atemlos weiter: »... wie eine Meerfei gewöhnlich gestaltet ist.« – Eine Meerjungfrau also, seine Melusine, und wir unterlassen indiskrete Fragen nach dem »Wie«, dem »Warum nicht«, und überhaupt war sie ja nur samstags so.

Cornelia und Wolfgang werden schon begriffen haben, eine Meerjungfrau eben, ist doch ganz klar, mit übernatürlichen Kräften ausgestattet, und Reimund, der treulose Reimund, hatte sein Gelübde gebrochen. Nun sitzt er da in großer Not und Herzeleid, alles scheint aus dem Ruder zu laufen. Die schöne Melusine jammert schließlich mit ihm, jedoch sie muss ihn verlassen. »Aber«, sagt sie zum Abschied, »du bist selbst schuld daran durch deine große Untreue, daß du nun dein herzliebstes Gemahl verlieren mußt.«

Was konnte er noch tun? Reimund hält Einkehr, geht ins Kloster – »in allen Ehren und diente Gott fleißig«.

Darüber konnten sie nachdenken, Wolfgang und Cornelia, über Gelübde und Treue und Versprechen, oder sie sprachen mit den Eltern darüber, bevor sie sich in ein neues Leseabenteuer stürzten.

Für den kommenden Dichter Johann Wolfgang Goethe war die schöne Melusine damit nicht vergessen; in geselliger

Runde wird er als Student (in Straßburg) darüber erzählen und später den Stoff auf seine Art »verarbeiten«.*

Vielleicht lasen sie danach den »Kaiser Oktavian«, den sie bereits aus der Bibel kannten, machten sich dann mit frischen Erwartungen an »Die schöne Magelone«, Tochter des Königs von Neapel war sie, der, so hieß es, »an Schönheit und Tugend niemand könne gleichen«.

Die Leseabenteuer nahmen schier kein Ende, Cornelia und Wolfgang wuchsen zu einer Leseeinheit zusammen – »Fortunatus« wartete, »entführte« die beiden ans Mittelmeer, auf die Insel Zypern, die sie sogleich eifrig auf Vaters Globus suchten.

---

* Jahrzehnte später wird Goethe den Stoff seiner Kindheit wieder aufgreifen, »Die neue Melusine« schaffen und das Märchen in den Roman »Wilhelm Meisters Wanderjahre oder Die Entsagenden« integrieren (III. Buch, 6. Kap.).
Eine fantasievolle Adaption; die neue Melusine ist nun keine Meerjungfrau mehr, sondern eine Zwergin, so klein, dass sie in einem geheimnisvollen Kästchen wohnen kann.
Auch hier gibt es Bedingungen für die Liebe; der Protagonist, ein Bruder Leichtfuß, verletzt sie aber nach und nach, Melusine hilft ihm immer wieder und bittet ihn schließlich, sich genau zu prüfen, »ob du vergessen kannst, daß ich in zweierlei Gestalten mich neben dir befinde, ob die Verringerung meines Wesens nicht auch deine Neigung vermindern werde«.
Doch weitere Verletzungen folgen; schließlich, um sie nicht zu verlieren, willigt er nolens volens ein, sie in das Zwergenreich zu begleiten, dazu wird er mit einem geheimnisvollen Ring entsprechend verkleinert. Zunächst geht alles gut, doch er kann den »Maßstab voriger Größe« nicht vergessen, es macht ihn unruhig und unglücklich – der Ring wird abgefeilt, und seine »Figur schoß mit solcher Heftigkeit in die Höhe, daß ich wirklich an den Himmel zu stoßen glaubte ...«
Und damit war der schöne Traum geplatzt; am Ende steht der Protagonist da wie zuvor (ein viel zitiertes »Faust«-Wort passt auch auf ihn). Er ist zwar um eine Erfahrung reicher, hat seine Ausgangsgröße wiedergefunden, kommt sich aber auch »um vieles dümmer und unbehülflicher« vor.

»Fortunatus«, sagt Goethe in der Rückschau, »mit der ganzen Sippschaft bis auf den ›Ewigen Juden‹, alles stand uns zu Diensten, sobald uns gelüstete, nach diesen Werken, anstatt nach irgend einer Näscherei zu greifen.«

Einen weiteren Vorteil erwähnt er noch, wenn die jungen Leser nämlich »ein solches Heft zerlesen oder sonst beschädigt hatten, es bald wieder angeschafft und aufs neue verschlungen werden konnte«.

Vergessen wir nicht, die beiden Vielleser sind zu diesem Zeitpunkt, Frühjahr 1758, noch nicht neun bzw. (Cornelia) noch keine acht Jahre alt. Doch dann werden im Frühjahr ebendieses Jahres der Lesefluss und die Harmonie des Geschwisterpaares auf brutale Art und Weise unterbrochen.

Wolfgang erinnerte sich genau, dass es »Fortunatus« war – »mit seinem Säckel und Wünschhütlein«, den er sich gerade gekauft hatte – als ihn »ein Mißbehagen und ein Fieber überfiel, wodurch die Pocken sich ankündigten«. Zwar gab es bereits Impfungen, die Engländer »gegen ein ansehnliches Honorar« vornahmen, doch die Impfung wurde immer noch als sehr problematisch angesehen.

Es hatte ihn also erwischt, Johann Wolfgang – die Krankheit überfiel ihn »mit ganz besonderer Heftigkeit. Der ganze Körper war mit Blattern übersäet, das Gesicht zugedeckt, und ich lag mehrere Tage blind und in großen Leiden.«

Die Eltern versuchen natürlich, ihm Linderung zu verschaffen, er soll nicht reiben und kratzen – man »versprach mir goldene Berge, wenn ich mich ruhig verhalten« würde.

Viele Familien waren betroffen, viele Kinder überlebten die Krankheit nicht oder waren zumindest für immer entstellt. Im Hause Goethe wurde der Patient so warm wie möglich gehalten, was anscheinend aber das Übel noch verstärkte. Eine schwere Prüfung für den jungen, ungeduldigen Wolfgang; dann aber, »nach traurig verflossener Zeit«, fiel die ganze ekelhafte Krankheit ihm »wie eine Maske vom Gesicht, ohne daß die Blattern eine sichtbare Spur auf der

Haut zurückgelassen«. Aber die »Bildung«, gemeint ist das Aussehen, die Gesichtszüge, die Konturen des Gesichts, waren doch stark verändert.

Seine Tante, Johanna Maria Melber, Tante Melber eben, die ihn als Kleinkind herumgetragen und vorgezeigt hatte, rief noch später, psychologisch nicht besonders einfühlsam, aus: »Pfui Teufel! Vetter, wie garstig ist Er geworden!«

Der Knabe selbst war froh, dass sich nach und nach die fleckige Haut wieder verbesserte, aber, stellt er immer wieder fest, »andere waren unbarmherzig genug, mich öfters an den vorigen Zustand zu erinnern ...«

Andere Kinderkrankheiten, Masern oder Windblattern, verschonten auch die Goethe-Kinder nicht, von Hermann Jakob wird noch die Rede sein. Die Krankheiten unterbrachen aber nicht nur den unbändigen Lesehunger, sondern störten auch den Unterrichtsplan des Vaters.

Wenn wir dem Sohn glauben wollen (er übertreibt gelegentlich), belegte Johann Caspar Goethe die Genesenden mit doppelten Lektionen, sodass die Ärmsten manchmal »vor diesen didaktischen und pädagogischen Bedrängnissen« zu den Großeltern »flüchten« mussten; unser Mitgefühl ist ihnen sicher.

16. »Ego et frater meus ...« – Hermann Jakob Goethe (1752–1759)

Goethes Bruder. Ich habe bewusst diese Überschrift vermieden, denn im Umfeld eines Genies wird mancher seiner Individualität beraubt: Goethes Vater, Goethes Freund bis hin zu Goethes Sohn, dem Unglücklichen, dessen Grabstele in Rom nicht einmal seinen Individualnamen verzeichnet, sondern eben – Goethe filius ... Hier also Goethes Bruder,

Hermann Jakob Goethe, geboren 1752, drei Jahre jünger als der geniale Bruder.

Wenig wissen wir über Hermann Jakob, der nicht einmal sieben Jahre alt wurde, kränklich gewesen zu sein scheint und vielleicht nicht so mitteilungsfreudig; »eigensinnig«, nennt ihn der große Bruder.

Im Ausgabenbuch des Vaters, auch für dieses Vorhaben eine unvergleichliche Quelle, nehme ich seine Spur auf. Es geht beileibe nicht um Kosten und Beträge, sondern ich stoße auf Formulierungen, die den Charakter des Vaters widerspiegeln. Im liebevollen Diminutiv notiert er beispielsweise: »Der Amme für die ersten Zähnchen Jaköbleins – 40 Kreuzer« (Nutrici primorum dentium Jacobuli – 40).

Es sind nicht immer erhebende Nachrichten, die wir über den Knirps finden, der offensichtlich an Verstopfung litt und einen Einlauf bekam – aber nach und nach tritt er hervor aus den Notizen, den Eintragungen, das kleine Jaköblein. Sogar in den Schreibübungen Johann Wolfgangs taucht er auf – »Ego et frater meus«, heißt es da auf Latein, mein Bruder und ich könnte es ja auch heißen; die Übersetzung steht gleich daneben. Also, aus den uns bekannten »Labores Juveniles«: »Ego et frater meus resureximus/hodie mane paulo ante sep/timam horam ...« – »Ich und mein Bruder«, steht links daneben in der Übersetzung, »sind heut Morgen ein wenig vor Sieben-Uhr aufgestanden, und hat uns niemand aufgeweckt. Und nachdem uns die Magd gekämmet haben wir mit gefalteten Händen, und geb(o)genen Knien das Morgen-Gebet gesprochen.«

Die Szene hat schon etwas Rührendes – die zwei kleinen Goethe-Brüder werden von der Magd gekämmt, stehen da vielleicht noch etwas verschlafen und gähnen; irgendetwas hat sie so frühzeitig aufgeweckt, und vielleicht hat Vater Goethe diesen kleinen Vorfall als »Material« für eine Schreibübung, für ein »exercitium privatum«, benutzt.

Auch eine andere kleine Übung scheint auf Hermann

Jakob hinzuweisen, der seinen Namen nach dem Halbbruder des Vaters, dem Zinngießermeister (und Ratsmitglied) Hermann Jakob Goethe, erhalten hatte: »Frater tuus non est bene educatus puer«, heißt es da, und vielleicht stand der Knirps sogar dabei, als der Vater oder Lehrer Scherbius diktierte, und er verstand zunächst natürlich kein Wort, sicher aber die Übersetzung, denn er ist beim Beginn dieser Schreibübungen (1757) immerhin auch schon knapp fünf Jahre alt. »Dein Bruder«, konnte er kurz darauf in der Übersetzung hören, »ist kein wohl erzogner Knab, weil er fast täglich nüchtern trinkt.« Es folgt in der Übung auch ein vielleicht versteckter Hinweis auf die Krankheit Hermann Jakobs, der schon bald in die väterlichen Lektionen mit einbezogen wurde:

> Wen(n) er seine Lektionen auf sagt,
> stehet er niemals recht aufgericht(et)
> sondern krum(m). Im Bett liegt
> er auf dem Rücken oder für sich.

Offensichtlich litt er unter Schmerzen, der kleine Jakob; Stuhlverstopfung und das frühe Trinken (nüchtern) sind möglicherweise (mit allen Vorbehalten) ein Hinweis auf eine Krankheit, die ihn ständig durstig machte.

Wieder auf Spurensuche im »Quellenbuch« des Vaters; liebevolle Eintragungen, wie »für die ersten Zähnchen Jaköbleins«, finden sich auch für die anderen Kinder, die »liebste« Ehefrau nicht zu vergessen. Bleiben wir aber bei dem noch früh genug verschwindenden Hermann Jakob. Das »Jaköble« erhält ein ungarisches Kleid, ein anderes Mal wird ein »Polnisches Kleid für Jaköblein« (und ein Paar Stiefel dazu) angefertigt, und der Stolz des Vaters schimmert durch, sein zweiter Sohn, der heranwächst, der in die Spielschule geht zur Hoffin, der er das Schulgeld für ein Vierteljahr bezahlt – »Jacobus« eingetragen.

Immer wieder aber muss er krank gewesen sein oder sich verletzt haben, der kleine Hermann Jakob, einen festen Verband bekommt er einmal, schwer zu sagen, ob er gestürzt war oder sich irgendwie verletzt hatte.

Im September 1757 wird erneut Schulgeld für Jakob bezahlt, und die Wertschätzung der Frau Maria Magdalena Hoff, die durchaus auch mit Schwierigkeiten und Vorschriften zu kämpfen hatte, wird damit evident. Wenn wir mit Wolfgang beginnen (1752), dann Cornelia (1753) und schließlich Jaköblein (1754) – dann hatte sie immerhin drei Goethe-Kinder in ihrer Obhut.

Doch dann kam das Jahr 1758, das auf so brutale Art und Weise die Lesewut von Cornelia und Wolfgang durch die Blatternerkrankung unterbrochen hatte. Die Blattern (oder Pocken), eine sehr ansteckende Infektionskrankheit, heute so gut wie »ausgerottet«, befiel auch den kleinen Jakob. Vermutlich hatte der große Bruder Wolfgang ihn angesteckt, denn es bleibt fraglich, ob man ihn gleich isoliert hatte. Der Bruder erinnert sich später in seiner Autobiografie und schreibt: »Bei Gelegenheit dieses Familienleidens will ich auch noch eines Bruders gedenken, welcher, um drei Jahr jünger als ich, gleichfalls von jener Ansteckung ergriffen wurde und nicht wenig davon litt. Er war von zarter Natur, still und eigensinnig, und wir hatten niemals ein eigentliches Verhältnis zusammen. Auch überlebte er kaum die Kinderjahre.«

Was Johann Wolfgang über sich selbst geschrieben hatte, erleidet nun auch Hermann Jakob; dazu vielleicht Erbrechen, hohes Fieber, Schüttelfrost und auf Gesicht, Rumpf und Beinchen linsengroße Pusteln. Weingeistumschläge, lese ich im Ausgabenbuch des Vaters, sollten Linderung verschaffen, und wir stellen uns einen Augenblick die besorgten Eltern, Johann Caspar und Mutter Aja vor, die am Bett ihres kleinen Hermann Jakob standen.

In einem alten Gesundheitsbuch (1763) finde ich das

Wissen der Zeit über die Blattern versammelt: »Es ist unter allen Krankheiten keine so allgemein als die Pocken (Kinderblattern), da von hundert Personen nur vier oder fünf davon befreyt bleiben. Indessen ist es wahr, daß dieselbige, obgleich sie alle Menschen angreift, doch nur einmahl angreife, und wenn man sie einmahl gehabt, man deretwegen für immer gesichert seye. Diese Krankheit ist zugleich unter diejenigen zu zehlen, welche die größte Anzahl Menschen tödten; und wenn sie oft sehr gelinde ist, so ist sie anderemahl so verheerend als die Pest. Es ist erwiesen, daß wenn man die Verheerungen der schlimmen und der guten Epidemien zusammennimmt, diese Krankheit den siebenden, von denen, die davon angegriffen werden, tödte.«

Frankfurt im Jahre 1758; es dauert noch einige Jahre, bis die Inokulation, die Pockenschutzimpfung, sich langsam, nach und nach durchsetzt. Ich habe andernorts beschrieben, wie beispielsweise Johanna Schopenhauer, wohl als eine der Ersten (Danzig 1774), hundert Jahre vor Einführung der gesetzlichen Pockenschutzimpfung, die »Inokulation« über sich ergehen lassen musste und dann doch heftig erkrankte.[1]

Der kleine Hermann Jakob in Frankfurt muss entsetzlich gelitten haben, dazu der ständige Juckreiz. Als die Borken schließlich nach Tagen vom Gesichtchen des kleinen Patienten wie eine Maske abfielen, hatte er mit Sicherheit (ähnlich wie Wolfgang) ein erheblich verändertes Aussehen. Schwer zu sagen aus heutiger Sicht, ob noch »Nachkrankheiten« zu befürchten waren, bis hin etwa zur Lungenentzündung, Rippenfellentzündung oder gar einer Blutvergiftung.

Der kleine Bruder war noch einmal davongekommen; doch dann (im Januar 1759) hat Vater Goethe schließlich eine bittere Eintragung in sein Buch vorzunehmen: »... die Kosten für das Begräbnis des seligen Jacöbleins, speziell«, wobei der Vater mit mehr als dreiundfünfzig Gulden bestimmt nicht gespart hat, das war höchst sekundär, Trauer herrschte im Hause Goethe. Das war also das kurze »Gastspiel«* des kleinen Hermann Jakob Goethe auf Erden, belastet von zarter Gesundheit und Krankheiten. Wir dürfen vermuten, wie den Eltern ums Herz war, ein Kind, das kaum mit dem Leben begonnen hatte, war ihnen genommen worden; jetzt mussten sich noch mehr alle Hoffnungen auf Wolfgang und Cornelia richten.

*

Ein kleines, aber bezeichnendes Nachspiel bleibt zu berichten. Die Eltern fragen den großen Sohn beim Tod seines kleinen Bruders, ob er denn gar nicht traurig sei, und blicken ihn verwundert an. Bettine Brentano hat mit Mutter Aja später darüber gesprochen und berichtet:

> »Sonderbar fiel es der Mutter auf, daß er beim Tod seines jüngern Bruders Jacob, der sein Spielkamerad war, keine Träne vergoß, er schien vielmehr eine Art Ärger über die Klagen der Eltern und Geschwister zu haben. Da die Mutter nun acht Tage nachher den Trotzigen fragte, ob er den Bruder nicht lieb gehabt habe, lief er in seine Kammer, brachte unter dem Bett hervor eine Menge Papiere, die mit Lektionen und Geschichtchen beschrieben waren, er sagte, daß er dies alles gemacht habe, um es dem Bruder zu lehren.«[2]

Eine Vaterrolle hatte er sich angemaßt, der nur wenig ältere Bruder, hatte den Vater imitiert in seinen Vorbereitungen der Lektionen, dieses war sein Objekt, er wollte ihn unterrichten, den kleinen Jakob. Das Streben nach Überlegenheit, von dem Psychologen (Alfred Adler) sprechen, ist bei ihm früh ausgeprägt. Ähnlich, durchaus vergleichbar hatte er schon bei Corneliens Geburt reagiert, hatte früh seine »Be-

---

* Geb. 26. Nov. 1752, beerdigt 13. Jan. 1759, vermutlich an Dysenterie (Durchfall, Ruhr) gestorben; nicht einmal sieben Jahre wurde er alt, der »Bruder Goethes«.

sitzansprüche« geltend gemacht, und Mutter Aja hat wiederum Bettine davon erzählt:

> »Zu der kleinen Schwester Cornelie hatte er, da sie noch in der Wiege lag, schon die zärtlichste Zuneigung, er steckte heimlich Brot in die Tasche und stopfte es dem Kinde in den Mund, wenn es schrie, wollte man es wieder nehmen, so ward er gewaltig zornig, kletterte an den Leuten hinauf und raufte ihnen die Haare aus; er war überhaupt vielmehr zum Zürnen wie zum Weinen zu bringen.«

Ein Genie entwickelt sich, auch auf Kosten anderer; eigensinnig, hochbegabt, ungeduldig und mit einer (notwendigen) Egozentrik ausgestattet.

17. Weidenraupenzucht
Leidengraupensucht
Seidenraupenzucht

Goethe, das müssen wir uns immer wieder vor Augen halten, schreibt seine Teil-Autobiografie »Dichtung und Wahrheit« erst im Abstand von Jahrzehnten; etwa sechzig Jahre ist er alt, als die ersten Pläne und Niederschriften entstehen.

Sein Vater spielt natürlich bei der Erinnerung an die frühen Jahre eine große Rolle, von der Mutter ganz zu schweigen. Vieles aber weiß er nicht mehr so ganz genau: Namen, Daten, entlegenere Ereignisse. Bettine Brentano wird angeschrieben, die einst auf dem »Schawellchen« zu Füßen der Mutter Aja deren Erzählungen gelauscht hatte, sie Mutter nennen durfte und sich zeitweise in eine nicht nur schwesterliche Beziehung zu Goethe hineinsteigerte.

Fritz Schlosser (Neffe des Schwagers) ist eine andere wichtige Person für Goethe, wenn es darum geht, Detailfragen zu beantworten. Ansonsten ist das Gedächtnis des Dichters erstaunlich präzise; und es gibt viele Belege dafür, dass er selbst nach Jahrzehnten sich noch genau erinnert.

Mit dem Vater hat er allerdings immer noch nicht endgültig Frieden geschlossen; immer wieder berichtet er Negatives, manchmal spöttisch – der Vater ist pedantisch, geizig, ungesellig, hypochondrisch etc. etc.

Ein Beispiel aber für einen goetheschen Irrtum finde ich bei der »Herstellung« (sagen wir Anfertigung) von Gemälden im Hause Goethe (vgl. Graf Thoranc im Hause Goethe). Der Maler Juncker, der »mit Blumen und Früchten manche Abteilung« verzierte (man hatte ein arbeitsteiliges Verfahren entwickelt), war von Johann Caspar Goethe beauftragt worden, »einen verzierten Blumentopf mit den bedeutendsten Blumen nach der Natur in seiner künstlichen und zierlichen Weise« zu malen.

Nun muss man wissen, dass Goethes Vater u. a. auch gute Eichenbretter aufbewahrte, die er von Tischlern vorher genauestens bearbeiten ließ, sie dann (mitunter für mehrere Jahre) in einem der oberen Zimmer aufbewahrte, »wo sie genugsam austrocknen konnten«. Eines dieser »köstlichen« Bretter wurde nun dem Maler Juncker »anvertraut«. Juncker macht sich an die Arbeit; eines Tages gefällt ihm das entstandene Bild aber nicht mehr, und er beschließt, ein neues zu malen (wieder von Vater Goethe auf einer sorgfältig vorbereiteten Tafel, versteht sich). Vater Goethe wurde letztlich aber dann doch mit zwei Bildern überrascht; er entschied sich für das erste, und der Künstler musste (ärgerlich) sein zweites Bild zurücknehmen, behauptet zumindest der Sohn.

Was ist aber davon zu halten, wenn die Forschung später (Ausgabenbuch des Vaters!) herausfindet, dass Johann Caspar Goethe anstandslos beide Bilder gekauft hatte? War es nur ein Irrtum des Sohnes, oder passte es gerade so in die Vaterbeschreibung? Ein weiteres Beispiel ist übrigens das berühmte Puppentheater, das Goethe als Geschenk der

Goethes Puppentheater

Großmutter darstellt – in Wahrheit wurde es vom Vater angeschafft.

Was das alles mit Seidenraupenzucht zu tun hat? Gar nichts! Kommt aber jetzt; wir sind immerhin schon am Ort des Geschehens in einem der Mansardenzimmer, wo ganz in der Nähe auch die Eichenbretter lagerten, »köstliche« Eichenbretter.* Vater Goethe hatte einen Plan; er wusste, dass der preußische König Friedrich I. schon Anfang des 18. Jahrhunderts an französische Flüchtlinge Bauplätze (im Tiergarten an der Spree) mit der erklärten Aufforderung vergeben hatte, Maulbeerplantagen anzulegen und Seidenraupenzucht zu betreiben. Sein Enkel Friedrich II. setzte später sogar eigens eine »Königliche Seidenbau-Kommission« ein, um den »Seidenbau« zu verbreiten. Maulbeer-

---

* Meinem Bruder, Gerd Völker (1942–2007), hätte dieses Wort von den »köstlichen Eichenbrettern« gefallen; er war Lehrer, Afrikareisender, Heimwerker, Fotograf u. a., bewahrte vieles auf und hatte Ordnung in seinen Sachen: homo bonus et fidus.

plantagen wurden angelegt und Inspektoren, fachkundige Leute, im Ausland angeworben.

Aber noch 1750, als unser junger Protagonist gerade ein Jahr alt war, macht ein königlicher Erlass von der »Fortsetzung der Maulbeerplantagen und Vermehrung des Seidenbaus« deutlich, dass der König mit dem Ergebnis längst noch nicht zufrieden war; weitaus mehr Maulbeerbäume sollten in den Städten und Dörfern angepflanzt und von den Bürgern gepflegt werden. Das scheint ganz erfolgreich gewesen zu sein, denn 1786 berichtet der Schriftsteller und Verleger Friedrich Nicolai, dass die Maulbeerbaumpflanzung sich unter Friedrich II. erheblich vermehrt habe. In der Potsdamer Gegend wurden mehr als 20 000 Maulbeerbäume gezählt.

Goethes Vater, fritzisch gesinnt, hatte hier also frühzeitig Handlungsbedarf erkannt; außerdem hatte er Zeit und war bereit, sich auf einen Versuch einzulassen.

Die Kinder mussten helfen; allerdings machte diese »Liebhaberei« des Vaters ihnen »viel Unbequemlichkeit«, und Goethe erinnert sich, dass der Vater von der Seidenraupenzucht »einen großen Begriff« hatte und dass von Bekannten in Hanau die Zucht bereits betrieben wurde, »von dorther wurden ihm zu rechter Zeit die Eier gesendet; und sobald die Maulbeerbäume genugsames Laub zeigten, ließ man sie ausschlüpfen, und wartete der kaum sichtbaren Geschöpfe mit großer Sorgfalt«.

Ich habe von den »köstlichen« Brettern erzählt, aber »geringere Verwandte« kamen nun ins Spiel, denn »in einem Mansardzimmer waren Tische und Gestelle mit Brettern aufgeschlagen, um ihnen mehr Raum und Unterhalt zu bereiten: denn sie wuchsen schnell, und waren nach der letzten Häutung so heißhungrig, daß man kaum Blätter genug herbeischaffen konnte, sie zu nähren; ja sie mußten Tag und Nacht gefüttert werden, weil eben alles darauf ankommt, daß sie der Nahrung ja nicht zu einer Zeit ermangeln, wo die große und wundersame Veränderung in ihnen vorgehen soll«.

Mich wundert, dass in diesem Zusammenhang noch niemand Johann Caspar Goethe die Kinderarbeit vorgeworfen hat, denn Johann Wolfgang und Cornelia wurden »gnadenlos« eingespannt. Bei günstiger Witterung, meint Wolfgang, »konnte man freilich dieses Geschäft als eine lustige Unterhaltung ansehen; trat aber Kälte ein, daß die Maulbeerbäume litten, so machte es große Not«. Bei Regen mussten die Blätter gar abgewischt und getrocknet werden; wenn das nicht sorgfältig geschah, kam es zu »mancherlei Krankheiten unter der Herde, wodurch die armen Kreaturen zu Tausenden hingerafft wurden«.

Die »schönsten Frühlings- und Sommerwochen« waren also die Goethe-Kinder mit der Wartung der Seidenwürmer beschäftigt. Wir sehen sie ausschwärmen zum Blättersammeln mit Körben, und sorgfältig wischten sie feuchte Blätter ab.

Aber irgendetwas funktionierte nicht, war es dann doch die Feuchtigkeit, waren es andere Ursachen, war es gar trotz allen Sammlereifers die immer noch mangelnde Versorgung mit Maulbeerblättern – es kam zu Krankheiten »unter der Herde« der kleinen Krabbeltierchen, und »die daraus entstehende Fäulnis erregte einen wirklich pestartigen Geruch, und da man die Toten und Kranken wegschaffen und von den Gesunden absondern mußte, um nur einige zu retten, so war es in der Tat ein äußerst beschwerliches und widerliches Geschäft, das uns Kindern manche böse Stunde verursachte«.

Die Wortwahl verrät noch heute den Abscheu des Autobiografen, den Gestank hat er nicht vergessen, die ganze Angelegenheit war ihm und seiner Schwester zuwider.

★

Kinderarbeit war das (ironische) Stichwort. Wolfgang und Cornelia mussten in diesem Zusammenhang auch noch weitere Aufgaben wahrnehmen. Vater Goethes römische

Prospekte, oben und unten in schwarze Stäbe eingefasst, hatten mit den Jahren durch Rauch, Licht und Staub gelitten. Diese Kupferstiche sollten nun durch Bleichen möglichst ein wenig aufgefrischt werden. Wieder kommen die »großen Bretter« ins Spiel, denn die Kupferstiche wurden auf ihnen befeuchtet und in die Sonne gestellt; sie »standen vor Mansardfenstern in den Dachrinnen an das Dach gelehnt, und waren daher manchen Unfällen ausgesetzt. Dabei war die Hauptsache, daß das Papier niemals austrocknen durfte, sondern immer feucht gehalten werden mußte.«

Eine weitere Beschäftigung also für die Goethe-Kinder, denn »diese Obliegenheit hatte[n] ich und meine Schwester, wobei uns denn wegen der Langenweile und Ungeduld, wegen der Aufmerksamkeit die uns keine Zerstreuung zuließ, ein sonst so sehr erwünschter Müßiggang zur höchsten Qual gereichte«.

Sicherlich haben die Kinder gequengelt, vielleicht sich bei der Mutter beklagt, aber »die Sache ward gleichwohl durchgesetzt, und der Buchbinder, der jedes Blatt auf starkes Papier aufzog, tat sein Bestes, die hier und da durch unsere Fahrlässigkeit zerrissenen Ränder auszugleichen und herzustellen«.

Im Nachhinein muss Wolfgang, ob er will oder nicht, doch anerkennend feststellen: »Die sämtlichen Blätter wurden in einem Band zusammengefaßt und waren für diesmal gerettet.«

*

So viel von Brettern, Seidenwürmern und der Kupferstichbleiche im Goethe-Haus; niemand sollte jedoch vorschnell glauben, dass die Kinder mit den genannten Tätigkeiten allein ausgefüllt waren. Zu ebendieser Zeit meldete sich nämlich ein »englischer Sprachmeister«, der behauptete, er könne in vier Wochen »einen jeden, der nicht ganz roh in

Sprachen sei«, die englische Sprache lehren, ihn zumindest so weit bringen, »daß er sich mit einigem Fleiß weiter helfen könne«.

Vater Goethe griff zu; das Honorar war mäßig, also entschlossen sich Johann Caspar selbst, Wolfgang und Cornelia, »bei dem expediten* Meister Lektion« zu nehmen.

Die Stunden wurden »getreulich« gehalten, und es fehlte auch nicht am »Repetieren«, und die Schüler waren zufrieden, zumal er auch nach den vier Wochen Englischunterricht noch gelegentlich vorbeikam, um »nachzusehen und nachzuhelfen«, und er scheint die Goethe-Schüler – Vater, Tochter, Sohn – als Musterschüler in seiner »Kundschaft« herausgestellt zu haben.

Für den jungen und talentierten Wolfgang wird es aber auch manchmal lästig, »bald aus dieser bald aus jener Grammatik oder Beispielsammlung, bald aus diesem oder jenem Autor den Anlaß zu meinen Arbeiten zu nehmen«, und so kam er auf den Gedanken, »alles mit einmal abzutun«, eine selbst gestellte Aufgabe, die man wohl nur einem heranwachsenden Genie zutrauen mag.

Der Knabe Johann Wolfgang Goethe erfand also kurzerhand »einen Roman von sechs bis sieben Geschwistern, die voneinander entfernt und in der Welt zerstreut sich wechselseitig Nachricht von ihren Zuständen und Empfindungen mitteilen«.

Und dann zählt er auf: Der älteste Bruder gibt Bericht »in gutem Deutsch«, die Schwester (»in einem frauenzimmerlichen Stil«) erzählt von »häuslichen Verhältnissen«, aber auch von Herzensangelegenheiten. Ein Bruder, der Theologie studiert, schreibt ein »sehr förmliches« Latein und hängt manchmal noch ein griechisches Postscriptum an. Ein wei-

---

* Von lat. expeditus (ungehindert, frei, leicht) bei Truppen auch »kampfbereit«, hier: einsatzbereit, bequem; der Sprachmeister kam ihnen gerade recht.

terer Bruder, in Hamburg als »Handlungsdiener« angestellt, korrespondiert auf Englisch, und ein jüngerer Bruder berichtet aus Marseille natürlich in der französischen Sprache. Ein Musikus erzählt auf Italienisch von seinem ersten Ausflug in die Welt, und das Nesthäkchen der Familie (bei Goethe »Nestquackelchen«), naseweis dazu, hat nun ausgerechnet das »Judendeutsch« für sich reklamiert, da die übrigen Sprachen schon belegt waren.

Der junge Autor nennt das Ganze selbst eine »wunderliche Form«, für die er sich »einigen Gehalt« suchte; er studiert die Geografie der Gegenden, wo die Geschöpfe seiner Fantasie sich aufhielten; die Übungshefte wurden dadurch immer voller, »der Vater war zufriedener, und ich ward eher gewahr, was mir an eigenem Vorrat und an Fertigkeiten abging«.*

Ausgerechnet beim Nesthäkchen des geplanten Romans bleibt der junge Dichter »hängen«; er erkennt bald, indem er sich das »barocke« (im Sinne von »seltsame«) Judendeutsch anzueignen versuchte, dass ihm aber »die Kenntnis des Hebräischen fehlte«.

Was tut er also, der junge Wolfgang, er »eröffnete« dem Herrn Vater »die Notwendigkeit, Hebräisch zu lernen ...«, und er tat das nach eigener Aussage lebhaft und mit Nachdruck, hatte dabei schon das Alte Testament im Sinn, das ihm »wegen seiner Eigentümlichkeit ganz besonders von jeher zugesagt hatte«.

Also Hebräisch lernen! Vater Goethe hätte sagen können: Auch das noch! Aber Johann Caspar Goethe wusste Rat; er hatte einen guten Bekannten, man war sogar befreundet: Rektor Johann Georg Albrecht war genau der richtige Mann für diesen Sonderwunsch des über die Maßen begabten Sohnes, der nach allen zur Verfügung stehenden Möglichkeiten gefördert werden sollte.

* Von diesem fantastischen »Frühwerk« ist leider nichts erhalten.

18. Non scholae …
»Er närrischer Kerl! Er närrischer Junge!«

Betrachtet man das Bild des Kreuzgangs im alten Frankfurter Gymnasium, kann man sich leicht vorstellen, wie der Knabe Goethe linker Hand auf den Eingang zur Wohnung des Rektors Johann Georg Albrecht zusteuerte.

Der Kreuzgang im alten Frankfurter Gymnasium. Von K. Th. Reiffenstein.

Ein Sonderling war er wohl, dieser Rektor, und Goethe selbst nennt ihn später »einen Aesop in Chorrock und Perücke«. Rektor Albrecht hielt sich nicht mit Äußerlichkeiten auf – klein war er, nicht gerade dick, ein wenig unförmig, doch nicht verwachsen. Ein sarkastisches Lächeln verzog oft sein Gesicht, und die geröteten Augen blieben bei aller Überanstrengung »immer leuchtend und geistreich«.

Im ehemaligen Barfüßerkloster war das Gymnasium untergebracht, und hier hauste der gelehrte Gnom Albrecht, der auch schon mal im »Hauskleid« (sollen wir sagen Nachthemd, Schlafanzug?) Unterricht erteilte. Hebräisch sollte der junge Goethe bei ihm lernen, wobei er die Einwilligung des Vaters brauchte, der wünschte, dass sein begabter Sohn »das Nötigste« dieser Sprache erlerne. Die Vorliebe des Knaben für die Bibel, besonders für das Alte Testament, mag ausschlaggebend für diesen Wunsch des jungen Goethe gewesen sein.

Vater Goethe war mit dem Rektor befreundet, man tauschte wissenschaftliche Zeitungen und Bücher aus; sogar von einem (lateinischen!) Briefwechsel während einer Krankheit Albrechts ist die Rede.

Ein Kauz war er schon, der Gelehrte Johann Georg Albrecht; er liebte es, seine »Pfeile« in gelehrten Zitaten zu verstecken, und seine Sarkasmen wurden von einem »hohlen und baucherschütternden« Lachen begleitet. Als geizig und geldgierig war er verschrien; später kam noch seine Neigung zur Trunksucht hinzu, die selbst der befreundete Doktor Senckenberg, seinerseits durchaus ein Sonderling, bestätigen musste.

Ich sehe ihn da sitzen, klein, mit gerötetem Geicht unter der Perücke, die wachen Augen auf den eintretenden Knaben gerichtet; ein sarkastisches Lächeln umspielt seine Lippen: Dem wollen wir doch erst einmal auf den Zahn fühlen! – Wie empfängt also der gelehrte Rektor seinen neuen Zögling? Er hatte ihm schon mal (als Zuschauer bei der Versetzung der Gymnasiasten in die jeweils höheren Klassen) spontan einen »Silberling« gegeben, als Wolfgang noch nicht einmal Schüler des Gymnasiums war. So etwas bleibt haften.

Und nun?

Schüler und Lehrer haben einander begrüßt; Wolfgang legt artig seine Schreibutensilien auf den Tisch.

Warum er denn eigentlich Hebräisch lernen wolle, spottet der Rektor als Erstes, den Grund dafür könne er nicht so recht einsehen.

Ein merkwürdiger Lehrer.

Wolfgang Goethe mag von seiner Faszination für die Bibel erzählt haben, seiner Begeisterung für die Sprache.

Wir vermuten ein Stirnrunzeln des gelehrten Mannes.

Albrecht hatte zum Teil recht unkonventionelle Ideen, wollte den »Wissensballast« vermindern, sprach von der »Beschränkung des gelehrten Quarks«, und wenn es ihm gerade passte, riet er, doch kurzerhand alle Bücher aus dem Fenster zu werfen – ein Verbalradikaler!

Goethe erzählt in seiner Autobiografie, dass er Albrecht schon früher, zusammen mit den Eltern, besucht habe, und er spricht von dem »schaurigen Behagen«, mit dem er als kleines Kind durch die langen und dunklen Gänge gegangen war, die Kapellen gesehen hatte, die jetzt »Visitenzimmer« waren, treppauf, treppab, verwinkelt – und für ein Kind eben schaurig. Schon damals habe Albrecht den kleinen Knirps »examiniert«, ihn gelobt und ermuntert.

Nun kam er als Schüler wieder, und Goethe findet diesen »Sonderling« gar nicht abstoßend, sondern »mild und willig«, genießt die Stunden abends um sechs bei ihm, und er fühlt jetzt sogar ein »heimliches Behagen … wenn sich die Klingeltüre hinter mir schloß und ich nun den langen düstern Klostergang durchzuwandeln hatte«.

Da sitzen sie nun, Lehrer und Schüler, in der Bibliothek des Rektors, an einem Tisch, der mit Wachstuch beschlagen ist; Albrecht hat eine (sehr strapazierte) Ausgabe des Lukian an seiner Seite, die spöttischen, geröteten Augen sind auf den Zögling, den Sohn des Freundes gerichtet.

Ob der kleine Goethe schon damals die »Absicht auf das Judendeutsch« als Motiv für seine Hebräischstunden im Sinn hatte, wie er es in »Dichtung und Wahrheit« behauptet, lassen wir dahingestellt, dem Lehrer verschwieg er es. Den »Grundtext« der Bibel wolle er besser verstehen, sagt er stattdessen, und der Lehrer entgegnet sarkastisch, er solle zufrieden sein, wenn er überhaupt lesen lerne.

Nun gut, nun gut. Rektor Albrecht wird noch früh genug erkennen, welche Geistesgaben sein Schüler mitbringt.

Der Knabe Goethe erscheint nun täglich abends um sechs Uhr, ein aufmerksamer Schüler, der sofort herausfindet, dass das für ihn neue hebräische Alphabet »ungefähr dem griechischen zur Seite ging, dessen Gestalten faßlich, dessen Benennungen mir zum größten Teil nicht fremd waren. Ich hatte dies alles sehr bald begriffen und behalten, und dachte es sollte nun ans Lesen gehen«.

Die besondere Lesart eines hebräischen Textes bereitet dem Knaben Goethe keine Schwierigkeiten, dass »dieses von der rechten zur linken Seite geschehe, war mir wohl bewußt«. Immerhin hält die hebräische Schrift, ursprünglich nur mit zweiundzwanzig Konsonantenzeichen von rechts nach links geschrieben, auch für den wissbegierigen Goethe noch eine gewaltige Überraschung bereit: »Nun aber trat auf einmal ein neues Heer von kleinen Buchstäbchen und Zeichen hervor, von Punkten und Strichelchen aller Art, welche eigentlich die Vokale vorstellen sollten, worüber ich mich um so mehr verwunderte, als sich in dem größern Alphabete offenbar Vokale befanden, und die übrigen nur unter fremden Benennungen verborgen zu sein schienen.«[*]

---

[*] Die Texte der Bibel, das mag in diesem Zusammenhang interessieren, haben Vokalzeichen und Akzente; sie dienen der Interpunktion und auch der Orientierung beim Vorlesen (Sprechgesang).

Der Knabe will möglichst sogleich lesen, doch Albrecht zügelt seine Ungeduld, spricht über Grammatik und erklärt, das »Lesen ohne diese Punkte und Striche sei eine sehr schwere Aufgabe, und könne nur von Gelehrten und den Geübtesten geleistet werden«.

Wir sehen ihn da sitzen, den genialen Knaben Goethe, er schluckt und denkt nach, was der gelehrte Rektor Albrecht ihm da gerade gesagt hat. Wird er die Geduld aufbringen?

Denn nach und nach wird, bei allem Wissensdurst, auch für den begabten Schüler die Angelegenheit »immer verworrener«, doch schließlich amüsiert er sich (wenigstens) »auf eine kindische Weise an den seltsamen Namen dieser gehäuften Zeichen«, was ihn immer wieder für uns einnimmt, denn gelegentlich muss dieser Knabe es seinen Lehrern auch nicht besonders leicht gemacht haben, vom Vater ganz zu schweigen.

Als Letzterer von Schwierigkeiten hört, schafft er dem Sohn gleich eine Bibelübersetzung (ins Lateinische) des Straßburger Theologieprofessors Sebastian Schmid (1617– 1696) an, eine wörtliche Übersetzung, die Goethe noch später heranzieht und mit Luthers Übersetzung vergleicht, wenn es um Einzelheiten geht.

Der Vater im Hintergrund sorgt also immer wieder für diese exorbitanten Möglichkeiten; der Bildungsplan für den Sohn (übrigens bis zum Eintritt Wolfgangs in die Universität auch für die Tochter Cornelia) folgt einer gewissen Systematik, einer (väterlich) konstruktiven und konstitutiven Bildungsidee. Vater Goethe geht dabei durchaus auch unkonventionelle Wege. Will man aber die grundlegenden Bildungsziele Johann Caspar Goethes zusammenfassen, stehen als übergeordnete Ideale immer auch Ordnung, Ausdauer, Pflichtbewusstsein als unverzichtbare Ingredienzien da; wer will ihm verdenken, dass er auch auf eine ordentliche Handschrift Wert legte?

Diese sorgfältige Bildungsplanung (»pedantisch«, sagen

vorschnelle Kritiker) werden wir später bei Goethes Sohn August nicht finden; die Ausbildung des Sohnes ist eher unsystematisch, zeitweise vernachlässigend, und zum Abschluss hetzt er den Sohn regelrecht durch verschiedene Ausbildungsstufen, da er ihn in seiner Nähe braucht. (Zwischenzeitlich wird schönfärberisch über Augusts Bildungsstand dahergeredet.)

Zurück zu Johann Caspar Goethe. Er ist ein liebevoller Vater; die Kinder (nicht zu vergessen sein liebes »Cornelchen« und für eine kurze Lebensspanne auch Hermann Jakob) werden von ihm stets fürsorglich bedacht. Goethe selbst gibt später nicht immer ein positives Bild vom Vater ab, um es milde auszudrücken.

Doch zunächst ist er Schüler, hat inzwischen bei seinen Hebräischstunden Sebastian Schmids Bibelübersetzung dabei und beschäftigt sich unter Albrechts Anleitung weiter mit »Lesen, Exponieren, Grammatik, Aufschreiben und Hersagen von Wörtern ...«, muss sich der Systematik seines Lehrers fügen.

Aber immer wieder wird er ungeduldig, will gleich »auf den Sinn der Sache losgehen«, kennt sich ja auch bereits aus in der Bibel, doch der Rektor holt ihn stets zurück von solchen »Abschweifungen«. Aber es amüsiert ihn auch, das Verhalten des Ausnahmeschülers, der Wissensdurst, die kaum zu zügelnde Ungeduld, er »kam nach seiner Art nicht aus dem Husten und Lachen« heraus, hört sich die Zweifel des Zöglings an, der immer »lebhafter und kühner« wird, bis der Rektor endlich mit verblüffter Anerkennung, begleitet von seinem »baucherschütternden« Lachen ausruft: »Er närrischer Kerl! Er närrischer Junge!« – was wir durchaus als Kompliment für den außergewöhnlichen Schüler interpretieren dürfen.

Die »kindische Lebhaftigkeit« dieses Schülers machte ihm also auch Spaß, dem Gelehrten.

Nach und nach darf Johann Wolfgang alle Bücher Albrechts benutzen, er lässt ihn lesen, den jungen Goethe, blättert derweil in seinem Lukian, und bald darauf darf der Junge sogar Bände mit nach Hause nehmen.

Nach Abschluss der Studien zieht Goethe selbst in seiner Autobiografie ein bemerkenswertes Fazit:

> Die Bemühungen um die Sprache, um den Inhalt der heiligen Schriften selbst, endigten zuletzt damit, daß von jenem schönen und viel gepriesenem Lande, seiner Umgebung und Nachbarschaft so wie von den Völkern und Ereignissen, welche jenen Fleck der Erde durch Jahrtausende hindurch verherrlichten, eine lebhaftere Vorstellung in meiner Einbildungskraft hervorging.

Dem ist nichts hinzuzufügen.

19. Ein großes Tor mit Zinnen, ein Garten …
… und die verbotenen Früchte des Sommers

Die Großeltern Textor

Wir hörten bereits in einer charakteristischen Mischung aus Dichtung und Wahrheit, dass Cornelia und Wolfgang vor den »didaktischen und pädagogischen Bedrängnissen« des Vaters oft zu den Großeltern flüchteten. Deren Wohnung lag in der Friedberger Gasse und »schien ehmals eine Burg gewesen zu sein: denn wenn man herankam, sah man nichts als ein großes Tor mit Zinnen, welches zu beiden Seiten an zwei Nachbarhäuser stieß«. Durch einen schmalen Gang gelangten die Kinder in den Hof, dort standen mehrere Gebäude, die man zu einem Wohnanwesen des Stadtschultheißen vereinigt hatte.

Die Kinder strebten aber eiligst dem Garten zu, der sich »ansehnlich lang und breit hinter den Gebäuden hin erstreckte und sehr gut unterhalten war«. Die Gänge waren sogar mit einer Art Rebgeländer versehen, es gab einen abgegrenzten Teil mit Küchenkräutern, aber auch Rabatte für die Blumen des Jahres, ein Bild voller Abwechslung und Ordnung. Eine lange Mauer, die das Anwesen im Süden begrenzte, »war zu wohl gezogenen Spalier-Pfirsichbäumen genützt, von denen uns die verbotenen Früchte den Sommer über gar appetitlich entgegenreiften«.

Naschhaft waren sie, die beiden Flüchtlinge, und sie stürzten sich auf die »unabsehbare Reihe Johannis- und Stachelbeerbüsche«, die »unserer Gierigkeit eine Folge von Ernten bis in den Herbst eröffnete«.

Im Garten des Großvaters bestaunten die Kinder auch einen riesigen Maulbeerbaum, und die Großeltern erzählten von den Früchten und auch, dass »von seinen Blättern die Seidenwürmer sich ernährten«; zu Hause hatten sie ja bereits praktische Erfahrungen mit Maulbeerblättern und Seidenwürmern sammeln können.

Der Garten wird als ein »friedliches Revier« beschrieben, in dem der Großvater »mit behaglicher Geschäftigkeit eigenhändig die feinere Obst- und Blumenzucht« besorgte, für gröbere Arbeiten hatte er einen Gärtner. Die Großmutter ist im Hause beschäftigt; den Juristen Johann Wolfgang Textor* sehen wir, wie er Zweige der Pfirsichbäume hochbindet, Tulpen- und Hyazinthenzwiebeln sortiert oder sogar Rosen okuliert. Bei letzterer Arbeit trägt er lederne Handschuhe, die ihm beim Pfeifergericht**, der feierlichen Handlung im

---

* Johann Wolfgang Textor (1693–1771), Schultheiß, d. h. oberster Justizbeamter der Freien Reichsstadt Frankfurt a. M. von 1747 bis 1770; Großmutter: Anna Margaretha Justina Textor, geb. Lindheimer (1711–1783); der Name »Textor« ist latinisiert aus »Weber«.

** Pfeifergericht: Nach einer alten Tradition (in Erinnerung an Zeiten, in denen »bedeutende Handelsstädte sich von den Zöllen, welche mit Handel und Gewerb in gleichem Maße zunahmen, wo nicht zu befreien, doch wenigstens eine Milderung derselben zu erlangen suchten«)

Kaisersaal, übergeben worden waren. Die Kinder durften dieses traditionelle Verfahren miterleben und waren mächtig stolz auf ihren Großvater, der bei dieser Zeremonie im Kaisersaal (hinter Gerichtsschranken) eine Stufe höher als die schon erhöhten Schöffen saß und diese »seltsame Feierlichkeit« leitete.

Johann Wolfgang Textor
(1693–1771)
Gemälde von Jakob Andreas
Scheppeling, 1763

Nach dieser merkwürdigen (symbolischen) Gerichtsverhandlung sahen die Kinder den Großvater wieder in seinem Garten, sahen die Großmutter, die den überreichten Pfeffer

> kamen zu dem sogenannten Pfeifergericht (der Name stammte von den drei Pfeifern, die während der Zeremonie spielten) Abgesandte aus Worms, Nürnberg und Alt-Bamberg nach Frankfurt, um dem Stadtschultheißen symbolisch ihre Gaben zu überbringen: Pfeffer sozusagen als pars pro toto für alle Waren, ein Paar Handschuhe, ein Gerichtsstäbchen. Zu den Besonderheiten gehörte noch ein alter Filzhut, den die Stadt Worms symbolisch »darbrachte«, der aber stets durch Zahlung eines Goldgulden wieder eingelöst wurde.

ganz pragmatisch in ihre Gewürzladen schüttete, und waren immer noch tief beeindruckt. Wolfgang, so scheint es, baut den Großvater durchaus zu einem würdigen Antipoden zum Vater auf, die Verehrung führte ihm die Feder, kritische Hinweise gibt es kaum.

Reichlich idealisiert und verklärt kommt er mir vor, der Großvater Textor; der Enkel vergleicht ihn gar mit Laertes, dem Vater des Odysseus, der uns in der Odyssee begegnet und bei der Gartenarbeit auch Handschuhe trägt wie Wolfgangs Großvater. Auch Alkinous, der Phäakenkönig, stand Pate bei der Beschreibung des Stadtschultheißen, des höchsten Justizbeamten der Stadt, auf den der Enkel zu Recht stolz war (besonders nach gerade erlebtem Pfeifergericht), was ihm aber auch gelegentlich neidvolle Streitereien und Hänseleien einbrachte. Auch Alkinous arbeitete in seinem königlichen Garten, und genauso wollte Johann Wolfgang den Großvater sehen.

Neidische Streithähne aber (unter anderem seine früheren Schulgefährten), denen der Knabe möglicherweise etwas von den Vorgängen im Kaisersaal erzählte, nahmen das zum Anlass, ganz generell ihr Fachwissen aus der heimischen Gerüchteküche preiszugeben: Er, Wolfgang Goethe, solle bloß nicht so auf dem hohen Ross sitzen, solle lieber wie der Pfau auch mal auf seine Füße schauen, auch mal auf den Großvater väterlicherseits hinsehen, der Gastwirt des Weidenhofs gewesen sei und wohl »an Thronen und Kronen keinen Anspruch gemacht hätte«.

Wolfgang mag wohl geschluckt haben, entgegnete dann aber tapfer, wenn auch viel zu intellektuell für die Streithähne und Neider, das sei ja eben das »Herrliche und Erhebende« der Vaterstadt, dass alle Bürger gleich seien, jede Tätigkeit könne »förderlich und ehrenvoll« sein. Viel zu abgeklärt für die ihn Umringenden, die ihn mindestens auf ihr Niveau herabziehen wollten. Einer der Bösewichter flüsterte einem anderen etwas ins Ohr, wobei sie ihm spöttische Blicke zuwarfen. Wolfgang fühlte die Galle in sich kochen, forderte sie auf, gefälligst laut zu reden. Na gut, ließen sich die Kollaborateure herab: Wenn du es denn unbedingt wissen willst! Der hier meint, du könntest lange herumgehen und suchen, bis du deinen Großvater fändest.

Wolfgang schwollen die Zornesadern, sie sollten das sofort deutlicher erklären!

Und dann rückten sie mit dem »Märchen« heraus, das sie zu Hause aufgeschnappt hatten: Wolfgangs Vater sei der Sohn eines vornehmen Mannes, und der andere habe nur äußerlich Vaterstelle vertreten, das Vermögen der Goethes rühre auch nur von der Großmutter her, die Verwandten seien alle nur arme Schlucker ...

Wolfgang wurde ganz ruhig, aber die Gerüchteköche waren auch schon auf dem Sprung, als er danach trachtete, »nach ihren Haaren zu greifen«.

Man spielte schließlich sogar weiter; Wolfgang gab aber noch eine Erklärung von sich, dass schließlich vor Gott alle gleich seien; doch die hämischen Worte hatten ihn mehr getroffen, als er zugeben wollte.

Der Enkel eines vornehmen Herrn sollte er sein! Seine Einbildungskraft war angeregt. Er erinnerte sich, im alten Hause vor dem Umbau »das Miniaturbild eines schönen Herrn, in Uniform mit Stern und Orden« gesehen zu haben, und seine Fantasie ließ ihm keine Ruhe mehr. Er wusste von Rat Schneider, dem Klopstock-Schmuggler, dass Verwandte, Bekannte und Freunde der Familie Verbindungen zu »allen Fürsten und Herren der Nachbarschaft« unterhielten. Wolfgang betrachtete von nun an die Bilder, wo immer er sie fand, genauer, ob er »nicht eine Ähnlichkeit mit meinem Vater oder gar mit mir entdecken« könne. Eine Nase hier, die Augen dort, die auf Verwandtschaft hindeuten konnten; emsig wurde verglichen und (heimlich) das eigene Konterfei im Spiegel betrachtet. Später spricht er selbst von Dünkel und Eitelkeit, die angestachelt worden waren, bis er letztlich einsehen musste, dass es nur ein boshaftes Gerücht gewesen war, »ein leeres Märchen«, das die neidischen Streithammel bedenkenlos in die Welt gesetzt hatten, und er war (zumindest kurzfristig) darauf hereingefallen.

Großvater Textor hätte vermutlich gelächelt ob dieser Spekulationen und in Ruhe weiter seine Pfirsichzweige gebunden; ein schweigsamer Mensch scheint er gewesen zu sein, pflichtbewusst und geachtet, der Enkel erinnert sich nicht, ihn jemals zornig gesehen zu haben.

Aber wie das so ist mit aufpolierter Überlieferung, es gibt auch Schattenseiten. Bei der Besetzung der Stadt durch die Franzosen soll Bestechung im Spiel gewesen sein, Ratsherren und allen voran der Schultheiß waren sicher im Bilde. Später im Familienkreis wird das thematisiert. Es kommt zu einer politischen Auseinandersetzung: Johann Caspar Goethe (für Preußen, »fritzisch« gesinnt) und Johann Wolfgang Textor (für Habsburg, Kaiser und Reich), Schwiegervater und Schwiegersohn, stehen einander erregt gegenüber. Zeitgenosse Senckenberg, immerhin auch Hausarzt der Goethes, berichtet, dass Johann Wolfgang Textor sein Messer nach dem Schwiegersohn geworfen habe, der Schwiegersohn, Johann Caspar Goethe, habe seinen Degen gezogen. Der Familienfrieden war seitdem empfindlich gestört.

»Die Verehrung für meine Großeltern nahm ab«, konstatiert Goethe später lakonisch, und in der Folge wurden die sonntäglichen Zusammenkünfte reduziert.

Wolfgang hatte fast jeden Sonntag bei den Großeltern gegessen; es waren, wie er sagt, seine »vergnügtesten« Stunden der ganzen Woche gewesen; aber, sagt er später als reifer Mann (wenn auch in einem anderen Zusammenhang), man macht sich immer eine Illusion über die Menschen, besonders über seine Zeit.

20. Nachtrag aus der Schawellchen-Quelle

*»Schön wie ein Engel warst Du, bist Du und bleibst Du.«
Eitelkeit ist eine Zier …*

Wir wollen das Nachfolgende nicht allzu ernst nehmen, wollen die Heldenverehrung nicht noch nach allen ästhetischen Komponenten überhöhen und kritiklos alles glauben, was uns Bettine Brentano (frisch vom Schawellchen vor den Knien der Mutter Aja) so alles mitteilt.[1] Gäbe es da nicht auch andere Aussagen vom zukurzbeinigen Johann Wolfgang, von entsetzlich krummen (und gelben) Zähnen des erwachsenen Herrn Goethe, es wäre schier zum Verzweifeln, dieses hehre Götterbildnis des heranwachsenden Glückskindes. Neid? Missgunst? – Pfffff!

Der unvoreingenommene Leser wird sich aber ohnehin von dieser misanthropischen Einleitung nicht verunsichern lassen[2], wird Bettine Brentano zuhören, die ihm versichert, dass er schon als Knabe seine eigene Vorstellung hatte von dem, was er anziehen wollte und auch zu welcher Gelegenheit. Mutter Goethe hatte ihr erzählt: »In seiner Kleidung war er nun ganz entsezlich eigen – ich mußte ihm täglich drei Toiletten besorgen …« Für einen Jungen und Heranwachsenden schon ungewöhnlich, aber hören wir weitere Einzelheiten:

> … auf einen Stuhl hing ich einen Überrock, lange Beinkleider, ordinäre Weste, stellte ein Paar Stiefel dazu, auf den 2ten einen Frack, seidne Strümpf die er schon angehabt hatte, Schuhe pp, auf den dritten kam alles vom feinsten nebst Degen und Haarbeutel.

Mutter Goethe meinte es sicher gut mit ihrem Hätschelhans, und Johann Wolfgang, der jugendliche Galan, konnte auswählen: »Das erste zog er im Hauße an, das zweite wenn er zu täglichen Bekannten ging, das dritte zum Galla.« Und, war er wenigstens ordentlich, unser verwöhnter Knabe, wusste er die mütterliche Fürsorge zu schätzen? – Von wegen!

> … kam ich nun am andern Tag hinein, da hatte ich Ordnung zu stiften: da standen die Stiefel auf den feinen Manschetten und Halskrausen, die Schue standen gen Osten und Westen, ein Stück lag da, das andre dort; da schüttelte ich den Staub* aus den Kleidern, legte frische Wäsche hin, brachte alles wieder ins Geleis …

Wir übertreiben also nicht, wenn wir sagen: In alle Himmelsrichtungen verstreute er seine Kleider, und fügen noch an:

> Mütter erziehen ihre Söhne
> auf daß man sich daran gewöhne …

Aber Mutter Aja ist an dergleichen Unordnung gewöhnt; als einmal Wieland, Merck und der Advokat und Dramatiker Heinrich Wagner bei ihr zu Besuch sind, schreibt sie an Caroline Großmann:

> Herr Docter Wagner wirds Ihnen sagen, daß von Morgens biß in die liebe Nacht alles drunter und drüber geht, denn liebe Frau Gevatterin da Sie selbst einen Poeten zum Mann haben, und also aus Erfahrung wissen daß die Gattung Menschen in einem Tag mehr unfug anrichtet, als wir andern arme Erden-würmer in einem Jahr; so können Sie Sich leicht meine dermahlige Häußliche Unordnung und Verwirrung vorstellen.

---

* Beim Ausschütteln der Weste flogen ihr, laut Bettine Brentano, einmal auch »eine menge kleiner Steine« ins Gesicht. Sie schimpfte (angeblich) mit ihm, doch er wollte die Steine unbedingt wiederhaben, sie sollte ihm suchen helfen! Es waren aber (nur) »ordinäre Kisselsteingen und Sand«; doch Wolfgang reagierte ärgerlich, packte gefundene Reste sorgfältig in Papier ein »und trugs fort«. Tags zuvor war er in Offenbach gewesen, »da war ein Wirtshauß zur Rose, die Tochter hieß das schöne Gretgen, er hatte sie sehr gern; das war die erste, von der ich weiß, daß er sie lieb hatte«.

Was sollen wir dazu noch sagen? Lächeln wir doch einfach beim Vorlesen dieser Zeilen und suggerieren achselzuckend, dass wir selbst (Gott behüte!) ordentlicher, viel ordentlicher seien. Aber zurück zu Bettine, der kleinen Schneppentesch, wie Mutter Aja sie gelegentlich nennt, sie hat noch weitere Einzelheiten mitzuteilen – erfunden, idealisiert, romantisch gefiltert, manches auch dramatisiert und zu ihren Gunsten »umgedichtet«; immer aber Mutter Aja als Bezugsperson und Gewährsfrau im Hintergrund.

Dieselbige rückt aber auch gelegentlich in den Vordergrund, wenn sie ihrer Zuhörerin beispielsweise erzählt, dass sie als Fünfzehnjährige in einen Kaiser (Karl VII.) verliebt gewesen war!* »Himmel, was hatte der Mann für Augen!«, soll sie gesagt haben, »... sehr melancholisch, etwas gesenkte Augenwimpern ...« Catharina Elisabeth Textor verfolgte ihn »in alle Kirchen«, und als der Kaiser einmal »offne Tafel hielt«, drängte sie sich durch die Wachen, gelangte auch tatsächlich bis in den Saal, und plötzlich Trompeten! Ihr Herz hat mit Sicherheit heftiger geschlagen.

Beim dritten Trompetenstoß erschien er dann, der Angehimmelte, in einem roten Mantel, »den ihm zwei Kammerherren abnahmen – er ging langsam, mit gebeugtem Haupt, ich war ihm ganz nah ...« Als auf seine Gesundheit angestoßen wurde, jauchzte die kleine Catharina Elisabeth Textor laut mit, und »der Kaiser sah mich an und nickte mir«. So etwas bleibt haften.

Am nächsten Morgen reiste er ab, der Kaiser; angeblich

---

* Wenn wir nachsehen unter all den Karls – dem Großen, dem Kahlen, dem Dicken, dem Kühnen – finden wir auch ihn: Karl VII. Albrecht (Kurfürst von Bayern, der am 24. 1. 1742 von den Gegnern Habsburgs zum Kaiser gewählt wurde; am 12. 2. 1742 in Frankfurt gekrönt). Nachforschungen haben ergeben, dass Goethes Mutter ihn 1742/1743 oder auch noch 1744 gesehen haben kann; sie war wohl noch deutlich jünger als fünfzehn.

um vier Uhr morgens; sie hörte die Posthörner blasen, und seit der Zeit war dieses Signal erinnerungsmäßig festgelegt.

Aber wenn wir schon abschweifen, können wir auch noch nachtragen, dass sich an dieser »Leidenschaft« andere messen lassen mussten, auch Johann Caspar selig. »Dein Vater«, erfahren wir ebenfalls von Bettine, »war ein schöner Mann: sie heurathete ihn, ohne viel nachzudenken; sie wuste ihn auf mancherlei Art zum Vortheil der Kinder zu lenken.« Frauen unter sich.

So weit die kleine Schneppentesch*, direkt an Goethe; der mag ihr dankbar gewesen sein für diese »Berichte«, später wird sie ihm auch lästig.

Wir erfahren aber noch so manches: dass »das Wochenbett« von Goethes Mutter »blau gewürfelte Vorhänge hatte«, dass die Mutter achtzehn Jahre alt war, gerade ein Jahr verheiratet, dass die Geburt drei Tage dauerte und dass Klein-Wolfgang »… durch die Mißhandlung der Amme (…) ganz schwarz und ohne Lebenszeichen« zur Welt kam. In einen sogenannten Fleischarden mit Wein legte man den Säugling, und sie »… bäheten Dir die Herzgrube, ganz an Deinem Leben verzweifelnd«. – Die schwere Geburt des Enkels gab Veranlassung, dass der Großvater dafür sorgte, dass ein amtlicher Geburtshelfer (Accoucheur) eingesetzt wurde.

Eine Amme bekam der Kleine, »an dieser hat er mit rechtem Appetit und Behaagen getrunken; da es sich nun fand, daß ich keine Milch hatte«.

Schon mit neun Wochen soll er ängstliche Träume gehabt haben, »sonderbare Gesichter geschnitten und, wenn er aufgewacht, in ein sehr betrübliches Weinen verfallen« sein. Außerdem muss er gelegentlich so heftig und anhaltend geschrien haben, »daß ihm der Athem entging«, die besorgten Eltern fürchteten um sein Leben; eine Schelle wurde

---

* Ich habe mich bemüht, sie »gerecht« zu beschreiben, ihre Entwicklungen nicht zu unterschlagen; vgl. W. V. Bei Goethe zu Gast.

angeschafft – wenn er im Schlaf unruhig wurde, schellten und rasselten die Eltern, »damit er bei dem Aufwachen gleich den Traum vergessen möge«.

Ein äußerst schreckhaftes Kind, der kleine Wolfgang noch dazu; eine Tante hatte ihn auf dem Arm, und er fiel »plözlich auf ihr Gesicht mit dem seinigen, und gerieth dadurch so ausser sich, daß ihm der Vater stets Luft einblasen muste, damit er nur nicht ersticke«.

Aber, aber, dieses kleine Kerlchen war kurz darauf angeblich so überirdisch schön, »daß ihn seine Wärterin richt wohl durch eine Volkreiche Straße tragen konnte, weil alle Menschen sich heran drängten, ihn zu sehen; auch begehrten Frauen, die geseegnetes Leibes waren ihn zu sehen ...« – Hier scheint mir, bei allem Wohlwollen, ein wenig biblische Geschichte in die Erzählung (der beiden Frauen untereinander) hineingewoben zu sein.

Die Schönheit hat allerdings nicht abgefärbt auf die anderen (noch ungeborenen Kinder), denn Mutter Goethe berichtet ihrer Nenntochter Bettine auch, dass »in seiner Vaterstadt keine Spuhr von Ähnlichkeit mit ihm zu bemerken« gewesen sei.

Solch ein Wunderkind spielte natürlich auch nicht mit profanem Spielzeug, weit gefehlt: »Kein Spielwerk konnte ihn mehr fesseln als das Zahlbrett seines Vaters, auf dem er Bairische Halbgulden stunden lang hin und her zählte. Damals war er 7ben Jahr alt.«

In den Erzählpausen muss Mutter Aja die vor ihr sitzende Bettine Brentano noch genauer angesehen haben. »Du hast meinen Sohn gewiß lieb!«, sagte sie dann, »... wenn Du ihn nicht lieb hast, so hat ihn niemand lieb ...« Diese vermeintliche Liebe hat Bettine später ausgebaut, ich sagte es schon, in Briefen »ergänzt«, verändert und idealisiert; »Goethes Briefwechsel mit einem Kinde« ist demnach auch alles andere als eine verlässliche Quelle.

In ihren authentischen (noch unbearbeiteten) Briefen hatte sie Goethe immerhin mit den gewünschten Nachrichten versorgt; der Dichter entschied selbst, was er verarbeitete und was nicht. Nach 1811 versiegt die munter sprudelnde Schawellchen-Quelle, die wir, wie gesagt, nicht allzu ernst nehmen wollen, erst einmal. Ein letzter Versuch (nach Jahren) – »nun grüß ich Dich nochmals durch alle Nacht der Vergangenheit« – hat keinen Erfolg. Goethe antwortet nicht.*

21. Stadterkundungen, Freundschaften & Wissensdurst

*»Fleischbänke, wo die Schmeißen** hausen …«*

Johann Wolfgang ist inzwischen herangewachsen, nähert sich dem Jünglingsalter. Kontinuierlich hat er in den letzten Jahren seine Stadterkundungen betrieben, ebenso beständig hat er sich weitergebildet, hat viel gelesen, Sprachen gelernt, erste (poetische) Schreibversuche unternommen, und der Vater hat ihn ständig mit den entsprechenden Büchern versorgt.

Schon früh war der Knabe beispielsweise auf der großen Mainbrücke herumspaziert, »der schöne Fluß auf- und abwärts« zog seine Blicke an, und, so schreibt er später, »wenn auf dem Brückenkreuz der goldene Hahn im Sonnenschein glänzte, so war es mir immer eine erfreuliche Empfindung«.

---

* In dem Briefwechsel war eine Pause von ca. sechs Jahren eingetreten. Goethe beantwortete Bettines Brief vom 28. Juli 1817 nicht. Eine Gehässigkeit fällt mir gerade noch ein (die ich bereits an anderer Stelle zitiert habe); jetzt, da er sie nicht mehr braucht als »Informantin«, sagt er gefühllos (einige Jahre später): »… diese leidige Bremse ist mir als Erbstück meiner guten Mutter schon viele Jahre sehr unbequem«.

** Schmeißfliegen, diese besonders dicken und behäbigen, beinahe metallisch blau oder grünlich schimmernden Brummer, die man auf Kot antrifft, auf faulenden Stoffen etc. etc.

Früh war er mit Freunden auch durch Sachsenhausen spaziert, und die Kinder hatten anschließend »die Überfahrt für einen Kreuzer ganz behaglich genossen«.

Dann waren sie etwa zum Weinmarkt gegangen, hatten die Arbeit der Kräne bewundert, die Ankunft der Marktschiffe beobachtet oder sich an Markttagen rund um die Bartholomäuskirche, den Dom, umgesehen.

Die Jugendfreunde begleiteten ihn auf den Erkundungsstreifzügen: die Brüder Friedrich Maximilian und Wilhelm Carl Ludwig Moors, Johann Jacob Riese und auch Johann Adam Horn. Sonntags trafen sie sich gelegentlich im Gymnasium, um Vorträge zu halten und zu debattieren, wobei Johann Jacob Riese besonders Goethes Enthusiasmus zu zügeln versuchte und auch durch gezielten Widerspruch seine Dialektik bzw. sein dialektisches Denken herausforderte.

Ein lustiger Geselle war Johann Adam Horn, gleich alt wie sein Freund Goethe, Sohn eines »Zeugschreibers«, das heißt, der Vater war Angestellter in der Stadtkanzlei. Dieser, Johann Peter Horn, hatte den jungen Goethe einmal (Dezember 1763) sehr beeindruckt, als er, hoch zu Ross und von vier berittenen Trompetern begleitet, außerdem von einer Fußwache umgeben, ein Edikt zur Wahl und Krönung Josephs II. am 3. April 1764 verlesen hatte, »das uns von dem Bevorstehenden benachrichtigte und den Bürgern ein geziemendes und den Umständen angemessenes Betragen einschärfte«.

Vater Horn in einer Heroldsfunktion, der junge Wolfgang war beeindruckt; sein eigener Vater, Johann Caspar, nahm die Gelegenheit wahr, den Sohn zu instruieren: »Ein so höchst bedeutendes Ereignis müsse man nicht unvorbereitet erwarten, und etwa nur gaffend und staunend an sich vorbei gehen lassen.« Er holte also seine Bücher – »und wir beschäftigten uns den ganzen Tag damit bis tief in die Nacht ...« Das Verlesen des Edikts hatte den Anfang gemacht; von den Wahl- und Krönungstagen sagt er später: »In diesen Tagen kam ich nicht zu mir selbst.«

In schlechte Gesellschaft scheint er freilich auch geraten zu sein, der privilegierte Patriziersohn, eine Gruppe von Betrügern dürfte seine Beziehungen ausgenutzt haben, und er hat sie wohl in aller Unschuld dem Großvater Textor empfohlen. »Ein kleiner Kriminalroman bahnt sich an«, schreibt Biograf Richard Friedenthal, »mit gefälschten Wechseln und Urkunden, gleichzeitig die kleine Liebesgeschichte mit der Kellnerin, die den Genossen den Wein aufträgt.«[1]

Wahrscheinlich hat er sie auch mal allein getroffen, die schöne Kellnerin, die er »Gretchen« nennt. Während der Krönungsfeierlichkeiten, dem Gedränge in der Stadt, mit der prachtvollen Illumination, ist er verliebt, der junge Wolfgang, doch bald darauf droht ihm eine Untersuchung. Worauf hat er sich da nur eingelassen? Einen Nachschlüssel zum Elternhaus hat er sich besorgt, das muss er wohl zugeben. Ein Freund der Familie schreitet ein; die Fälscher sind festgenommen worden, Gretchen verlässt die Stadt.

Was den jungen »Liebhaber« aber besonders aufregt, ist, dass sie ihn als »Kind« angesehen hat, das verträgt sein jugendliches Ego überhaupt nicht, die Schmach wirkt noch wochenlang nach.

Etwa um diese Zeit bewirbt er sich um die Aufnahme in einen »Tugendbund«, der sich mit einer quasi freimaurerischen Aura umgibt; er schreibt an den Vorsitzenden der »Arkadischen Gesellschaft zu Phylandria«, Ludwig Ysenburg von Buri, und schildert sein Anliegen. Nach freundlichem Briefgeplänkel soll er sich bei einem Herrn Alexis melden; ein Gutachten wird über ihn eingeholt.

Der Kandidat wird schließlich abgewiesen, vielleicht hatte die Geheimniskrämergesellschaft etwas von den Untersuchungen gehört, jedenfalls wird Johann Wolfgang »wegen seiner Laster« abgelehnt. Man muss das nicht sonderlich ernst nehmen; später, viel später wird er der Freimaurerloge beitreten, die auch in seiner Dichtung (etwa im »Wilhelm Meister«) immer wieder eine Rolle spielt.

Zunächst jedoch nehmen die Jugendfreunde ihre Erkundungen wieder auf; Johann Adam Horn, von allen »Hörnchen« genannt, ist oft dabei, unternehmungslustig und gut gelaunt wie immer. Klein von Gestalt, Stupsnase und funkelnde Augen, schwarzbraunes Gesicht und schwarzes Kraushaar auf dem Kopf – immer bereit zu einem Scherz, einem Witz, einem herzlichen Lachen. Schon früh wuchs ihm der Bart, und Goethe schildert den Bartwuchs als »blau« durchschimmernd, »den er gar zu gern hätte wachsen lassen, um als komische Maske die Gesellschaft immer im Lachen zu erhalten«. (DuW)*

Zu dritt, zu viert oder gar zu fünft erkundeten sie die Stadt, und Wolfgang war eine Art Anführer, denn einer der Freunde seufzt später einmal: »Wir waren aber auch immer die Lakaien ...!« Unternehmungslustig, wie sie waren, hatten sie sogar die Elektrizität neu erfinden wollen, und das war so ausgegangen:

Die Elektrisiermaschine

Elektrizität zur Zeit in aller Munde
machte bei uns Kindern jetzt die Runde:
Ein Spinnrad her und Gläser von Arznei –
uns schien die Sache ganz plausibel,
lasen nach in mancher Fibel:
wo denn das Geheimnis sei? –

probierten eifrig lange Zeit herum,
lagen am Boden, die Rücken krumm –
ein Hausfreund kam mit Theorie,
die uns nochmals sehr beflügelt –
Erfindungseifer kaum gezügelt:
doch ein Licht gelang uns nie!

* Vgl. auch Heinrich Pallmann, Johann Adam Horn, Goethes Jugendfreund, Leipzig 1908; außerdem HA, Bd. I Brief S. 526, DuW Bd. 9, 12. Buch, S. 504,22 f. u. Anm.)

> Aber dann zur Messenzeit –
> (die Erfindung war schon fast soweit)
> fand man mit verblüffter Forschermiene
> zwischen manchem Zeugs & Zauberkästen
> (alles sehr begehrt und nur vom besten):
> die bereits bekannte Elektrisiermaschine!

Dieser Misserfolg war bald vergessen, und andere Eindrücke traten in den Vordergrund.

Aber es gab nicht nur schöne Erlebnisse im heimatlichen Frankfurt, nicht nur denkwürdige Besichtigungen, sondern früh erwacht auch schon Kritik, und es gibt Dinge, die dem ästhetischen Empfinden des heranwachsenden Dichters so ganz und gar nicht behagen. Selbst noch viele Jahre später, beim Abfassen von »Dichtung und Wahrheit«, schaudert es den Dichter beispielsweise, wenn er an die Fleischbuden und Fleischbänke seiner Heimatstadt denkt, und ich vermute, dass er sich noch genau an den ekelhaften Geruch erinnern konnte: »Nur selten«, schreibt er, »mochte man sich über den beschränkten, voll gepfropften und unreinlichen Marktplatz hindrängen. So erinnere ich mich auch, daß ich immer mit Entsetzen vor den daranstoßenden engen und häßlichen Fleischbänken geflohen bin.«

Auf dem kolorierten Kupferstich von Salomon Kleiner (Ansicht der Bartholomäuskirche von Süden, 1738) sind sie zu sehen, die Metzgerschirnen, offene Marktläden, bessere Verkaufsstände, für den Markt aufgebaute Buden, hinter deren Verkaufstischen die Metzger oder Fleischer hantierten, Fleisch zerlegten und ihre Ware verkauften. Ungebetene Gäste kamen ihnen dabei fast ständig in die Quere; das Blut und der Geruch zog sie an, die Schmeißfliegen. Kaum verscheucht, waren sie schon wieder da – lästig, penetrant, widerlich. Dem jungen Goethe war der Geruch so verhasst, dass er regelmäßig einen Bogen machte um diese Fleischschirnen, die Fleischbänke, auf denen die Stücke zerhackt wurden – alles war ihm widerwärtig.*

Bude an Bude, Verkäufer, Marktschreier, Waren aller Art, Gerüche und Frankfurterisches Stimmengewirr. Die ekelhaften Fleischbänke aber bleiben dem jungen Wolfgang im Sensorium haften. Im »Faust« später verarbeitet er Frankfurter Erinnerungen, wenn Mephisto sagt:

> Ich suchte mir so eine Hauptstadt aus,
> Im Kerne Bürgernahrungsgraus,
> Krumm-enge Gäßchen, spitze Giebeln,
> Beschränkten Markt, Kohl, Rüben, Zwiebeln,
> Fleischbänke, wo die Schmeißen hausen,
> Die fetten Braten anzuschmausen:
> Da findest du zu jeder Zeit
> Gewiß Gestank und Tätigkeit.
> (...) (Faust II, 4. Akt)

*

Nach der Gretchen-Episode ist er krank gewesen und hat es bei aller Scham beinahe »glücklich« aufgenommen, »als eine körperliche Krankheit mit ziemlicher Heftigkeit eintrat, wobei man den Arzt zu Hülfe rufen« musste.

Nach überstandener Krankheit laufen die Vorbereitungen zum »Akademie«-Besuch in Leipzig weiter; aber auch kleinere Reisen werden unternommen, so nach Wiesbaden, nach Schwalbach, nach Mainz. Wolfgang zeichnet unterwegs, und der Vater sammelt die Blätter liebevoll, ordnet sie, hebt sie auf.

---

* Als Victor Hugo 1842 die Fleischschirnen besuchte, herrschte dort »gerade ein wahrhaft entsetzliches Geschrei. Ein paar unbarmherzige Metzgergesellen, wahre Herodesknechte, veranstalteten da eine Metzelei unter Spanferkeln.« Außerdem berichtet er von einem dampfenden, blutroten Bach mitten auf der Straße, »dessen blutrote Farbe nicht einmal durch zwei fließende Brunnen gemildert werden kann ...«

Aber hinter allen Beschäftigungen und Tätigkeiten steht etwas anderes: »Die heimliche Freude eines Gefangenen, wenn er seine Ketten abgelöst und die Kerkergitter bald durchgefeilt hat, kann nicht größer sein, als meine war, indem ich die Tage schwinden und den Oktober herannahen sah.« So kann man es auch ausdrücken; bald würde der junge Mann den »Kerker« seiner Heimatstadt verlassen und zum Universitätsbesuch nach Leipzig reisen. Alles war ihm in Frankfurt zu eng geworden.

22. Cornelia
oder Eine Schwester bleibt zurück

Das Familiengespräch seit Tagen und Wochen: Wolfgang wird nach Leipzig gehen, die Universität besuchen, sich weiter ausbilden, bedeutende Professoren kennenlernen, dazu Land und Leute. Cornelia sitzt dabei, schweigsam. Je mehr darüber geredet wird, desto schweigsamer wird sie. Wir nähern uns langsam, aber sicher dem Eindruck (besonders nach Wolfgangs Fortgang), dass sie, die einzige Tochter, beinahe wie eine »Gefangene« zurückbleibt, dem pädagogischen Eifer des Vaters nunmehr allein ausgesetzt.*

Diese Mutmaßung wird wieder einmal durch die Erzählung in »Dichtung und Wahrheit« genährt, und viele Autoren sind ihr gefolgt; es wundert mich, dass man, wenn es gerade in die gewollte Aussage passt, die Erinnerungen des

---

* Ganz abenteuerliche Sätze lese ich darüber, z. B. Dagmar von Gersdorff, Goethes Mutter, Biografie, Frankfurt am Main und Leipzig, 2001: »Der Vater ließ sie nicht aus den Fängen, behandelte sie wie einen Privatbesitz.« Das ist sicherlich überzogen und in der Metaphorik verunglückt.

Bruders kritiklos umsetzt. Zu vielfältig sind aber andererseits die Belege für die freundliche, ja liebevolle Umsorgung seines »Cornelchens«, ein Kleid hier, ein Schal da, eine besondere Aufmerksamkeit zur Messezeit oder zu den Feiertagen.

Gerade in dieser Zeit häufen sich die Eintragungen des Vaters (Corneliae pro variis, Corneliolae expensae); sie erhält regelmäßig etwas, oder es findet die Zusammenkunft der Freundinnen bei ihr statt (Corneliae Congressus magnus), sie erhält Sandalen oder auch ein pelzbesetztes Kleid von dem Schneider Schiele, dazu verschiedenen »Putz«, und die Rechnung (wenn man schon vergleichen will) fällt wesentlich höher aus als beispielsweise eine schöne silberne Schale, die man etwa um die gleiche Zeit anschafft. (Lib. dom. November/Dezember 1766)

Aber auch krank ist sie gewesen nach Wolfgangs Weggang, und in der medizinischen Hilflosigkeit der Zeit lässt man sie zur Ader (Venae sectio Corneliolae, 21. Dezember 1765) – mit zweifelhaftem Erfolg, zumal sie, nach allem, was wir wissen, einen eher anämischen Eindruck macht.

Ihrer Krankheit, ihrer Trauer, ihrer Verzweiflung um den »Verlust« des geliebten Bruders, ihrem differenziert zu betrachtenden psychosomatischen Krankheitsbild war mit einem Aderlass wohl kaum beizukommen.

Es ist wohl keine sichere Diagnose ex post zu stellen; wir können jedoch die »Veranlagung« Cornelias beschreiben, die es ihr selbst schwermacht, ein glückliches, selbstbestimmtes Leben zu führen. Eine Schwermut umgibt sie, selbst in Liebesangelegenheiten ist sie abweisend, Sinnlichkeit oder Lebenslust gehen ihr völlig ab, keinerlei Spuren der mütterlichen »Frohnatur« sind bei ihr zu finden. Mutter Aja selbst hat lebenslang ein beinahe unterkühltes Verhältnis zur eigenen Tochter.

Gebildet ist sie, ein kluges Mädchen, musikalisch, sprachgewandt und in der (brieflichen) Auseinandersetzung mit dem Bruder kritisch und geistreich, das lässt sich zumindest indirekt erschließen (durch seine Antworten und Belehrungen), da ihre Briefe an den Bruder nicht erhalten sind.

Ihr »geheimes« Tagebuch aber, die correspondance secrète, vermittelt wieder die schwermütige Cornelia, die beinahe einen leicht depressiven, zumindest aber einen melancholischen Eindruck macht. (C. G. Briefe und Correspondance secrète, Freiburg 1990)

Ein Mädchen des 18. Jahrhunderts, sorgsam umhegt und behütet; der Vater nahm ihre Erziehung in die Hand, sie erhielt, wie Johann Wolfgang, eine sorgfältige und weit überdurchschnittliche Ausbildung. Das Verhältnis zwischen Cornelia und Wolfgang wurde nach Hermann Jakobs Tod noch inniger; die Geschwister tauschten ihre geheimsten Gedanken aus, leicht inzestuöse Anspielungen finden sich in den erhaltenen Briefen und erinnern mich in Vielem an die engen Bindungen, die Clemens Brentano, der geniale Wirrkopf mit seiner (früh verstorbenen, einäugigen) Schwester Sophie und später mit Bettine unterhielt. Auch hier der maßlos gesteigerte Besitzanspruch; bei Goethe wie bei Brentano immer begleitet von einem Oberlehrerverhalten; geniale Brüder breiten sich aus, bestimmen, schreiben vor, geben Lektüreempfehlungen und wachen eifersüchtig darüber, dass ihnen niemand in die Quere kommt. Da kann ein Vater schon einmal stören; der planende und pädagogisch ambitionierte Johann Caspar Goethe allemal.* Die Briefe aus Leipzig wurden selbstverständlich in der Familie gelesen;

---

* Selbst als der Vater der musikbegeisterten Tochter einen teuren Flügel anschafft (1769) von Friederici in Gera, »dessen Instrumente weit und breit berühmt waren«, wird das noch gegen ihn gewendet. Wolfgang blieb (nach seiner Rückkehr aus Leipzig) bei seinem Klavier, der Flügel aber wurde Cornelia angeblich »zu desto größerer Qual«, weil sie noch mehr üben musste; der Vater stand, so schreibt der Bruder, als »Aufseher« dabei und Lehrer Pfeil (der den Flügel vermittelt hatte) als »Musterbild und antreibender Hausfreund«. (DuW, I. 4. Buch)

mal gibt es in den Briefen an Cornelia auch eine Nachschrift für den Vater (hier glänzt Wolfgang dann gelegentlich mit seinem Latein) oder auch mal einen Gruß an die Mutter.

Cornelia bleibt allein zurück; es war nicht üblich, dass Töchter die Universität besuchten. Das 18. Jahrhundert, besser die Eltern der Zeit, hatten eigene Vorstellungen, sorgfältige Ausbildung der Patriziertöchter und danach frühzeitiges Ausschauen nach einem geeigneten Ehekandidaten.

Dieser (J. G. Schlosser) hatte es, was Cornelia angeht, nicht leicht; die Bevorzugung (um ein mildes Wort zu wählen) des Bruders zieht sich durch die gesamte (kurze) Ehezeit. Sie empfinde Ekel vor seiner Liebe, muss Schlosser einmal verzweifelt und fassungslos konstatieren.

Der tüchtige und gebildete Jurist, Oberamtmann und auch selbst Autor, ist ratlos. Er hatte das Pech, Goethes Schwager zu sein, und er liebte Cornelia, die schwermütige und kranke junge Frau, deren »inzestuöse Fixierung« (Eissler, Bd. 1, Cornelia, S. 144) auf den Bruder eine harmonische Ehe mit ihm unmöglich machte. Die Zeit nach Wolfgangs Weggang nach Leipzig muss die schwerste in ihrem kurzen Leben gewesen sein (nicht einmal siebenundzwanzig Jahre); das Verlassen Frankfurts mit Ehemann Schlosser hat die Stimmungslage sicher nicht verbessert.

Cornelia machte es sich und anderen nicht gerade leicht, die sparsamen Äußerungen der Mutter sprechen eine deutliche Sprache. Nach ihrem frühen Tod (1777) leidet die Mutter natürlich, ihr Herz sei wie »zermahlt« gewesen, zermalmt meint sie wohl, und sie musste dem Mann und Vater Johann Caspar Goethe »Todes Bote seyn von seiner Tochter die er über alles liebte ...« (An Lavater, 23. 6. 1777) Ansonsten dominierte das kühle Verhältnis der Tochter gegenüber, Mutter und Tochter waren einander fremd. Dem Vater war das alles nicht verborgen geblieben, er zeigte ihr seine Zuneigung, kümmerte sich in väterlicher Liebe um sie; behütet sollte sie sein, gebildet und aufgeschlossen.

Auch musste man gut auf sie aufpassen; einige Entführungen von Töchtern aus gutem Hause hatte es immerhin gegeben, darunter allerdings auch »verabredete«. Der Fall Reineck war noch in aller Munde, und selbst der Bruder schreibt ihr später aus Leipzig, sie möge ihm doch alles über die »Entführung« (auch sie war verabredet) der Marie Salome von Reineck erzählen. Vater Goethe konnte sich durchaus Sorgen machen, seine Tochter Cornelia sollte dieses Schicksal nicht teilen; den Verehrer und späteren Ehemann Schlosser nimmt er freundlich auf, unterstützt Tochter und Schwiegersohn später sogar, obwohl Schlosser sehr gut verdiente, der höchst bezahlte Beamte in Emmendingen war, sein Einkommen sogar noch das des Sohnes überstieg.

Cornelia zu beurteilen, ihr gerecht zu werden, bleibt alles in allem ein schwieriger Fall.

Die Schilderung in »Dichtung und Wahrheit« ist von Eifersucht bestimmt, das (angeblich strenge) Verhalten des Vaters der Tochter gegenüber schlicht ungerecht. Später

Porträt Cornelia Goethes,
gezeichnet von ihrem Bruder
1768/70

wird der Bruder sie recht lieblos beschreiben, angefangen bei Äußerlichkeiten: »Was ihr Gesicht aber ganz eigentlich entstellte, so daß sie manchmal wirklich häßlich aussehen konnte, war die Mode jener Zeit, welche nicht allein die Stirn entblößte, sondern auch alles tat, um sie scheinbar oder wirklich, zufällig oder vorsätzlich zu vergrößern.« Der Bruder findet auch schönere Aspekte, fährt aber dennoch fort, »freilich, wenn ihr Äußeres einigermaßen abstoßend war, so wirkte das Innere, das hindurchblickte, mehr ablehnend als anziehend ...« Männer habe es schon gegeben, »die sich einzuschleichen wußten«, auch hier ist die Wortwahl des Bruders verräterisch, »fast jedes Mädchen fand einen Freund; nur sie war ohne Hälfte geblieben«. (DuW, II, 6. Buch)

Einen Schwager dulde er nicht, hatte der Bruder früher schon einmal vollmundig verkündet, seine Eifersucht ist ihm bewusst. Ein schwieriges Verhältnis also, Bruder und Schwester, die beinahe wie Zwillinge aufgewachsen waren.

Jetzt sollte, jetzt musste die Trennung erfolgen: Wolfgang, der in die »Welt« hinausging, universitäre Bildung erwerben soll, Lehrer und Professoren trifft, Bekanntschaften aufbaut, und die Schwester, die im heimatlichen Frankfurt, dem Nest, wie der Bruder jetzt beinahe verächtlich sagt, zurückbleiben muss.* Vielleicht erschien ihr die Heirat mit Schlosser ein »Ausweg« zu sein, der Bruder allerdings konnte sie sich nie als Ehefrau vorstellen – »vielmehr wäre sie als Äbtissin in einem Kloster recht eigentlich an ihrem Platz gewesen«. Wer weiß?

---

* Er werde sie nachholen, hatte er zwar leichtfertig versprochen, aber für wen hält er sich? Cornelia konnte auch nicht so naiv sein, dieses »Versprechen« für realisierbar zu halten.

II. Der Jüngling
Studienjahre (1765–1770)

23. Mein Leipzig lob ich mir ...

Aufbruch nach Leipzig Ende September 1765; sein Leipzig war es noch nicht, Göttingen hatte der Jüngling sich als Studienort gewünscht. Angeblich blieb der Vater »unbeweglich«, wie Söhne das so sehen, und auch Hausfreunde hätten nichts erreicht; Johann Caspar hatte Leipzig für den Sohn ausgesucht.

Diese »Hartnäckigkeit« des Vaters bestärkte den Sohn (nach eigenem Bekunden) in seiner »Impietät«, soll hier wohl heißen in seinem Mangel an Pietät beziehungsweise Respekt, und er hört aus Trotz nur mit halbem Ohr zu, wenn der Vater ihm »den Kursus der Studien und des Lebens, wie ich ihn auf Akademien und in der Welt zu durchlaufen hätte, vorerzählte und wiederholte«. Stundenlang, nach Aussage des Sohnes; Vater Goethe war eben gründlich. Ansonsten erzählt er uns über Konflikte zwischen Vater und Sohn nichts Neues.

Zur Michaelis-Messe* wollte man in Leipzig eintreffen, denn Buchhändler Fleischer und Gattin, die zur Messe reisten, sollten den altklugen Knaben unter ihre Fittiche nehmen, ein Auge auf ihn haben; auch hier ist sie spürbar, die Fürsorge des Vaters, der Kunde und Nachbar des Buchhändlers und Verlegers Johann Georg Fleischer war.

Ob der sechzehnjährige Johann Wolfgang nun aber unbedingt »mit Vergnügen« abfuhr, lassen wir dahingestellt. Mutter Aja verdrückte sicher im Hintergrund ein Tränchen, die Schwester trauerte jetzt schon; der Vater hatte das arrangiert, was nötig war. Da standen sie nun, die Eltern, die Schwester. Ein Blick zurück aus der Postkutsche: Frankfurt, »die werte

---

* Die Michaelis-Messe beginnt am Sonntag nach Michaelis (29. 9.) und endet am Sonntag danach.

Stadt, die mich geboren und erzogen«, will er »gleichgültig« hinter sich gelassen haben, so »als wenn ich sie nie wieder betreten wollte«.

Ein letztes Winken, dann waren die Reisenden unter sich; zur Allerheiligen-Pforte waren sie hinausgefahren, hatten sich unterhalten, kamen bald schon durch Hanau, und jetzt erwacht die Neugier des jungen Reisenden, da die Kutsche nämlich »zu Gegenden gelangte, die durch ihre Neuheit meine Aufmerksamkeit erregten ...«

Das Wetter ist schlecht, und »anhaltender Regen hatte die Wege äußerst verdorben«, für heutige Reisende wohl kaum noch wirklich nachzuempfinden, Reisen im 18. Jahrhundert war nicht unbedingt ein Vergnügen, ein gefahrloses schon gar nicht. Der junge Goethe ist aber durchaus jemand, der in manchen misslichen Situationen noch positive Erfahrungen macht, denn er verdankte beispielsweise »dieser feuchten Witterung den Anblick eines Naturphänomens, das wohl höchst selten sein mag ...« Die Reisenden waren unterdessen unter Kettengerassel und Pferdeschnauben zwischen Hanau und Gelnhausen unterwegs, die eisenbeschlagenen Holzreifen des Wagens knirschten, und sie fuhren gerade eine Anhöhe hinauf (»bei Nachtzeit«), die ihnen wohl von der Steigung her nicht geheuer erschien. Möglicherweise aber auch um die Pferde zu schonen, stiegen sie aus, obwohl es stockfinster war, und gingen zu Fuß. Goethe also, das Ehepaar Fleischer und die anderen Mitreisenden hinter der Kutsche, beschwerlich bergauf.

Und bei Gelnhausen nun hatte Goethe eine Vision:

> Auf einmal sah ich an der rechten Seite des Wegs, in einer Tiefe, eine Art von wundersam erleuchtetem Amphitheater. Es blinkten nämlich in einem trichterförmigen Raume unzählige Lichtchen stufenweise übereinander, und leuchteten so lebhaft ...« (wir hören das Klappern der Hufe der Postpferde und das Knirschen der Räder der Kutsche, die den Wandernden vorausfährt) »... und leuchteten so lebhaft, daß das Auge davon geblendet wurde. Was aber den Blick noch mehr

verwirrte, war, daß sie nicht etwa stillsaßen, sondern hin und wider hüpften, sowohl von oben nach unten, als umgekehrt und nach allen Seiten. Die meisten jedoch blieben ruhig und flimmerten fort.

Der junge Goethe läuft fasziniert mit den Fleischers und den anderen Reisenden hinter der Kutsche her, dreht sich um, je weiter sie sich entfernen, und seufzt: »Nur höchst ungern ließ ich mich von diesem Schauspiel abrufen, das ich genauer zu beobachten gewünscht hätte.«

Die steile Anhöhe ist inzwischen erklommen, die Reisenden steigen wieder in die Postkutsche; und nun zeigt sich der Gegensatz zwischen jugendlicher Einbildungskraft einerseits und der abgeklärten Erfahrungswelt eines Berufspostillions andererseits. Dieser, allgemein auch Schwager genannt, zuckte auf die eifrige Befragung des jungen Reisenden nur die Schultern, selbst in der Nacht noch ahnen wir sein breites Kreuz vor uns, gebeugt im entspannten Kutschersitz, sehen den (lästigen) forschenden Jugendlichen hinter ihm, der nicht lockerlässt, ihn zu befragen. Schließlich lässt er sich herab, der bruffelige und übermüdete Schwager, und brummt, halb umgedreht, dass ein alter Steinbruch in der Nähe sei, »dessen mittlere Vertiefung mit Wasser angefüllt sei«. Sprach's und wendet sich wieder seinen Gäulen zu, schnalzt und schlägt mit den langen Zügeln: Hüah!

Der junge angehende Studiosus in der Postkutsche hängt weiter seinen Gedanken nach, spricht mit dem Buchhändler Fleischer und sagt sich schließlich: »Ob dieses nun ein Pandämonium von Irrlichtern oder eine Gesellschaft von leuchtenden Geschöpfen gewesen, will ich nicht entscheiden.« Es verbietet sich von selbst, nur von profanen Glühwürmern sprechen zu wollen.

Goethe, der diese Begebenheit Jahrzehnte später aufschreibt, will »nichts Ähnliches jemals wiedergesehen« haben, »noch auch von andern, die es gewahrt hätten, vernommen«.[1]

Die Reisenden haben Zeit, darüber zu sprechen. In den nächsten Tagen fahren sie weiter auf der alten Straße von Frankfurt nach Leipzig, die in dieser Gegend mal südlich, mal nördlich der Kinzig verlief, sich auch gelegentlich teilte und regional eigene Bezeichnungen hatte. Die »Kinzigstraße« verlief im Tal und über Hanglagen; bei schlechtem Wetter waren Talstraßen oft unpassierbar, allemal wenn sie durch sumpfiges Gebiet führten. Die Strecke über Fulda und Hünfeld war gerade »ausgebaut« worden, doch der Zustand war damit noch keineswegs optimal, und es gibt viele Reiseberichte, auch noch aus dem 19. Jahrhundert, die den schlimmen Zustand der Straßen beklagen.

So fuhr beispielsweise Emil Grimm, Maler und Bruder der Märchensammler, 1837 auf ebendieser Strecke und berichtet von einem Malheur, das beweist, dass die Straßen auch noch viele Jahrzehnte später böse Überraschungen bereithalten konnten: »Unterwegs vor Salmünster blieb der Wagen in einem tiefen schlammigen Loch stecken, und die vier Pferde waren nicht imstande, ihn herauszuziehen. Da versammelten sich viele Leute, die halfen; sie holten Stangen und Hölzer, und nach vieler Mühe kamen wir endlich heraus, und es war dunkle Nacht, als wir wieder in Steinau ankamen.«

So weit der Bericht des Malers Emil Grimm; der junge Goethe wird ein Menschenleben vor ihm ebenfalls kräftig durchgeschüttelt. Die Reisenden gelangen über Salmünster, Steinau, Schlüchtern, Neuhof, Fulda, Hünfeld und Buttlar nach Vacha, und sie erreichen schließlich im gemächlichen Tempo der Zeit gegen Mitternacht Eisenach, im Tal gelegen, am Rande des Thüringer Waldes. Aber die Wege wurden keineswegs besser, im Gegenteil:

> Durch Thüringen wurden die Wege noch schlimmer, und leider blieb unser Wagen in der Gegend von Auerstädt bei einbrechender Nacht stecken. Wir waren von allen Menschen entfernt, und taten das mögliche uns los zu arbeiten. Ich ermangelte nicht, mich mit

> Eifer anzustrengen, und mochte mir dadurch die Bänder der Brust übermäßig ausgedehnt haben; denn ich empfand bald nachher einen Schmerz, der verschwand und wiederkehrte und erst nach vielen Jahren mich völlig verließ.

Der junge Sohn aus wohlhabendem Hause, bislang noch nicht durch Anstrengungen ähnlicher Art aufgefallen, hatte sich überanstrengt; von seiner Gesundheit werden wir noch hören. Die Reisenden machen also mit vereinten Kräften ihre Postkutsche wieder »flott« und erreichen schließlich müde und erschöpft Auerstädt.

Hier treffen die Reisenden ein vornehmes Ehepaar, das unterwegs Ähnliches erlebt hatte und auch verspätet angekommen war. Sie speisen zusammen; Goethe schwärmt von der »schönen Gemahlin« des Mannes; der junge Mann ist aber inzwischen so übermüdet, dass er fast im Stehen einschläft.

Während die anderen das Tischgebet sprechen, steht er mit dem Hut auf dem Kopf wie »bewußtlos« da, doch die schöne Frau ergreift Partei für ihn, lächelt nachsichtig, und Wolfgang Goethe hatte »den Hut kaum beiseite gebracht«, als die Teilnehmer der erweiterten Reisegesellschaft auch schon mit dem »besten Wein aus ihrem Flaschenkeller Schlaf, Mißmut und das Andenken an alle vergangenen Übel völlig auslöschten«.

24. Orientierungen & Enttäuschungen

Kritik an Kleidung und Sprache

Der junge Student wurde in Leipzig zunächst einmal von einem gewaltigen Orkan empfangen, doch darüber schreibt er erstaunlich undramatisch nach Hause. In einer Nachschrift für den Vater heißt es wie ganz nebenbei: »Mich dünckt daß ich in meinem Brief den Orckan bemerckt habe er war unerhört. Hier deckte er die Buden ab.«[1]

Danach springt er gleich auf ein anderes Thema, erzählt, dass Frau Professor Böhme mit für seine Haushaltung sorge. Tatsächlich gab es kurz nach seiner Ankunft, am 5. Oktober 1765, »ein starckes Sturmwetter, dergleichen in vielen Jahren nicht gewesen, welches besonders in denen Wäldern großen Schaden gethan, und hier und da die starcksten Bäume mit sammt denen Wurtzeln aus der Erde gerißen hat, so nicht alleine hier sondern auch in anderen Europaeischen Reichen sehr gewütet u. getobet«[2], so berichtet die Riemer-Chronik. Auch die »Leipziger Zeitungen« bestätigen heftige Stürme, »worauf ein sehr nasses Wetter gefolget«. Die Michaelis-Messe sei »in Rücksicht auf das hier und da gehemmte Commercien-Wesen noch sehr volkreich«.[3]

Vom Wetter her also kein schöner Empfang für den jungen Wolfgang Goethe; aber der schaut sich gleich um, staunt über ein buntes Gemisch von Leuten auf der Messe, sieht Polen, Russen und Griechen, in (für ihn) ungewohnter Kleidung.

Die Stadt hat für ihn etwas »Imposantes«, die Gebäude (verglichen mit Frankfurt) erscheinen ihm ungeheuer groß, da sie »nach zwei Straßen ihr Gesicht wendend, in großen, himmelhoch umbauten Hofräumen eine bürgerliche Welt umfassend, großen Burgen, ja Halbstädten ähnlich sind«. (DuW, 6. Buch)

In einem dieser imposanten Gebäude findet er sein Quartier, in der »Feuerkugel« zwischen dem Alten und Neuen Neumarkt. Es sind Zimmer zum Hof, der wegen eines Durchgangs nicht ganz »unbelebt« war; hier wohnte Buchhändler Fleischer während der Messe, und Student Goethe wird die Räumlichkeiten nach Fleischers Abfahrt übernehmen, zunächst muss er sich noch ein wenig behelfen.

Schon bald nimmt er Kontakt mit einem Stubennachbarn auf, es ist der Theologe Johann Christian Limprecht, der sich bei nächtlichem Lesen die Augen verdorben hat.

Mit einem seiner Empfehlungsschreiben eilt er zu Hofrat Böhme, der »Geschichte und Staatsrecht lehrte«. Der junge Student hat einen Plan, will aber zunächst noch warten, »bis Fleischers wieder abgereist waren, damit mein Vorsatz nicht allzu geschwind den Meinigen verraten würde«. Er will sich von der Jurisprudenz möglichst frei machen, will sich den anderen »schönen Wissenschaften« zuwenden.

Professor Johann Gottlob Böhme, »ein kleiner untersetzter, lebhafter Mann«, empfing den jungen Studenten zwar freundlich, stellt ihn seiner Gattin vor, doch den Plan, den der junge Goethe da freimütig vor ihm ausbreitet, kann er nicht gutheißen: »Als Historiker und Staatsrechtler hatte er einen erklärten Haß gegen alles, was nach schönen Wissenschaften schmeckte.« Wolfgang Goethe hatte auch noch den Fehler gemacht, Gellert zu erwähnen, den Böhme nun gar nicht schätzte.

Professor Böhme hält dem verdatterten Ankömmling also zunächst einmal »eine gewaltige Strafpredigt, worin er beteuerte, daß er ohne Erlaubnis meiner Eltern einen solchen Schritt nicht zugeben könne …« Johann Wolfgang Goethe, sechzehn Jahre alt, sitzt da und muss eine Suada über sich ergehen lassen: Philologie und Sprachstudien, besonders poetische Übungen, werden verunglimpft, selbst dem »Studium der Alten« könne man sich viel besser auf »dem Wege der Jurisprudenz« nähern, »elegante Juristen« werden erwähnt, und zu den römischen Altertümern brauche man keine Umwege zu machen!

Professor Böhme beruhigt sich nach und nach, so gut das bei seinem polternden Temperament geht, ersucht schließlich den jungen Mann freundlich, »die Sache nochmals zu überlegen«, später, mit Zustimmung der Eltern, könne man immer noch … etc. etc.!

Johann Wolfgang Goethe, Erstsemester, gerade angekommen, verlässt den Professor. Ist er geknickt, beeindruckt? Wird er seinen Plan ändern? »Seine Argumente«, sagt er sich, »und das Gewicht, womit er sie vortrug, hatten meine biegsame Jugend schon überzeugt, und ich sah nun erst die Schwierigkeiten und Bedenklichkeiten« des eigenen Plans, den er sich, wohl auch in Opposition zum Vater, ausgedacht hatte.

Doch ein Kompromiss wird gefunden; Frau Hofrat Böhme lädt ihn ein zu einem Gespräch; sie entschuldigt quasi die Polterei ihres Mannes, und der Jüngling kann sogar noch einige »Reservationen« vorbringen, die akzeptiert werden. Kurz und gut, Professor Böhme wird die Stunden des Neuanfängers »regulieren« – »da sollte ich denn Philosophie, Rechtsgeschichte und Institutionen und noch einiges andere hören«, aber Gellerts Literaturgeschichte über Stockhausen[4] setzt er durch und kündigt an, dass er dessen Praktikum besuchen werde.

*

Johann Wolfgang Goethe hat sich weitgehend durchgesetzt, er konnte eigentlich mit sich zufrieden sein. Er wendet sich jetzt beinahe sofort Gellert zu und stellt fest, welche »Verehrung und Liebe« dieser von den jungen Leuten genoss. Mittelgroß ist er, »zierlich aber nicht hager«, und er hatte sanfte, beinahe traurige Augen.

Es ist nicht leicht, zu ihm zu kommen, denn zwei Famuli schirmen ihn ab. Alle seine Kollegien besucht der Student zunächst »emsig und treulich«, wie Erstsemester das damals noch taten, stellt dann aber bald fest, dass sein Vorwissen besonders in der Jurisprudenz ausreicht, und er findet es langweilig, »dasjenige nochmals aufzuzeichnen, was ich bei meinem Vater, teils fragend, teils antwortend, oft genug wiederholt hatte, um es für immer im Gedächtnis zu behalten«.

Aber zwei Dinge muss der junge Mann ganz nebenbei in Leipzig verkraften, die ihn verunsichern, mehr als nur »kleine Unannehmlichkeiten« machen, von denen er spricht – es sind Kritik (um ein harmloses Wort zu gebrauchen) an seiner Kleidung und an seiner Sprache!

»Das erste, was Frauen an mir tadelten«, schreibt er (vielleicht waren es aber auch nur seine Kommilitonen), »bezog sich auf die Kleidung; denn ich war vom Hause freilich etwas wunderlich equipiert auf die Akademie gelangt.«

Natürlich macht er den Vater dafür verantwortlich, der zwar die besten Tuche ausgesucht habe, es aber liebe, wenn Bediente auch schneidern könnten, und diese hätten nach alten Mustern zugeschnitten und genäht, »wodurch unser Putz mitunter ein wunderliches Ansehen bekam«. Kleine Neckereien musste er zunächst ertragen, dass er nämlich »wie aus einer fremden Welt hereingeschneit aussehe«, und als dann aber auch noch ein Herr von Masuren[5], Protagonist in einem Lustspiel von Luise Adelgunde Gottsched, das auch er gesehen hatte, in ähnlich altmodischer Kleidung auftrat und »mehr wegen seiner äußeren als inneren Abgeschmacktheit herzlich belacht wurde«, da fasst der junge Student Johann Wolfgang Goethe einen Entschluss: Er will seine »sämtliche Garderobe gegen eine neumodische, dem Ort gemäße auf einmal« umtauschen; nachdem dieses geschehen war, muss er allerdings kleinlaut einräumen, dass der Kleidervorrat dadurch »aber freilich sehr zusammenschrumpfte«.

Als wenn der junge Mann dadurch nicht schon verunsichert genug wäre, kritisiert man nun auch noch seine Sprache – und das in Leipzig!

Allerdings hatte der Vater in Frankfurt schon darauf geachtet, hatte sich »einer gewissen Reinheit der Sprache« beflissen und die Kinder »zu einem besseren Sprechen« angehalten. Den Dialekt, den Wolfgang Goethe spricht, empfindet man jetzt in Leipzig merkwürdig; hinzu kommen sprichwörtliche Redensarten, die der junge Student benutzt, außerdem Bibelstellen und Chronikenausdrücke – vielleicht hat er nur ein wenig altklug (gespickt mit Spruchweisheiten) auf gut Frankfurterisch dahergeredet; den Leipzigern war ihr eigener Dialekt natürlich keineswegs merkwürdig.

Wenn wir Goethes Erinnerung vertrauen dürfen, war er als junger Student dadurch nicht nur verunsichert, sondern, so schreibt er, »ich fühlte mich in meinem Innersten paralysiert und wußte kaum mehr, wie ich mich über die gemeinsten Dinge zu äußern hatte«. Immerhin hat er noch weitere Empfehlungsschreiben mitgebracht, und er muss seinen Weg finden, obwohl »die Gesellschaft gar manches an mir auszusetzen hatte«; nach und nach arrangiert er sich jedoch, wird nach seinen eigenen Worten »lässiger«. Madame Böhme wird seine Mentorin, sie lädt ihn ein; sogar Kartenspiele lernt er.

Sie muss eine gebildete Frau gewesen sein, doch vieles kritisiert sie auch, so beispielsweise ein Stück von Christian Felix Weiße, »Die Poeten nach der Mode«, das der junge Student gesehen hatte, auch Verse, fremde und eigene (anonym vorgetragen), finden bei ihr keine Gnade. Und so waren ihm bald »die schönen bunten Wiesen in den Gründen des deutschen Parnasses« (...) »unbarmherzig niedergemäht« und damit auch alles, was er rezitieren konnte (zum Teil sogar auswendig) und was ihm vorher Freude bereitet hatte.

Seinen Mittagstisch hatte der Student bei dem Hofrat Christian Gottlieb Ludwig gefunden, Professor der Medizin, »ein sanfter und freundlicher Mann«, der den jungen Dialektsprecher immerhin »sehr gefällig aufnahm«.

Die Kollegien, Vorlesungen und Praktika begannen.*

---

* Die Universität ist im ehemaligen Paulinerkloster, dem »Paulinum« untergebracht, das juristische Auditorium im »Petrinum« an der Peterstraße.

Im Praktikum bei Gellert gab es eine zusätzliche Ernüchterung; nur prosaische Aufsätze waren erwünscht, Verse wurden beinahe als eine (überflüssige) Zugabe betrachtet. Die Arbeiten der Studenten wurden mit roter Tinte korrigiert, gelegentlich auch mit »sittlichen Anmerkungen« versehen. Viele Vorstellungen und Ansichten des jungen Frankfurters stoßen auf Kritik und sogar Protest; er seinerseits ist von manchem enttäuscht und nicht zufriedengestellt. So hatte er sich von der Vorlesung über Ciceros »De oratore« bei Professor Johann August Ernesti einiges versprochen, seine Vorkenntnisse ermutigten ihn dazu, jedoch werden seine Erwartungen nicht erfüllt, einen Maßstab des Urteils kann ihm Ernesti nicht vermitteln. Schon bald klagt der wissbegierige Student über »Zerstreuung, ja Zerstückelung« seines Wesens; beim Mittagstisch bei Professor Ludwig hört er immer nur Themen aus der Medizin oder der Naturgeschichte, dabei werden oft (mit großer Verehrung) die Namen Haller, Linné und Buffon[6] genannt, was seine Aufmerksamkeit zumindest erregt.

Aber die totale Verunsicherung bleibt; eine »Geschmacks- und Urteilsungewißheit« beunruhigt ihn immer mehr, hinzu kam, dass eigene poetische Versuche auch vor Gellerts Augen keine Anerkennung fanden.

Was sollte er nun von seinen Jugendarbeiten halten, die er aus Frankfurt mitgenommen hatte?

Eine »vollkommene Sinnesänderung« wurde jetzt plötzlich von ihm verlangt; nach wachsendem Zweifel an sich selbst, »nach manchem Kampfe« findet er nur noch Verachtung für seine frühen Arbeiten, sodass er eines Tages »Poesie und Prose, Plane, Skizzen und Entwürfe sämtlich zugleich auf dem Küchenherd verbrannte«, was enormen Rauch und Qualm im Hause verursachte und seine erschrockene Wirtin* »in nicht geringe Furcht und Angst versetzte«.

---

* Johanna Elisabeth Straube (1696–1780), Kaufmannswitwe

25. »Ihr andern ... könnt nicht so weit sehen, wie wir Poeten ...!«

Leipziger Allerlei

Altklug und gespreizt ist der Stil, in dem der »große« Bruder Wolfgang an die Schwester Cornelia daheim schreibt; maßlos überlegen fühlt er sich ihr: »Unbillig« wäre es, »wenn ich nicht auch an dich dencken wollte. id est es wäre die größte Ungerechtigkeit die jemahls ein Student, seit der Zeit da Adams Kinder auf die Universität gehen, begangen hätte; wenn ich an dich zu schreiben unterließe.«

Wie gnädig, der große Bruder! Aber er spielt auch sein Spielchen mit ihr, man muss nicht alles ernst nehmen.

Sein Zimmer schildert er Cornelia und erfasst ihre Reaktion gleich mit: »So ordentlich! So ordentlich Bruder!«, würde sie »astonishd« ausrufen, meint er jedenfalls. Sein Bett, seine Bücher, sein Tisch – angeblich ordentlicher als ihre Toilette, ihre Sachen. Und dann, ganz der erfahrene Student und angehende Dichter: »Ihr andern kleinen Mädgen könnt nicht so weit sehen, wie wir Poeten.«

Nach dieser grundsätzlichen Aussage sind sie alle zu grüßen und zu küssen von ihm, die Frankfurter Freundinnen und Bekannten – Schmitelgen und Runckelgen, das sind Fräulein Schmiedel und Lisette Runckel, Tochter des Reitlehrers Carl Ambrosius Runckel, die eine kleine Schönheit gewesen sein muss; dazu noch »3 Madles von Stockürn«, die Rincklef und die Brevillier.

In Leipzig, fügt er dann aber an, kenne er kein Mädchen, »dem Himmel sey Dank«, und dann klagt er, frei nach Horaz, er fühle sich »schlechter als ein Hund und schmählicher als eine Schlange, cane pejus et angue turpius«; so weit sein erster Stimmungsbericht aus Leipzig an die daheimgebliebene Schwester.

Natürlich schreibt sie ihm gleich zurück, ist begierig, alles zu erfahren, leidet entsetzlich unter seiner Abwesenheit. Was würde man darum geben, was würde ich darum geben, Briefe Cornelias zitieren zu können, es gibt sie aber nicht, verbrannt hat er sie, der Bruder; vielleicht waren sie ihm später unangenehm, zu intim, sie sollten wohl nicht in falsche Hände geraten. Nur indirekt können wir sie erschließen und uns ein Bild machen über die brieflichen Plaudereien der Geschwister, die Albernheiten und die Rolle (nicht ohne Selbstironie) des Bruders Wolfgang als Lehrer Cornelias.

Der Student Goethe ist in seinen Briefen an die Schwester gewollt humorvoll, belehrend, hochnäsig, bevormundend, überlegen, foppig, launisch, unbeherrscht, besserwisserisch, verspielt und arrogant, manchmal anmaßend streng. Seine Überlegenheit der Schwester gegenüber spielt er deutlich aus, mal spielerisch ummäntelt, mal hinter pädagogischer Belehrung versteckt, wenn nicht gar im Doppelpack, leicht ironisch auf dem Postweg nach Frankfurt gebracht.

Cornelia ist Objekt seiner Belehrungen, wie es der kleine Bruder Hermann Jakob auch hätte werden können; der Vater ist dabei nur im Wege, seine Autorität muss immer wieder zurückgedrängt werden, leichte Diffamierungen sind dabei nicht ausgeschlossen. Romane soll sie jetzt nicht mehr lesen; eine Ausnahme macht er jedoch, nachdem sie wohl vom »Grandison« geschwärmt hatte. »Du bist eine Närrin mit deinem Grandison«, die Briefromane »Clarissa Harlowe« und »Pamela«, die »sollen vielleicht ausgenommen werden«.*

Aber dann hatte sie wohl seine Schrift kritisiert, da empört er sich gleich brieflich auf dem Papier: »Was! mit deinem schönschreiben! Danck dem Himmel daß du einen Buchstaben von mir zu sehen bekommst.« Sie habe

---

* Briefromane von Samuel Richardson

nichts zu tun, er müsse alles in Eile tun; dann beruhigt er sich aber und beschreibt die Tischgesellschaft bei Professor Ludwig (»schwätzt schröcklich viel von Mädgen«), erwähnt den Theologen, Magister Morus, den Magister Hermann.

Danach gibt es noch Aufträge an die Schwester, Erkundigungen unter anderem, und schreiben soll sie ihm über »alles was merckwürdiges in der Stadt vorgehet«.

An seinem »Belsazar«* arbeitet der junge Dichter gerade, und er skizziert einen Auszug für die Schwester:

> (…)
> Den König und den Hof, mag erst der Wein erfüllen,
> Dann wollen wir den Durst mit seinem Blute stillen.
> Wann erst die Mitternacht, um den Tyrannen liegt,
> Und seinen müden Geist in süße Träume wiegt;
> Ja dann, soll unser Schwerdt, im Finstern gehn und schlagen,
> Und durch die Finsterniß den Tod zum König tragen.
> (…)

Wenig ist davon überliefert, Cornelia war aber immerhin informiert, nahm Anteil am Werk des Bruders; wir denken heute (möglicherweise) eher an Heinrich Heines »Belsazar«, wo es heißt: »Belsazar ward aber in selbiger Nacht/Von seinen Knechten umgebracht.«

Der Student ist mit seinen poetischen Produktionen unzufrieden, sucht Anregungen, geht viel ins Theater, schreibt darüber an die Schwester. Den »Kaufmann von London« habe er gesehen (George Barnwell or the Merchant of London von George William Lillo) und »beym größten Teil des Stücks gegähnt, aber beym Ende geweint«. Außerdem

---

* Trauerspiel, nicht erhalten; wohl auch dem Autodafé zum Opfer gefallen; hier nur ein Bruchstück aus dem Brief an Cornelia (Nr. 9, DKV, Bd. 28, vom 6./7. 12. 1765); Inhalt auch in Wilhelm Meisters theatralischer Sendung.

»Miß Sara Sampson« von Lessing, »Zaïre« von Voltaire, »Cénie« von Madame Graffigny, die schon erwähnten »Poeten nach der Mode« von Weiße sowie »Venice preserved« von Thomas Otway. Ausführlich erzählt er von den Akteuren, gibt zwischendurch wieder Hinweise, was Cornelia lesen solle und was nicht – »nur den Decameron von Boccacio nicht« –, und von Molières Komödien wolle er ihr einen Auszug machen. Er schreibt viel, das muss man ihm lassen; kein Wunder aber, dass er bei diesem Programm auch manchmal seufzt: »Du siehst ich studiere doppelt für mich und für dich.« Dafür soll sie aber auch (bitte schön!) seine Ratschläge befolgen!

Wenn sie dann ihrerseits einmal über Zeitmangel klagt, spielt er gleich den gestrengen Bruder: »Was! Hast du keine Zeit gehabt! ich will dich lehren, so unfleißig zu sein.« Und das »Verbot« des »Decamerone« bekräftigt er nochmals; sie hatte wohl geschrieben, dass selbst der Papst das Buch lese, das lässt er nicht gelten: »Nichts vom Decameron Papst hin Pabst her«, und hier macht er den Vater kurzerhand zu seinem Stellvertreter, der müsste die Stücke dann allenfalls aussuchen.

Studiosus Johann Wolfgang Goethe, der sich mehr um alles andere kümmert als um die Jurisprudenz, lernt in diesen Monaten die Stadt kennen, das »galante Leipzig«, ein »Klein-Paris«; und alles kommt ihm (wohl auch zu Recht) eleganter, größer und weltoffener vor als das verwinkelte Frankfurt mit seinen engen Gässchen.

Madame Böhme besucht er weiterhin, sie hat einen guten Einfluss auf ihn, und er bekennt, dass er »zwar gesittet war, aber doch eigentlich, was man Lebensart nennt, nicht besaß«; sie »führt« ihn geschickt und mütterlich, ihre Freundin allerdings, die ihm herrisch vorkommt, eine Frau von Plotho, gefällt ihm gar nicht, da wird er eher verstockt und nimmt »ihr zum Trutz« frühere Unarten wieder an. Piquet und L'Hombre und auch andere Kartenspiele lernt er, die

Damen hielten das wohl (im Gegensatz zum Vater) für unerlässlich.

Der Student schreibt an Riese, der jetzt in Marburg studiert, und an Maximilian Moors, jetzt Student in Göttingen; Moors beklagt sich über den Mangel an Mädchen in Göttingen; »Hofraht«, nannten und nennen ihn ein wenig spöttisch die Freunde.

Dann immer wieder Briefe, lang und ausführlich, mehrsprachig, an Cornelia, »Geschwätz«, nennt er das mitunter selbst; aber das, was er bei Gellert lernt, der u. a. auch einen populären »Briefsteller« verfasst hatte, das wendet er gleich an; die Schwester soll jetzt möglichst so schreiben, wie man spricht. »Mercke diß«, heißt das im Original, »schreibe nur wie du reden würdest, und so wirst du einen guten Brief schreiben.« Damit gibt er gleichsam einen der Grundsätze Gellerts an seine »Lieblingsschülerin« weiter; und dann, selten genug, auch mal einen Gruß an die Mutter: »Grüß mir die Mutter, sprich, sie soll verzeihn ...«, um dann gleich wieder auf ein anderes Thema zu springen.

Leipzig könne man »jetzo« wohl eine Maulbeerstadt nennen, erzählt er, was wohl bei beiden Erinnerungen an die eigenen Erfahrungen mit dem Sammeln von Maulbeerblättern freisetzte; er berichtet von prächtigen Gärten und hebt die Apelischen Gärten besonders hervor (fächerartig angelegt, Apels Garten), »die Gärten«, betont er, »sind so prächtig als ich in meinem Leben etwas gesehen habe«.

Das Jahr geht langsam zu Ende, er wünscht »glückliche und fröhlige Feyertage« und schickt noch ein Gedicht an den Großpapa mit, das sie überreichen soll.

»Schröckliche Kälte«, herrschte zu Beginn des neuen Jahres (1766), und zwar immerhin »13 Reaumürische Grade unter dem Eispunckte«,* schreibt er nach Frankfurt, aber sie

---

* Umgerechnet auf Celsius mehr als 16 Grad minus, also kaltes Winterwetter in Leipzig.

hatten schon im Dezember »schönen Schnee und gute Schlittenbahn«.

Was wird das neue Jahr bringen für den Studenten, der nun schon drei Monate in Leipzig ist? Eine Heimfahrt war wohl von Anfang an wegen der Beschwerlichkeit der Reise nicht erwogen worden. Das neue Jahr bringt zunächst einmal zwei Reisende: Johann Adam Horn, das unvergessene »Hörnchen«, kommt nach Leipzig, um Jura zu studieren, und Johann Georg Schlosser kommt, der seinen späteren Schwager in eine neue Tischgesellschaft einführen wird, bei dem Zinngießer Christian Gottlob Schönkopf und dessen Frau, die Tochter nicht zu vergessen, sie heißt Anna Katharina Schönkopf, Käthchen genannt, die durch die Begegnung mit dem jungen Goethe einen Platz in der Literaturgeschichte eingenommen hat.

26. Eine Ohrfeige von Gottsched*

Johann Georg Schlosser, Goethes späterer Schwager, besucht also den jungen Goethe in Leipzig. Er findet ein Quartier »in einem kleinen Gast- oder Weinhause (...), das im Brühl lag und dessen Wirt Schönkopf hieß«.

Schlosser wird zu dieser Zeit eigentlich recht positiv von Cornelias Bruder beurteilt; Goethe findet »... einen jungen wohlgebauten Mann, mit einem runden zusammengefaßten Gesicht, ohne daß die Züge deshalb stumpf gewesen wären.« Schwarze Augenbrauen, Locken, ernst und streng, so schildert er ihn. Schlosser sei eigentlich das Gegenteil von ihm

---

* Johann Christoph Gottsched (1700–1766), seit 1734 Professor in Leipzig, Sprach- und Literaturreformer, arbeitete besonders auch an der Erneuerung des deutschen Dramas und damit an der Bühnenkunst; der Besuch Goethes und Schlossers fand April/Mai 1766 statt.

selbst, schreibt er in »Dichtung und Wahrheit«; Goethe hat große Achtung vor seinen Talenten, seiner Sicherheit und fühlt, dass der etwa zehn Jahre ältere Schlosser ihm durchaus überlegen ist. Schlossers Mehrsprachigkeit beeindruckt den jungen Studenten, und er beginnt sogleich, von ihm zu profitieren. Der junge Dichter schreibt spontan deutsche, französische, englische und italienische Gedichte für Schlosser, die oft thematisch auf ihre Unterhaltungen bezogen waren.

Goethe speist täglich mit Johann Georg Schlosser und gesteht, dass er dadurch »eine sehr angenehme Tischgesellschaft kennen« lernte.*

Schlosser bemühte sich sehr, während seines Leipziger Aufenthalts bedeutende Persönlichkeiten zu besuchen, und so ließen sich beide auch bei Gottsched melden, der »sehr anständig« im ersten Stock des Goldenen Bären am Alten Neumarkt wohnte. Der Bediente führte die beiden jungen Männer in ein großes Zimmer, doch schlossen sie wohl beide aus einer (vielleicht missverstandenen) Gebärde, dass sie im angrenzenden Zimmer warten möchten. Als sie dieses aber betraten, bemerkten sie rasch den Irrtum, denn durch die gegenüberliegende Tür »trat Gottsched, der große, breite, riesenhafte Mann, in einem gründamastnen, mit rotem Taft gefütterten Schlafrock« herein. Aber »sein ungeheures Haupt war kahl und ohne Bedeckung«.

Schlosser und Goethe zögerten; der Bediente hatte wohl seinen Fehler längst bemerkt, sprang wie ein Wiesel mit der großen Allongeperücke herbei (»die Locken fielen bis an den Ellenbogen«), reichte sie untertänigst seinem Herrn (»mit erschrockner Gebärde«). Dieser, »ohne den mindesten Verdruß zu äußern«, nahm die Perücke mit der linken Hand vom Arm des Dieners und verpasste gleichzeitig

---

* Nach Schlossers Abreise bleibt Goethe in dieser Tischgesellschaft, und es ist bekannt, dass er sich in die Tochter des Hauses (Käthchen Schönkopf), »ein gar hübsches nettes Mädchen«, verliebte.

(»mit seiner rechten Tatze«) dem armen Kerl eine solche schallende Ohrfeige, dass dieser förmlich zur Tür hinaustaumelte.

Goethe schreibt, dass er sich »zur Tür hinaus wirbelte – wie es im Lustspiel zu geschehen pflegt«.

Anschließend habe der ansehnliche Gottsched die beiden jungen Männer aufgefordert, Platz zu nehmen, und habe dann mit ihnen lang und ausführlich gesprochen.

Sie hatten »einen ziemlich langen Diskurs«, den Gottsched, nun mit Lockenpracht, die bis auf die Schultern reichte, »mit gutem Anstand durchführte«.

27. »Weil ich gerade dabei bin, über das weibliche Geschlecht zu sprechen ...!«

Amor als Erzieher

Wir sollten die Chance ergreifen, einem Sechzehnjährigen bei seinen Plaudereien über das weibliche Geschlecht zuzuhören, auch wenn es uns von den wirklich wichtigen Themen aus »Dichtung und Wahrheit«, aus ungezählten Briefen, Quellen, gelehrten Kommentaren und Forschungsergebnissen wegführt, vermeintlich wegführt.

Einige Worte will er zunächst noch sagen, in seinem Brief an Cornelia vom 14. 3. 1766, »über unsere liebenswürdige kleine Freundin, die ich so gern habe«, aber das ist noch nicht das Leipziger Käthchen, sondern zunächst noch die kleine Runckel, die ihm nicht aus dem Sinn geht. Alles, was er liest, was er weitergibt an Cornelia, ist auch für Lisette Runckel bestimmt, möglicherweise hat die ihm aber die kalte Schulter gezeigt, und das verträgt er nicht. – Einige Worte also darüber, was man alles von deren »liebreichen Genius« erwarten könne, »wenn man sich um seine Kultivierung bemühen würde ...!« Und weiter: »... wenn man ihre ausgezeichneten Gedanken, ihre edlen Gefühle durch die vorzüglichsten Werke der Religion, Moral und des guten Geschmacks vollkommener machen würde«.

Man scheint den jungen Goethe als Pädagogen noch zu wenig berücksichtigt zu haben, und in Schulbüchern taucht er so auch nicht auf.

»Ein Mädchen«, sagt der »erfahrene« Bruder, »ist ein so zierliches Wesen, daß ich nicht mitansehen kann, wie eins davon verdorben wird; deshalb wollte ich, daß sie durch mich gut würden.« Und dann Goethe, ganz Pädagoge: »Heute besorgt man sich so sehr darum, die Schulen zu verbessern, warum denkt man nicht an die Schulen für Mädchen. Wie denkst du darüber?« Und mit (gespieltem) Ernst fährt er fort: »Ich habe daran gedacht, Vorsteher einer Schule des schönen Geschlechts zu werden, wenn ich in meine Heimatstadt zurückgekehrt bin.« Das wäre gar nicht so schlecht, sinniert er noch, nützlicher wahrscheinlich für die Heimatstadt, als würde er Advokat.

Eine Schwierigkeit gäbe es allerdings: Man müsse nämlich darauf achten, »in meine Schule nicht so hübsche Mädchen wie meine liebe Runckel zu schicken, denn sonst wäre ich in Gefahr, Amor als Erzieher zu spielen«.[1]

So weit die Theorie, zur Praxis kommen wir noch.

Gekritzel nennt er diese Sätze mitunter selbst, Plauderei oder, wie gesagt, Geschwätz. Wenn er sich selbst dann, bei einem Konzert etwa, inmitten »einer frisierten, gelockten, mit Bändern behängten, geschwätzigen Schar sieht«, macht er sich so seine Gedanken über die sächsischen Mädchen – närrisch sind sie, meistens nicht sehr klug, und alle sind sie kokett. Und »einer der größten Fehler unserer Damen ist, daß sie zuviel reden, ohne viel zu wissen«.

Dann fügt er aber noch einige Worte über sich selbst an, er habe sich verändert seit Frankfurt, er sei nicht mehr der Polterer: »Ich schreie nicht mehr: Ich rase! Ich bin so sanft, sanft. Ha, du glaubst es nicht! Oft werde ich zum Melancholiker ...« Dann gehe er in die Wälder, an die Flüsse, beschaue sich die bunten Gänseblümchen, die blauen Veilchen, höre die Nachtigallen, die Lerchen, die Krähen, die Dohlen, den Kuckuck. Dunkelheit überfalle dann seine Seele, »so undurchdringlich wie Oktobernebel«, er schreibt gerade englisch, deshalb heißt es im Original: »A darkness as thik as fogs in the October are.«

(Über kleine Fehler sehen wir hinweg.)

Englische Verse aber macht er in solchen Stimmungen, Hörnchen ist jetzt oft sein Begleiter, und die Verse sind für den gestrengen Dr. Schlosser bestimmt, ihm will er imponieren. Schlosser war dienstlich unterwegs, hatte eine »Stelle als Geheimsecretair bei dem Herzog Ludwig von Würtemberg« angenommen; dieser hielt sich zurzeit in Treptow auf.

Wolfgang ist beeindruckt von Schlossers Arbeiten, die er bei sich hat – »poetische und prosaische Aufsätze in allen Sprachen«, das regt ihn zur Nachahmung an; in kurzer Zeit schreibt er an Schlosser gerichtete »deutsche, französische, englische, italienische Gedichte«, wobei er den Stoff gelegentlich aus den Unterhaltungen mit dem schon erfahrenen Juristen nimmt.

Beim Mittagstisch im Hause Schönkopf sieht er jetzt täglich Käthchen und hat bald nur noch Augen für sie.

Aber auch eine andere, merkwürdige Figur lernt er kennen, es ist Ernst Wolfgang Behrisch, Hofmeister des jungen Grafen Lindenau in Leipzig. Goethe selbst bezeichnet sein Äußeres als »sonderbar« und fährt in der Beschreibung fort: »Hager und wohlgebaut, weit in den Dreißigern*, eine sehr große Nase und überhaupt markierte Züge; eine Haartour, die man wohl eine Perücke hätte nennen können, trug er vom Morgen bis in die Nacht, kleidete sich sehr nett und

---

* Goethe schätzt ihn wesentlich älter ein; Behrisch war elf Jahre älter (geb. 1738) als Goethe, demnach also Ende zwanzig. Seit 1760 war er Hofmeister in Leipzig.

ging niemals aus, als den Degen an der Seite und den Hut unter dem Arm.«

Aber auch Hörnchen ist da, sammelt seine eigenen Erfahrungen, beobachtet den Frankfurter Freund kritisch; natürlich hat er gleich bemerkt, dass Wolfgang sich verliebt hat, schreibt an den gemeinsamen Freund Max Moors:

»Er liebt. Allein nicht jene Fräulein, mit der ich ihn im verdacht hatte. Er liebt ein Mädgen das unter seinem Stand ist, aber ein Mädgen das – ich glaube nicht zuviel zu sagen – das du selbst lieben würdest, wenn du es sähest.« Und dann schildert er Käthchen Schönkopf dem Freund – »wohlgewachsen, obgleich nicht sehr groß, ein rundes freundliches, obgleich nicht außerordentlich schönes Gesicht, eine offne sanfte einnehmende Mine.«

Horn weiter: »Er liebt sie zärtlich«, und er bekennt: »Wenn Goethe nicht mein Freund wäre ich verliebte mich selbst in Sie.« Bald wissen es alle, Goethe ist verliebt in dieses Mädchen, und Behrisch ist inzwischen sein Hauptadressat, ihm muss er jede Regung seines Herzens mitteilen, und das hört sich dann gelegentlich so an:

Anna Katharina (Käthchen) Schönkopf, Stahlstich von Auguste Hüssener nach dem Gemälde eines unbekannten Künstlers

Ha Behrisch, da ist einer von den Augenblicken! Du bist weg, und das Papier ist nur eine kalte Zuflucht gegen deine Arme. O Gott, Gott. – Laß mich nur erst wieder zu mir kommen. Behrisch, verflucht sey die Liebe. O sähst du mich, sähst du den elenden, wie er raßt, der nicht weiß, gegen wen er raßen soll, du würdest jammern Freund, Freund! Warum hab ich nur Einen?[2]

Einen der wunderlichsten »Käuze« nennt er den neuen Freund selbst, Freund und Mentor für ihn, ständig grau gekleidet, mit Perücke und dem unvermeidlichen Degen an der Seite.

Gedichte an die Geliebte entstehen, und der Verliebte bekennt einmal, dass er seine Neigung zu (dem Frankfurter) Gretchen auf Käthchen übertragen habe, die er auch Ännchen nennt oder Annette. Sie war zwanzig Jahre alt, bediente die Gäste in der Pension ihrer Eltern, und eine Miniatur von ihr ist überliefert, die Goethe hat malen lassen.

Der verliebte Student verfolgt die anderen Gäste mit Eifersucht, wenn sie sich etwa seinem Ännchen nähern, zu freundlich zu ihr sind; dann fragt er Behrisch: »Was meynst Du, Behrisch, sollte es nicht bloßer Stolz seyn, daß sie mich liebt.«

Aber wir wollen den Erzieher Goethe nicht aus den Augen verlieren, auch Käthchen will er erziehen, sagt selbst: »Mittlerweile hofmeistre ich hier an meinen Mädchen«, vertraut Cornelia aber an, dass er das bei Constanze Breitkopf, in deren Hause er auch verkehrt, schon aufgegeben habe, die habe »zu viel gelesen, und da ist Hopfen und Malz verloren ...«

Viele Mädchen kennt er, sagt, »alle meine Bekanntschaften sind eher gutherzig als schön«, und von der kleinen Schönkopf berichtet er Cornelia nur spärlich: »Sie ist ein sehr gutes Mädchen (...) obwohl ihre Erziehung eher streng als gut gewesen ist«, sie sorge für seine Wäsche und seine Kleider – und »ich habe sie deswegen sehr gern«.

Er versucht, seine Liebschaft Cornelia und den Eltern

gegenüber zu verschleiern, erfindet neue Namen, so die Muse »Annette«, und unter diesem Titel bringt Behrisch ein »Büchlein« mit neunzehn Texten heraus (zunächst waren nur zwölf vorgesehen); man hatte beschlossen, dass alles andere »zur ewigen Verdammnis meines Reisekoffers verdammt werden sollte ...« Das Widmungsgedicht (An Annetten), von Behrisch, wie auch die anderen Stücke in Schönschrift abgeschrieben lautet:

> Es nannten ihre Bücher
> Die alten sonst nach Göttern
> Nach Musen und nach Freunden
> Doch keiner nach der Liebsten;
> Warum sollt' ich, Annette,
> Die Du mir Gottheit, Muse,
> Und Freund mir bist, und alles,
> Dieß Buch nicht auch nach Deinem
> Geliebten Nahmen nennen?
> (HFL, I, S. 167)

Er weiß selbst, dass das noch keine großartige Lyrik ist, noch keineswegs verraten seine Bemühungen den später so großartigen Lyriker Goethe. Aber andere literarische Versuche kommen hinzu; zurzeit versucht er sich gerade wieder an einem Stoff, den Gellert und andere schon bearbeitet hatten: »Inkle und Yariko«, eine zu Herzen gehende Geschichte von dem Indianermädchen Yariko, das einen schiffbrüchigen Briten vor dem sicheren Tode rettet; der Gerettete aber, undankbar genug, verkauft sie nach kurzer Liebelei an Sklavenhändler.

Bei Gellert hörte sich das Melodram so an:

> Sie fällt ihm um den Hals, sie fällt vor ihm aufs Knie,
> Sie fleht, sie weint, sie schreit. Nichts! Er verkaufet sie.
> Mich, die ich schwanger bin, mich! fährt sie fort zu klagen.
> Bewegt ihn dies? Ach ja! Sie höher anzuschlagen.
> Noch drei Pfund Sterling mehr! Hier, spricht der Brite froh,
> Hier Kaufmann, ist das Weib, sie heißt Yariko!

So weit Gellert. Der Stoff hatte den jungen Studenten interessiert, und es wäre interessant, zu sehen, wie er ihn (für das Theater) bearbeitet hatte, leider ist nichts davon erhalten. Der junge Dichter muss allerdings in einem Brief an Cornelia auch zugeben: »Ich habe damit begonnen, den Stoff Ynkle und Jariko für das Theater einzurichten; aber ich bin dabei auf mehr Schwierigkeiten gestoßen, als ich geglaubt habe, und ich hoffe nicht es zu vollenden.«

Eine weitere Tragödie hat er zumindest geplant oder auch schon begonnen, für die er angeblich auch schon viel Beifall bekommen hat: »Der Trohnfolger Pharaos«; aber auch von dieser Tragödie ist meines Wissens nichts erhalten.

Inzwischen hat er seine Leipziger Aktivitäten noch ausgeweitet, verkehrt in dem Verlegerhaus »Zum silbernen Bären« der Familie Breitkopf, kennt bereits Constanze, die Tochter des Hauses, und freundet sich mit den Brüdern an. Dort im Haus bewohnt Kupferstecher Stock mit Frau und zwei Töchtern eine geräumige Bodenkammer, und der Student findet Zeit genug, hier das Kupferstechen zu lernen.

Vater Stock stellte vornehmlich kleine Vignetten für den Verlagsbuchhändler Breitkopf her, die er mit feiner Radiernadel in Kupferplatten stach; Unterricht gab er auch. Sein eifrigster Schüler wurde nun Johann Wolfgang Goethe, der ja eigentlich Jurisprudenz studieren sollte; Familienvater Stock wurde von dem wohlhabenden Studenten abends gelegentlich in »Auerbachs Keller« entführt.[*]

Eine kleine Vignette für Käthchen wird unter Anleitung angefertigt, und Wolfgang genießt den Familienanschluss, sogar an Weihnachten ist er dort.

Die Lernfähigkeit des jungen Studenten ist zu bewundern; eine Zeichenakademie in Leipzig zieht ihn an, die in

---

[*] Hier spielt die später geschriebene Szene (Faust I, Zeche lustiger Gesellen), und »Frosch« spricht ihn aus, den berühmten Leipzig-Satz: »Mein Leipzig lob ich mir! Es ist ein klein Paris und bildet seine Leute.«

der Pleißenburg untergebracht ist. Der Maler Adam Oeser, der sie leitet, genoss einen guten Ruf, wenn man ihn heute auch als eher zweitrangig einstuft.

Studiosus Goethe, unbeeindruckt von etwa versäumten Kollegs, Praktika und Vorlesungen, macht sich auf zur Pleißenburg, Zeichenunterricht will er nehmen, die Jurisprudenz konnte warten.

Helle und geräumige Zeichensäle findet er in der Pleißenburg (Oeser wohnt auch dort), und der junge Goethe macht sich sein Bild, sammelt seine Erfahrungen, seine Eindrücke. Privatstunden mit einigen »Edelleuten« kann er sich leisten, der begüterte Frankfurter, muss aber schon bald einsehen, dass er »in der Ausübung der Kunst keineswegs weiter« rückte. Anfänger hatte er vor sich, der weltkluge und humorvolle Direktor der Kunstakademie, und ein Talent zum Unterricht scheint er nicht gerade gehabt zu haben. Lob und Tadel werden bei ihm nur indirekt und lakonisch angedeutet, und Goethe erzählt u. a. von seiner Arbeit an einem Blumenstrauß auf blauem Papier. Er arbeitete mit schwarzer und weißer Kreide, hatte nach eigener Einschätzung sehr sorgfältig gezeichnet, gewischt und schraffiert, hatte sich redlich bemüht, als Oeser hinter ihn trat, kurz begutachtete und schlicht und einfach sagte: »Mehr Papier!« (DuW II, 8) Aber was störte das den jungen Studenten, seine Gedanken beherrschte ohnehin ein junges Mädchen, freundlich und sanft anzuschauen. Aber ist er verliebt, der junge Student, wirklich verliebt?

28. Verliebt in die Liebe

»Ich unterstehe mich schon ein Mädchen zu verf —«

Eine Liebe zu Käthchen. Es ist eine »gedachte« Liebe, eine erwünschte, eine erhoffte, eine dramatisierte. Der junge Mann ist verliebt in die Liebe. Aber er hat auch Angst; man werde (möglicherweise!) wie ein »Meerschweingen« in den Sack gesteckt, schreibt er einmal und: »Da hast du Annetten. Es ist ein verwünschtes Mädchen. Der Sack, der Sack!«

Vergessen wir bei aller Großspurigkeit nicht, dass er ein Muttersöhnchen ist, ein Papiertiger oder, wie es Biograf Richard Friedenthal ausdrückt: »Er ist vorsichtig im Leben und kühn auf dem Papier.«

Ältere, mütterliche Frauen ziehen ihn an, so Madame Böhme in Leipzig, sie ist eine frühe Vorgängerin der Charlotte von Stein in Weimar, in Leipzig bringt sie dem jungen Wolfgang Manieren bei.

Anfang des Jahres 1767 war sie, die immer kränkelte, plötzlich gestorben, und Wolfgang widmet ihr einen warmherzigen »Nachruf« im Brief an die Schwester; kurzfristig sind alle Spielereien und Neckereien vergessen, hier ist er wirklich betroffen. Sie habe »ein großes und rechtschaffenes Herz« gehabt, habe mit mütterlichem Eifer versucht, ihn »dann und wann in den Fehlern zu verbessern, die sie an mir bemerkte«.

Das Leben des Studenten ist ausgefüllt; sein Lehrer Gellert zieht sich inzwischen ein wenig zurück, die Studenten beginnen sich lustig zu machen über ihn, wenn er sie zwischendurch fragt, ob sie denn auch fleißig in die Kirche gingen? Im Stadtbild sehen sie ihn auf seinem Schimmel, den ihm der Kurfürst geschenkt hatte.

Sein Nachfolger, Professor Clodius, korrigiert und kritisiert ebenfalls die vorgelegten Verse; Wolfgang »rächt« sich, schreibt Spottverse auf den Kuchenbäcker Händel und meint Clodius; ein Spaß, der ihm Unannehmlichkeiten einbringt.

Einer, der auch im Stadtbild, aber nur wie ein Schatten, auftaucht, ist ein Student namens Jerusalem; Wolfgang und er kennen sich kaum, wir werden aber von ihm hören.

Wolfgang hat andere Dinge im Kopf, schreibt wilde Episteln an Behrisch, schildert seine Liebe zu Käthchen, aber auch seine ständige Eifersucht. Dann muss Behrisch plötzlich Leipzig verlassen, nach Differenzen mit seinem »Arbeitgeber«; es wird allerlei erzählt, vielleicht hat er dem jungen Grafen nur eine Ohrfeige verabreicht. Schlechte Verbindungen, auch der Umgang mit einem gewissen Goethe, sollen eine Rolle gespielt haben.

Den Weggang des Freundes, des »dürren Teufels«, und einen Sturz vom Pferd muss er verkraften; das Pferd war ihm durchgegangen, er hatte sich das Kinn aufgestoßen, hatte eine »zerschlagne Lippe, und ein geschellertes Auge«.

Das ist bald vergessen, und er besucht wieder das Theater, die Konzerte; auch Liebhaberaufführungen und Musikveranstaltungen im Hause Breitkopf besucht er regelmäßig, spielt selbst ein wenig Klavier, auch Flöte.

Sogar Lessings »Minna von Barnhelm«, ein Stück, das Aufsehen erregt hatte, studiert man im Hause Obermann und bei den Breitkopfs ein; Wolfgang spielt den Werner, Hörnchen übernimmt den Tellheim und Vielleserin Constanze Breitkopf verkörpert die Minna. Als der schon berühmte Lessing dann persönlich nach Leipzig kommt, geht Goethe ihm aus dem Wege, scheut sich, dem arrivierten Dramatiker zu begegnen.[1]

Ernst Theodor Langer kommt als Nachfolger Behrischs nach Leipzig (später Bibliothekar und Nachfolger Lessings in Wolfenbüttel); Goethe nimmt sogleich Kontakt zu ihm auf; Vorsicht ist allerdings geboten, man hatte Langer wohl ausdrücklich den Umgang mit dem Studenten Johann Wolfgang Goethe verboten. Wie auch immer, Goethe schätzt ihn sehr, findet den Umgang mit ihm lehrreich und rechnet es Langer hoch an, dass er »vorzüglich gelehrt und unterrichtet«, wie er selbst ist, sich über den »Heißhunger nach Kenntnissen« des jungen Mannes freut, auch wenn dieser Hunger sich jetzt »bei der krankhaften Reizbarkeit völlig fieberhaft äußerte«.

Nachts unternehmen sie gemeinsame Spaziergänge, und Wolfgang begleitet Langer danach bis zum Haus seiner (Langers!) Geliebten, denn auch Langer »war nicht frei von den Netzen eines sehr liebenswürdigen Frauenzimmers geblieben«.[2] An Behrisch schreibt er natürlich weiter, vorrangig über die Liebe zu Käthchen, will ihm und sich wohl suggerieren, dass er als Liebender reüssiert, wenn er schreibt: »Es ist komisch. Aber ohne zu schwören, ich unterstehe mich schon ein Mädchen zu verf- wie zum Teufel soll ich's nennen.« Wir können unsere Schlüsse daraus ziehen, selbst das abgebrochene Wort gibt uns Hinweise.

Einmal hat er ihr inzwischen seine Liebe gestanden, dann war er mit ihr (angeblich) einmal vier Stunden allein, als die anderen im Theater waren; die Beziehung zog sich hin bis Anfang 1768, dann heißt es plötzlich ganz kleinlaut: »Wir haben mit der Liebe angefangen und hören mit Freundschaft auf.«

Sein erstes Drama, die »Laune des Verliebten«, ein Schäferspiel, das er mehrfach überarbeitet, verarbeitet seine eigenen Erfahrungen. Liebe, Blumen, Tanz und Eifersucht bestimmen die Szenerie, aber in der Figur des Eridon »schuf Goethe eine Gestalt von starker Überzeugungskraft, da er es hier wagte, den pathologischen Zustand, in den ihn seine Leidenschaft für Käthchen Schönkopf versetzte, mit einiger Selbstironie darzustellen und somit hier zum ersten Mal den Typus des Liebeskranken zu gestalten«.[3]

Der liebeskranke Student braucht bei aller Verarbeitung auf dem Papier einen Ortswechsel: Dresden hat er noch nicht gesehen, die berühmte Gemäldegalerie möchte er sehen, überhaupt die Stadt, von der er schon so viel gehört hat – außerdem hat er eine Empfehlung von seinem Stubennachbarn Limprecht, der einen Verwandten in Dresden hat, einen Schuster ...!

29. Philosophie & Handwerk

Ein wunderlicher Christ und ein Schuster in Dresden

Auf Vermittlung seines Stubennachbarn also, des jungen Theologen, der fürchten musste zu erblinden, sucht der Student Goethe in Dresden den Schuster Johann Gottfried Haucke auf, einen Vetter des Theologen. Goethe findet ihn in der Vorstadt; er sitzt auf seinem Schemel, lächelt den Studiosus freundlich an, und die beiden kommen ins Gespräch, das nahtlos fortgesetzt wird, sobald der junge Mann von seinen Galeriebesuchen und Erkundungen Dresdens zurückkehrt. Er besteigt u. a. auch die Frauenkirche und sieht von oben die Zerstörungen des Krieges, »diese leidigen Trümmer zwischen die schöne städtische Ordnung hineingesät«, Auswirkungen des Siebenjährigen Krieges, der »Brandschatzung« und Beschießung Dresdens durch die Preußen im Jahre 1760, also nur wenige Jahre vor dem Eintreffen des wissbegierigen Studenten Goethe.

Goethe hatte den Schuster Haucke oftmals brieflich grüßen lassen, hatte aus dessen Briefen an den Theologen einiges über ihn erfahren, und er war neugierig geworden, wollte ihn näher kennenlernen. Einen Brief des Theologen hatte er bei sich, als er, der Leipziger Student, »mit der gelben Kutsche sehnsuchtsvoll nach Dresden« fuhr, und das beileibe nicht nur, um einen Schuster zu treffen.

Goethe betritt also die Werkstatt, sieht den freundlichen Mann, der ihn zur Begrüßung anlächelt, so als habe er ihn gerade jetzt erwartet; Goethe überreicht ihm nach einem Willkommensgruß den Brief des Vetters, sozusagen als Legitimation.

Sch.: (liest aufmerksam, lächelt dabei, nickt, schaut mit freundlichem Blick auf den Studenten vor ihm)
Ich sehe hieraus, junger Herr, dass Ihr ein wunderlicher Christ seid!

G.: (stutzig) Wie das, Meister!? Wie meint Ihr ...?

Sch.: (wehrt mit der Hand beschwichtigend ab) Nein, nein ...! Wunderlich ist gar nicht negativ gemeint ...! Ich nenne jemand so, der sich nicht in allem gleich ist, und ich nenne Sie einen wunderlichen Christen, weil Sie sich in einem Stück als den Nachfolger des Herrn bekennen, in dem andern aber nicht!

G.: (verständnislos, schaut ratlos) Können Sie das erklären?

Sch.: (nickt, lächelt) Es scheint, dass es Ihre Absicht ist, eine fröhliche Botschaft den Armen und Niedrigen zu verkündigen ..., das ist zwar schön, und die Nachahmung des Herrn ist auch löblich ..., Sie sollten aber dabei bedenken, dass er lieber bei wohlhabenden und reichen Leuten zu Tische saß, wo es gut herging, und dass er selbst den Wohlgeruch des Balsams nicht verschmähte, wovon Sie ... (er schaut den Studenten verschmitzt an) ... wovon Sie aber bei mir wohl das Gegenteil finden könnten! (weist auf seinen Schusterleim, zieht geräuschvoll Luft durch die Nase, klopft mit dem Knöchel auf eine Schuhsohle auf dem Dreifuß vor ihm)

G. u. Sch.: (beide lachen, necken einander, die Frau des Schusters steht unschlüssig dabei; man spricht über die Unterbringung des Studenten)

Sch.: Sie bleiben natürlich bei uns ..., Raum ist da für einen Christenmenschen ...!

G.: Gern, gern …! Mein Vater hat mich stets gewarnt vor den ungastlichen Gasthäusern. (wendet sich an die Frau des Schusters, reicht ihr seinen Beutel) Sie mögen sich daraus versehen, ich habe reichlich Proviant aus Leipzig …! (Die Frau schaut fragend auf ihren Mann, zögert)

Sch.: (lacht) Na, na …! So abgebrannt sind wir nun aber auch wieder nicht …! (nickt der Frau zu, diese nimmt den Beutel)

G.: (gelöst und schalkhaft) … und wenn es nur wäre, um Wasser in Wein zu verwandeln?! Da es ja heute keine Wunder mehr gibt, wäre dieses vielleicht ein probates Hausmittel …!

(Die Wirtin schüttelt den Kopf, geht mit Goethes Proviantbeutel zur Küche; die beiden lachen und amüsieren sich.)

Der junge Student Wolfgang Goethe verbringt seine Tage in der Gemäldegalerie; zwischendurch unterhält er sich immer wieder mit dem ungewöhnlichen Schuster, und zum Abschied zieht er ein kurzes Resümee seiner Unterhaltungen mit ihm:

> Mit meinem Schuster vertrug ich mich ganz gut. Er war geistreich und mannigfaltig genug, und wir überboten uns manchmal an neckischen Einfällen; jedoch ein Mensch, der sich glücklich preist und von andern verlangt, daß sie das gleiche tun sollen, versetzt uns in ein Mißbehagen, ja die Wiederholung solcher Gesinnungen macht uns Langeweile. Ich fand mich wohl beschäftigt, unterhalten, aufgeregt, aber keineswegs glücklich, und die Schuhe nach seinem Leisten wollten mir nicht passen. Wir schieden jedoch als die besten Freunde, und auch meine Wirtin war beim Abschiede nicht unzufrieden mit mir.

30. Leipziger Tage und Nächte

Eines Nachts wacht er »mit einem heftigen Blutsturz auf ...«

Studiosus Wolfgang Goethe besucht weiter die Zeichenakademie, die Pleißenburg wird ihm nach und nach vertraut. Mit Friederike Oeser hat er sich angefreundet, ihr wird er später schreiben, sie wird seine Vertraute. Herzlich muss sie gewesen sein, mit ihr kann er reden, handgeschriebene Gedichte erhält sie.

Gedichte und Briefe. Das Briefgeflecht des Johann Wolfgang Goethe, in frühester Jugend begonnen, ist ein ganz besonderes Kapitel; manchmal erstaunlich, dass er den Überblick behält, Fragen konzentriert beantwortet, ständig eigene Fragen stellt und (zumindest auch in der Leipziger Zeit und danach) höchst mitteilsam ist.

Bei den Familien Schönkopf, Breitkopf, Stock und Oeser geht er inzwischen ein und aus; bei Oeser bedankt er sich später überschwänglich, dass er ihm den »Weeg zum Wahren und Schönen« gezeigt habe, und unter all seinen Lehrern habe besonders Oeser ihn aufgemuntert; Dankbarkeit und Verehrung drücken seine Briefe aus.

Besonders betroffen war Oeser (und mit ihm seine Schüler) über den Tod Winckelmanns, der, wie man später erfuhr, in Triest ermordet worden war; wie »ein Donnerschlag bei klarem Himmel«, schreibt Goethe später, »fiel die Nachricht von Winckelmanns Tode zwischen uns nieder«.

Gesundheitlich fühlt sich Wolfgang nicht gut. Er hatte nach eigenem Bekunden »von Hause« schon einen gewissen »hypochondrischen Zug mitgebracht«, fühlt manchmal noch Schmerzen in der Brust, die er dem Unfall auf der Herreise zuschreibt, dann denkt er an den Sturz vom Pferd, macht eine gewisse Diät für seinen Gesundheitszustand verantwortlich, dazu noch das Merseburger Bier, auch den

Kaffee – all das »paralysierte meine Eingeweide und schien ihre Funktionen völlig aufzuheben ...« Auch durch das »Kaltbaden« und Schlafen auf hartem Lager (»nur leicht zugedeckt«), habe er seiner Gesundheit geschadet. Nach diesen diffusen Angaben kommt es zu einer Katastrophe:

> Eines Nachts wachte ich mit einem heftigen Blutsturz auf, und hatte noch so viel Kraft und Besinnung, meinen Stubennachbar zu wecken. Doktor Reichel wurde gerufen, der mir aufs freundlichste hülfreich ward, und so schwankte ich mehrere Tage zwischen Leben und Tod, und selbst die Freude an einer erfolgreichen Besserung wurde dadurch vergällt, daß sich, bei jener Eruption, zugleich ein Geschwulst an der linken Seite des Halses gebildet hatte, den man jetzt erst, nach vorübergegangner Gefahr, zu bemerken Zeit fand.[1]

Seine Leipziger Freunde kümmern sich rührend um den ernstlich erkrankten Studenten. Dr. Hermann, später Bürgermeister von Leipzig, den er durch Schlosser kennengelernt hat, erweist sich als wirklicher Freund. Auch Georg Gröning, später Bürgermeister von Bremen, »sparte nichts, um mich zu ergetzen«, und nicht zu vergessen Freund Horn zeigt »seine Liebe und Aufmerksamkeit«. Es folgt eine selbstkritische Stelle, die der kranke Student später notiert: »Unverdient« hätten sich die Freunde gekümmert, »denn es war keiner darunter, dem ich nicht, durch widerliche Launen, beschwerlich gewesen wäre, keiner, den ich nicht durch krankhaften Widersinn mehr als einmal verletzt, ja den ich nicht, im Gefühl meines eigenen Unrechts, eine Zeitlang störrisch gemieden hätte«.

Welch eine Einsicht!

Wolfgang Goethe, krank und erschöpft, muss nach knapp drei Jahren Leipzig verlassen; er fährt »in dem bequemen Wagen eines Hauderers und in Gesellschaft einiger mir bekannten zuverlässigen Personen« zurück nach Frankfurt.

Bei einem der ersten Aufenthalte in Naumburg trifft er auf der Rückreise einen Offizier; die interessante Unterhaltung mit ihm ist einem späteren Brief an Käthchen Schönkopf entnommen (HFL, I, 265) und in den nachfolgenden Dialog gesetzt.

31. Leipzig ade ...

Gespräch mit einem sächsischen Offizier am 28. August 1768* in Naumburg beim Abendessen

(O = Offizier, G = Goethe)

O.: (forschend) Sie sind so lustig ...! (räuspert sich) ... so lustig und haben doch heute Leipzig verlassen!

G.: (achselzuckend, redet wie sein eigener Großvater) Unser Herz weiß oft nichts von der Munterkeit unseres Bluts! (beide kauen)

O.: (verdutzt, so als müsse er das Gesagte überdenken; nach einer Weile, insistierend) Sie scheinen unpässlich ...!?

G.: (jetzt ganz jungenhaft) Ja, ich bin's wirklich ... sehr! Ich habe sogar (zögert) ... Blut gespien! (hustet ein wenig zur Unterstützung des Gesagten)

O.: (entsetzt, hört auf zu kauen, ein Krümel Brot fällt herunter) Blut gespien ...!? Da ist mir jetzt ja alles klar! Da haben Sie schon einen großen Schritt aus der Welt getan, und Leipzig musste Ihnen gleichgültig werden, weil Sie es nicht mehr genießen konnten!

G.: (jetzt wieder als junger Mann, altväterlich) Exakt! Getroffen! Die Furcht vor dem Verlust des Lebens hat allen andern Schmerz erstickt ...!

---

* Goethe wird an diesem Tag neunzehn Jahre alt

O.: (eifrig beipflichtend, wieder kauend, spricht mit vollem Mund) Ganz natürlich, ganz natürlich ..., denn das Leben bleibt immer das Erste! (Mit erhobenem Zeigefinger) Ohne Leben gibt es keinen Genuss ...!

G.: (schweigt, nickt, hustet)

O.: (schluckt; nachdenklich) Aber ... hat man Ihnen dann wenigstens den Abgang von Leipzig leicht gemacht?

G.: (irritiert) Gemacht? Leicht gemacht, wieso?

O.: (wissend, lächelnd, verschmitzt) Das ist doch deutlich, ich meine vonseiten der Frauenzimmer! (blickt den jungen Studenten stirnrunzelnd an) Sie sehen mir schon so aus, als seien Sie nicht so ganz unbeliebt unter dem schönen Geschlecht ...! Ich meine ...!

G.: (beugt sich ein wenig vor, dankt leicht spöttisch und stumm für das Kompliment)

O.: (schnell) Ich sage's so, wie ich's denke! (ernsthaft) Sie scheinen mir ein Mann von Verdiensten! Aber ... (zögernd) ... aber, Sie sind krank! (mit treuem Augenaufschlag) ... und da wette ich zehn gegen gar nichts: Kein Mädchen hat Sie deshalb am Ärmel festgehalten!

G.: (schweigt, rutscht unruhig hin und her, trinkt, schaut dabei den Offizier forschend an)

O.: (hält dem Blick stand, strahlt; reicht ihm die Hand über den Tisch zum Einschlagen) Ich verliere zehn Taler an Sie, wenn Sie mir ehrlich und auf Gewissen sagen können: Es hat mich eine gehalten!

G.: (schlägt auf die ihm dargebotene Hand ein, lächelt ein wenig) Top! Die Wette gilt! Sie behalten Ihre zehn Taler! (schmeichelnd) Sie sind ein Kenner und werfen Ihr Geld nicht weg!

O.: (schmunzelt selbstgefällig, schaut nach unten, strahlt) Bravo! Daran sehe ich, dass auch Sie ein Kenner sind! (blickt hoch, treuherzig) Gott bewahre Sie darin. Und wenn Sie wieder gesund sind, dann werden Sie Nutzen von dieser Erfahrung haben ...!

(beide kauen; Student Goethe nickt zustimmend, sie essen weiter, schweigend)*

Die Rückreise geht weiter; in Auerstädt denkt er an den früheren Unfall, und in Gotha findet man (trotz Krankheit) noch Zeit, das Schloss anzusehen. Je näher die Reisenden – im Tempo der Zeit – nach Frankfurt gelangen, auf den bekannten holprigen Wegen, desto mehr erinnert sich Wolfgang Goethe daran, »in welchen Zuständen, Aussichten, Hoffnungen ich von Hause weggegangen, und es war ein sehr niederschlagendes Gefühl, daß ich nunmehr gleichsam als ein Schiffbrüchiger zurückkehrte«.

Der junge begeisterte und wissbegierige Student, der als »eingewickelter«, schmaler Knabe nach Leipzig gekommen war, musste nun, drei Jahre älter, krank und elend, gleichsam schiffbrüchig oder kläglich gestrandet, in die so oft geschmähte Vaterstadt zurückkehren.

---

* Aus einer erzählenden Briefstelle in den Dialog gesetzt; leicht verändert, indirekte Rede aufgelöst; dabei das Mienenspiel der beiden imaginiert; Brief an Käthchen Schönkopf, Frankfurt 31. Januar 1769

32. Wieder in Frankfurt

Ein Schiffbrüchiger auf Zwischenstation
»So kalt so ruhig – ist jetzo meine Seele ...«

Schlimm muss er ausgesehen haben, ganz schlimm; nach eigenen Worten »übler ... als ich selbst wußte: denn ich hatte lange keinen Spiegel zu Rat gezogen«, und wir stellen uns einen Augenblick lang die erschrockenen Augen Mutter Ajas vor, die den Sohn in die Arme schließt, Cornelia im Hintergrund und der bedächtige Vater – jeder reagiert auf den Kranken auf seine Weise, entsetzt und betroffen.

Nachdem der erste Schock sich gelegt hatte, kam man »stillschweigend überein, mancherlei Mitteilungen erst nach und nach zu bewirken und vor allen Dingen sowohl körperlich als geistig einige Beruhigung eintreten zu lassen.« In anderen Worten, der Kranke brauchte seine Ruhe, die liebevolle Pflege im Elternhaus, außerdem medizinischen Beistand.

Und Cornelia war da, sie »gesellte sich gleich zu mir, und wie vorläufig aus ihren Briefen, so konnte ich nunmehr umständlicher und genauer die Verhältnisse und die Lage der Familie vernehmen«. Cornelia hatte seiner Meinung nach schwer unter der »didaktischen Liebhaberei« des Vaters zu leiden gehabt, und sie hatte schließlich, schreibt er ein wenig heuchlerisch, »auf eine Weise, die mir fürchterlich erschien, ihre Härte gegen den Vater gewendet«, so als habe er sich nicht kontinuierlich an der Vaterdemontage beteiligt; erstaunlich auch, dass er das (in DuW) mit dem Abstand von Jahren noch so niederschreibt.

Die Wochen und Monate der Krankheit werden lang und hart für den Sohn des Hauses; zunächst werden der Chirurg Grasemann und der Arzt Dr. Johann Friedrich Metz zurate gezogen, Wundarzt (Chirurgus) und Arzt vertraten ihre eigenen Aufgabenfelder, durchaus getrennte Bereiche. Wie werden sie vorgehen, welche Krankheit stellen sie fest, wie lautet die Diagnose?* Die Geschwulst am Halse gefällt den behandelnden Ärzten gar nicht; sie wollen sie zunächst »vertreiben«, wie sie sagen, danach ist von »zeitigen« die Rede, zuletzt aber heißt es aufschneiden! Danach wird fleißig mit Höllenstein betupft, und auch andere ätzende Mittel werden eingesetzt.

Der Arzt Dr. Johann Friedrich Metz hatte (wohl schon öfter) seinen Patienten, »wo er nur einige Empfänglichkeit fand, gewisse mystische chemisch-alchemische Bücher empfohlen«, und auch der junge Kranke wird entsprechend beeinflusst.

Der Patient leidet zusätzlich an starker Verstopfung, und zwar so sehr, dass er »unter großen Beängstigungen das Leben zu verlieren glaubte«, und kein Mittel wollte die ersehnte Hilfe bringen.

Der Arzt, Dr. Metz, wird von Mutter Aja nun entsprechend bearbeitet, er solle seine »Universalmedizin« herausrücken, ein Mittel, von dem vorher geheimnisvoll die Rede gewesen war. Tatsächlich eilt der Arzt nachts nach Hause und kommt mit einem »Gläschen kristallisierten trocknen Salzes« (vermutlich Glaubersalz) zurück; es wurde in Wasser aufgelöst, und der Patient hatte zu schlucken. Die Wirkung

---

* Krankheit, Diagnose: Nach Wolfgang H. Veil, **Goethe als Patient,** und Richard Kühn, **Goethe. Eine medizinische Biographie,** gibt es ein durchaus übereinstimmendes Ergebnis: Lungenbluten infolge Tuberkulose und eine tuberkulöse Drüsenerkrankung, die die Geschwulst am Halse (vielleicht ein tuberkulöser Lymphknoten) verursachte. Vorherige Rippenfellreizungen werden angenommen. (vgl. HA, 9, S. 745 f.) Frank Nager, **Der heilkundige Dichter,** Zürich und München 1990, Autor und Internist, erörtert noch die Möglichkeit einer Magenblutung (Magen oder Zwölffingerdarm als Blutungsquelle); die aber immer wieder ins Spiel gebrachte Möglichkeit einer syphilitischen Genese der Krankheit wird auch hier zurückgewiesen und als unwahrscheinlich dargestellt.

trat bald ein, und der Rekonvaleszent schreibt dankbar: »Von dem Augenblick nahm die Krankheit eine Wendung, die stufenweise zur Besserung führte.«

Mutter Goethe hatte sich schon seit einiger Zeit pietistischen Kreisen angeschlossen, und die verwandte Stiftsdame, Susanne Katharina von Klettenberg, wird eine gute und einflussreiche Freundin, die auch den Kranken stark beeinflusst. Aus Unterhaltungen mit ihr und aus ihren (bearbeiteten) Briefen sind die »Bekenntnisse der schönen Seele« entstanden, die Goethe später in den »Wilhelm Meister« einarbeitet. Eine zarte Person war sie, mittelgroß, mit einem herzlichen Wesen, und obwohl sie krank war, schien sie stets heiter und ausgeglichen. Fräulein von Klettenberg wird für ihn eine wichtige Gesprächspartnerin in dieser Phase: »Ihre liebste, ja vielleicht einzige Unterhaltung waren die sittlichen Erfahrungen, die der Mensch, der sich beobachtet, an sich selbst machen kann; woran sich denn die religiösen Gesinnungen anschlossen, die auf eine sehr anmutige, ja geniale Weise bei ihr als natürlich und übernatürlich in Betracht kamen.«

In dem jungen Wolfgang Goethe, dem schiffbrüchigen, gestrandeten Studenten hatte sie ihr »Opfer« gefunden; er war in dieser Zeit, wie er selbst sagt, »ein junges, lebhaftes, auch nach einem unbekannten Heile strebendes Wesen« und für Ideen dieser Art empfänglich, da er sich nun wirklich »in keinem behaglichen Zustand befand, und weder an Leib noch Seele ganz gesund war«. Unter ihrem Einfluss beginnt er auch, sobald er sich ein wenig besser fühlt, kleine Versuche vorzubereiten, legt sich die entsprechenden Geräte zu, »ein Windöfchen mit einem Sandbade war zubereitet«, und er lernt, »mit einer brennenden Lunte die Glaskolben in Schalen verwandeln, in welchen die verschiedenen Mischungen abgeraucht werden sollten« – Vater Goethe wird es mit gemischten Gefühlen gesehen haben.

Liquor silicium, der Kieselsaft, interessiert und fasziniert ihn besonders, »welcher entsteht, wenn man reine Quarzkiesel mit einem gehörigen Anteil Alkali schmilzt, woraus ein durchsichtiges Glas entspringt, welches an der Luft zerschmilzt und eine schöne klare Flüssigkeit darstellt.« Kiesel, die er dazu braucht, findet er im Main; so unvollkommen diese Versuche auch noch waren, er lernt dabei, seine Krankheit verschafft ihm die nötige Zeit und Muße, weitere Fachbücher werden gewälzt.

Bald schreibt er auch wieder die ersten Briefe, Langer ist einer der ersten, der einen Brief erhält; er schreibt ihm auch von seinen »Herzensangelegenheiten« und behauptet, ein wenig autosuggestiv: »So kalt so ruhig, wie man nur am Morgen beym Erwachen nach einer wohldurchschlaffnen Nacht seyn kann, ist jetzo meine Seele, still, ohne Verlangen, ohne Schmerz, ohne Freude, und ohne Erinnerung.« Er erzählt ihm von der Behandlung der Ärzte und muss sich eingestehen, dass ihm sogar das Schreiben noch schwerfalle. Auch Käthchen erhält einen Brief, dazu Schere, Messer und Leder für zwei Paar Pantoffel; er versteckt sich hinter der (fiktiven) Person eines Bedienten, der ausrichtet, »daß mein Herr noch beständig wie sonst Ihnen ergeben ist«. Und auch die Familie Schönkopf wird bedacht; er entschuldigt sich, dass er sich nicht verabschiedet habe, er sei schon unten an der Tür gewesen, habe es dann aber doch nicht über das Herz gebracht. Eine gereimte Epistel geht an Friederike Oeser:

> Und folgsam wie ein gutes Lamm;
> Bald lustig, wie ein Bräutigam,
> Leb' ich, und binn halb kranck und halb gesund,
> Am ganzen Leibe wohl, nur in dem Halse wund …

Schwere Schluckbeschwerden hatte er gehabt, ein stark entzündetes Zäpfchen, sodass er kaum noch schlucken konnte, »man quälte mich mit Gurgeln und Pinseln, und konnte mich von dieser Not nicht befreien«.

Chinin habe er bekommen, erfahren wir, und von Atembeschwerden ist die Rede; ein (vielleicht zu freizügiges) Mädchenbild von François Boucher habe man von seiner Wand genommen und stattdessen »eine abgelebte Frau« an die Wand gehängt; vielleicht waren das schon die neuen pietistischen Auswirkungen im Hause Goethe.

Langer lädt er ein, nach Frankfurt zu kommen, macht wohl auch schon Pläne, mit ihm eventuell nach Göttingen zu gehen; er berichtet ihm von der pietistischen Brüdergemeinde, von Johann Christian Mellin, der sei der Einzige, mit dem er umgehe. Zwischendurch gibt es auch eine Erinnerung an Gellert; Langer soll ihn grüßen: »Dancken Sie ihm für die Liebe mit der er mich unverdient geehrt hat.«

Literarische Arbeiten entstehen wieder, er berichtet von einer Farce, die nach seinem Willen als »Lustspiel in Leipzig« aufgeführt werden soll; es sind »Die Mitschuldigen«, ein Stück, von dem er Friederike Oeser erzählt. Eingesperrt empfindet er sich. »Eingesperrt, allein, Circkel, Papier, Feder und Dinte, und zwey Bücher, mein ganzes Rüstzeug.«

Er schwätzt schon wieder ganz munter drauflos, und in einem Brief an Constanze Breitkopfs Bruder nährt er selbst das Märchen von einer Geschlechtskrankheit, schreibt, er solle sich hüten vor der »Lüderlichkeit«: »Es geht uns Mannsleuten mit unseren Kräfften, wie den Mädgen mit der Ehre, einmal zum Hencker eine Jungferschafft, fort ist sie. Man kann wohl so was wieder quacksalben, aber es wills ihm all nicht thun.«

So setzte er selbst Gerüchte in die Welt; Breitkopf musste eine Geschlechtskrankheit des jungen Goethe annehmen, nichts davon ist bewiesen.

Die Unterhaltungen mit Fräulein von Klettenberg gehen weiter, manchmal muss auch sie ihm sagen, dass er »ein närrischer Bursche sei, dem man manches nachsehen müsse«, was uns ein wenig an Wolfgangs Stunden bei Rektor Albrecht erinnert. Unter dem Einfluss der Klettenberg reflektiert er über sein bisheriges Leben und kommt zu dem Schluss: »Mich hat der Heiland endlich erhascht, ich lief ihm zu lang und zu geschwind, da kriegt er mich bey den Haaren.«

Das »Gewäsche« von den Kanzeln der protestantischen Kirche kann er nicht mehr ausstehen, bei der Brüdergemeinde der Pietisten fühlt er sich aufgehoben.

Nebenbei hat er Zeit, seine Briefe aus Leipzig durchzulesen, findet selbstkritisch genug Hinweise auf sein didaktisches Verhalten Cornelia gegenüber, und als sich abzeichnet, dass er bald eine zweite Universität aufsuchen wird, beschließt er, »wieder ein großes Haupt-Autodafé über meine Arbeiten zu verhängen«. Stücke, Expositionen, Gedichte, Briefe und andere Papiere »wurden dem Feuer übergeben«, und nur das Manuskript »Die Laune des Verliebten« in der Handschrift von Behrisch und »Die Mitschuldigen« werden verschont.

Der Vater wird in dieser Zeit als ungeduldig geschildert, kann es angeblich kaum abwarten, dass der Sohn erneut auf die Universität geht, muss sich von dem altklugen Sohn aber auch so einiges anhören; so hat Wolfgang nichts Besseres zu tun, als jetzt plötzlich die (aus Leipziger Sicht) schnörkelhaften Spiegelrahmen im Hause zu kritisieren, dazu chinesische Tapeten und besonders Vater Goethes Prachttreppe, die man nach Wolfgangs Meinung nach Leipziger Art an die Seite verlegen könne, um für jedes Stockwerk eine abgeschlossene Tür zu erhalten. Vater Goethe soll auf dieses Ansinnen zornig reagiert haben!

Aber der junge Mann, der in den Leipziger Jahren jeweils fast die Hälfte des väterlichen Zinseinkommens verbraucht hat, zeigt auch Einsichten: »Ich fügte mich daher ohne Widerstreben, nachdem ich so manchen guten Vorsatz vereitelt, so manche redliche Hoffnung verschwinden sehn, in die Absicht meines Vaters, mich nach Straßburg zu schicken, wo man mir ein heiteres lustiges Leben versprach, indessen ich meine Studien weiter fortsetzen und am Ende promovieren sollte.«

III. Der junge Mann
Jurist und Dichter
(1770–1775)

33. Mit neuen Kräften auf nach Straßburg

»Frankfurt binn ich nun endlich satt ...«

Mit der Diligence, der neuartigen und vergleichsweise bequemen Reisekutsche, geht es auf nach Straßburg; die Route führt über Oppenheim, Worms, Bobenheim, Speyer, Germersheim, Rheinzabern, Bienwald, Lauterburg, Selz, Beinheim, Sessenheim, Drusenheim, Wanzenau und Ruprechtsau – Freund Horn begleitet ihn ein Stück des Wegs bis nach Mainz. Der junge Herr Goethe ist wieder leidlich gesund; Frankfurt hat er nun satt, und trotz aller Zuwendung, der Gespräche und vieler kleiner Aufmerksamkeiten hat er sich möglicherweise doch ein wenig gelangweilt; jetzt aber ist er zu einem neuen Aufbruch und zu neuen Taten bereit.

Anfang des Jahres 1770 schreibt er an Käthchen Schönkopf, dass er seine Gesundheit, »noch mehr aber meinen jugendlichen Mut wieder hergestellt« fühle, er sehne sich abermals aus dem väterlichen Hause. Allerdings räumt er ein, dass es diesmal andere Gründe waren als beim Aufbruch nach Leipzig, denn »diese hübschen Zimmer und Räume, wo ich so viel gelitten hatte«, waren ihm nun »unerfreulich geworden«. Mit dem Vater, klagt er, »konnte ich kein angenehmes Verhältnis anknüpfen«, er konnte ihm nicht verzeihen, »daß er bei den Rezidiven (Rückfällen) meiner Krankheit und bei dem langsamen Genesen (...) sich oft auf eine grausame Weise geäußert« hatte. Dann folgt ein Satz, den man kommentarlos hervorheben möchte: »Aber auch er ward auf mancherlei Weise durch mich verletzt und beleidigt.«

Kaum ist er (Anfang April) in Straßburg angekommen, steigt er im Wirtshaus »Zum Geist« ab und kann es kaum erwarten, das Straßburger Münster zu sehen. Durch eine schmale Gasse nähert er sich dem Münster und hat zunächst »einen Eindruck ganz eigner Art, den ich aber (...) nur dunkel mit mir nahm«.

Nach anfänglichen Irritationen faszinierte ihn der Anblick immer mehr: »Ein ganzer, großer Eindruck füllte meine Seele, den, weil er aus tausend harmonierenden Einzelnheiten bestand, ich wohl schmecken und genießen, keineswegs aber erkennen und erklären konnte.« (Von Deutscher Baukunst, HA, 12, S. 11)

Natürlich steigt er auch auf den Münsterturm, »um nicht den schönen Augenblick einer hohen und heitern Sonne zu versäumen (...) Und so sah ich denn von der Plattform die schöne Gegend vor mir, (...) die ansehnliche Stadt (Straßburg hatte damals etwa 43 000 Einwohner), die weitumherliegenden, mit herrlichen dichten Bäumen besetzten und durchflochtenen Auen, diesen auffallenden Reichtum der Vegetation, der dem Laufe des Rheins folgend, die Ufer, Inseln und Werder bezeichnet«.

Wer einmal dort gewesen ist, kann den schönen Anblick bestätigen. Johann Wolfgang Goethe steigt hinunter, und beeindruckt und ein wenig benommen bleibt er »noch eine Zeitlang vor dem Angesicht des ehrwürdigen Gebäudes« stehen. Noch sehr oft wird er zurückkehren und sich ausführlich mit dem grandiosen Bauwerk auseinandersetzen.

Bei dem Pelzhändler Schlag findet er sein Quartier, dessen Haus an der Sommerseite des Alten Fischmarkts gelegen war; es muss eine schöne Straße gewesen sein, wohl schon um 1100 angelegt, hier hatten die Fischer und Metzger ihre Häuser.

Eine sehr angenehme und unterhaltsame Tischgesellschaft findet er bei den Jungfern Lauth, die ihre Pension in der Knoblochgasse, Ecke Schiffgässchen, hatten; etwa zehn Personen findet der junge Student vor, »mehr oder weniger feine, gesetzte ernsthafte Leute«. Nicht alle waren Studenten, und man hatte sogleich einen »Präsidenten« auserkoren, es war Doktor Johann Daniel Salzmann, damals Ende vierzig, der Aktuar beim »Pupillen-Collegium«, dem Vormundschaftsgericht, war. Salzmann war ein vermögender Junggeselle – »in seinem Äußeren hielt er sich knapp und nett« – und führte ständig Hut und Regenschirm mit sich.

Wolfgang Goethe findet bald heraus, dass Salzmann bestens informiert ist; es gehört zu den Besonderheiten von Goethes Leben, dass er sehr oft die (für ihn) richtigen und wichtigen Personen zur richtigen Zeit findet. Selbst Eckermann ist noch ein spätes Beispiel dafür. Er befragt Salzmann über die »Kollegia«, die er hören will, und berichtet ihm von seiner Absicht, möglichst bald zu promovieren. Salzmanns Verstand, »seine Nachgiebigkeit, seine Würde (...) machten ihn der ganzen Gesellschaft lieb und wert«. Der junge Goethe schließt sich ihm an, und auch Salzmann schien »nicht weniger geneigt, sich mit mir zu unterhalten, weil er mich mannigfaltiger gebildet fand als die übrigen und nicht so einseitig im Urteil«.

Die meisten der anderen Tischgenossen waren Mediziner, auch Friedrich Leopold Weyland, mit dem er sich anfreundet und gelegentlich Ausflüge unternimmt. Wieder hört er fast immer nur medizinische Gespräche wie damals in der Pension des Hofrats Ludwig in Leipzig.

Leipzig hat er nicht vergessen, der Studiosus in Straßburg, auch nicht seinen schon beinahe erblindeten Stubennachbarn Limprecht, dem er Geld schickt, und es ehrt ihn, dass er zeit seines Lebens hilft, ohne ein Aufsehen davon zu machen.

Auch der gleichaltrige Theologiestudent Franz Christian Lerse gehört zur Tischgesellschaft, ein rechtschaffener, mäßiger und genauer junger Mann. Neidlos muss Goethe anerkennen, dass er der sauberste von allen war, seine Umgebung »reinlich« hielt, aber durchaus nichts Steifes an sich hatte. Er sprach zwar »treuherzig, bestimmt und trocken lebhaft«, konnte aber auch ironische Scherze machen. Heitere blaue Augen hatte er, Pockennarben im Gesicht, war schlank und außerdem ein guter Fechter; Goethe empfand ihn als liebenswürdig und hat später seiner Freundschaft mit Lerse ein »Denkmal« im »Götz von Berlichingen« gesetzt – es ist Franz Lerse, die wackere Figur, die, wie er sagt, »sich auf so eine würdige Art zu subordinieren weiß«. (DuW, II, 9)

Die humoristische Trockenheit Lerses gefiel Goethe, obwohl er sich in den ersten Wochen der Straßburger Zeit in einem labilen psychosomatischen Gesundheitszustand befand, eine gewisse Reizbarkeit war ihm geblieben, und unter anderem war er sehr lärmempfindlich: »Ein starker Schall war mir zuwider, krankhafte Gegenstände erregten mir Ekel und Abscheu.« Außerdem beängstigt ihn ein Schwindel, eine Höhenangst, die ihn jedes Mal befiel, »wenn ich von einer Höhe herunter blickte«.

Tapfer versucht er, sich selbst zu therapieren, läuft abends beim Zapfenstreich neben den dröhnenden Trommeln einher, und um die Höhenangst zu überwinden, steigt er allein auf den Münsterturm und saß lange »in dem sogenannten Hals, unter dem Knopf oder der Krone (...)«, ging dann hinaus auf eine winzige Plattform (»kaum eine Elle ins Gevierte«), konnte sich kaum irgendwo festhalten und wiederholte das so oft, dass er tatsächlich seine Höhenangst nach und nach überwand.

Vielleicht erzählt er auch beim Mittagstisch davon, freimütig und offen ist er besonders zu Salzmann. Der vermittelt ihm bald darauf einen Repetitor, der großes Vertrauen genoss, und Student Goethe fängt an, »mit ihm zur Einleitung über Gegenstände der Rechtswissenschaft zu sprechen«, und er, der Repetitor, »wunderte sich nicht wenig über mein Schwadronieren«.

Der Repetitor macht ihm klar, dass er sein Ziel im Auge behalten müsse, nämlich sich examinieren zu lassen und zu promovieren. Am Mittagstisch also medizinische Gespräche, erste Arbeit mit dem Repetitor und gelegentliche

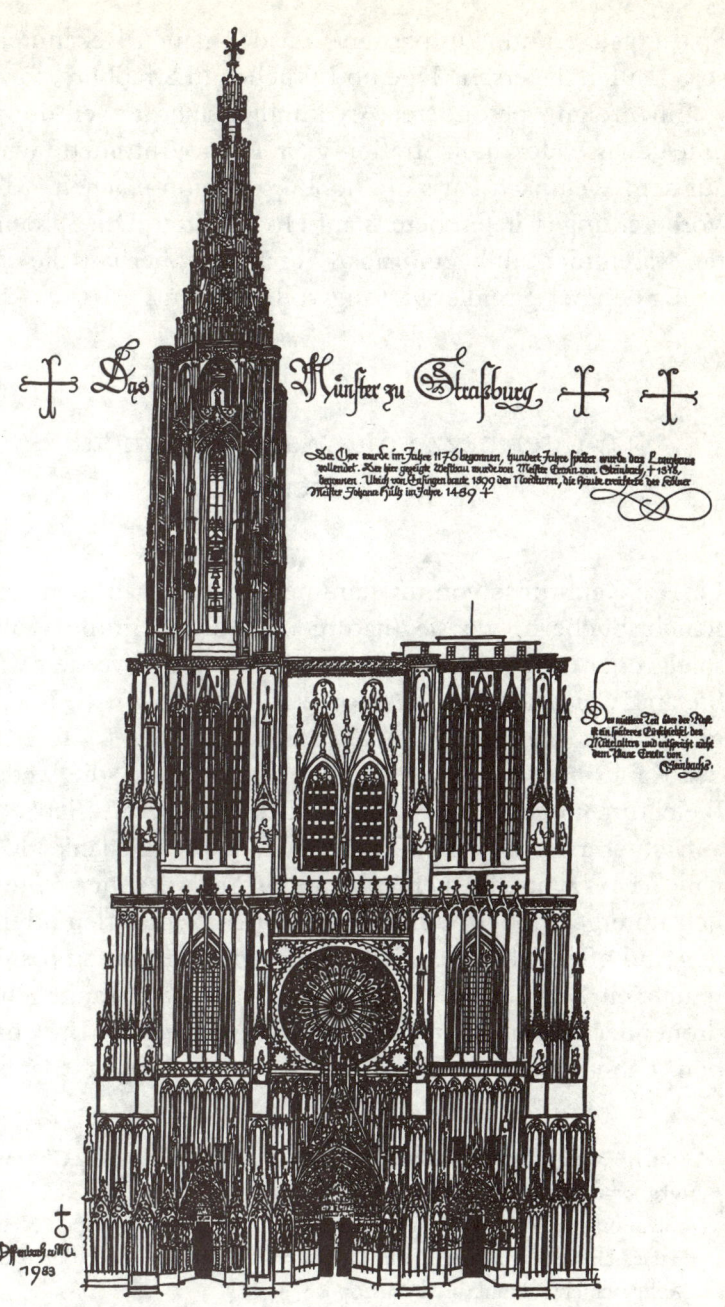

Spaziergänge und »Lustpartien« mit den neuen Bekannten, so verlaufen die ersten Tage und Wochen in Straßburg.

Ein Ereignis besonderer Art kündigt sich derweil durch eine gewisse Hektik in Straßburg an: Marie Antoinette wird auf dem Weg nach Paris in Straßburg Station machen – die Vorbereitungen liefen bereits auf Hochtouren. Die Studenten waren nicht unbeeindruckt, zumindest aber fast alle ein wenig neugierig und erwartungsvoll gestimmt.

34. Intermezzo mit Marie Antoinette »L'Autrichienne«

Unsere Kenntnisse von ihr stammen vielleicht aus den Geschichtsbüchern, wo sie (naturgemäß) keine große Rolle spielt, oder die gewonnenen Ansichten wurden vertieft von Stefan Zweig*, der Marie Antoinette (1755–1793), die Königin von Frankreich, verheiratet mit Ludwig XVI., Tochter der Kaiserin Maria Theresia, eine Frau nennt, »die weder Reichtum noch Macht, noch Glück erträgt, die sich erst aufrichtet im Unglück«. Oder man kennt den gedankenlos-naiv-frivol-zynisch dahergeplapperten Satz, der ihr vermutlich untergeschoben wurde, weil er bei allen Verleumdungen und offensichtlichen Schwächen so gut zu ihr zu passen schien, ein Satz nach der Missernte des Jahres 1789 angesichts drohender Hungersnot geäußert: »Wenn sie kein Brot haben, dann sollen sie doch Kuchen essen!«** Es ist erlaubt,

---

* Stefan Zweig, **Marie Antoinette, Bildnis eines mittleren Charakters,** Frankfurt a. M. 1980 (1932)
** S'ils n'ont pas de pain, qu'ils mangent de la brioche. Vgl. auch Helge Hesse, Hier stehe ich, ich kann nicht anders, in 80 Sätzen durch die Weltgeschichte, Frankfurt a. M. 2006, S. 178 f.

den Satz anzuzweifeln, denn so töricht und naiv war sie nun auch wieder nicht.

Zu ihrem schlechten Leumund kommt jedoch die Halsbandaffäre hinzu, an der sie nach allem, was wir wissen, wirklich unschuldig war, aber es passte eben alles in das verleumderische Bild, und noch zwei, drei Jahre nach diesem Prozess, schreibt Stefan Zweig, ist »Marie Antoinette bereits unrettbar als die laszivste, verworfenste, hinterhältigste, tyrannischste Frau in ganz Frankreich berüchtigt«, ihr traute man letzten Endes alles zu, den oben erwähnten Satz allemal.

Neues »Licht« aber verdanke ich Benedetta Craveris Buch »Königinnen und Mätressen« (München, Hanser, 2008), und diese Erhellung beginnt schon damit, dass ich mir (trotz leidlicher Französischkenntnisse) nie überlegt hatte, dass der Spitzname, mit dem die Töchter Ludwigs XV. sie, die Österreicherin bedachten, nämlich »l'Autrichienne«, eben nicht nur die Österreicherin, sondern auch (wenn man es phonetisch so anlegt), »die andere Hündin« bedeutet. Dabei bleibt es natürlich nicht; Benedetta Craveri berichtet vom Hass auf Habsburg und auch von der bekannten Absicht Maria Theresias, ihre Tochter den österreichischen Interessen zu verpflichten. Das führte dazu, dass sie gelegentlich als »Spionin« angesehen wurde.

Als Kind soll sie bezaubernd gewesen sein, jedoch auch bildungsresistent, faul und undiszipliniert, außerdem dürfte sie an dem heute allseits bekannten ADS-Syndrom gelitten haben: Konzentration schwierig bis unmöglich. Dazu ein schüchterner, unsicherer und pubertierender Ehemann, der bei der Heirat fünfzehneinhalb Jahre alt war.

Als Marie Antoinette am 30. Mai 1770 in Paris das Feuerwerk anlässlich der Hochzeitsfeierlichkeiten genießen wollte, wurde das zum Fiasko, »mindestens fünfunddreißig Menschen starben, von der Masse niedergetrampelt. Das Unglück erschien vielen als ein Zeichen kommenden Unheils, und es war nicht das einzige«. (Benedetta Craveri) Auf der Reise zur

Hochzeit war es, dass sie in Straßburg Station machte, und der junge Student Goethe konnte dort die Vorbereitungen für die Ankunft der zukünftigen Königin verfolgen. Die Obrigkeit hatte verfügt, dass während der Durchreise Marie Antoinettes, die ja noch Maria Antonia hieß, keinerlei Krüppel, missgestaltete Personen und Kranke zu sehen sein dürften; Goethe verfasste eiligst ein kleines Gedicht darüber (in französischer Sprache); es hat sich leider nicht erhalten.

Die Delegation des französischen Königshauses war ihr bis an die Landesgrenze entgegengekommen, und man hatte eigens ein Gebäude errichtet zu ihrem Empfang.

Es stand auf »einer Rheininsel zwischen den beiden Brücken«, und Goethe erzählt von einem großen Saal und kleineren an den Seiten. Es muss eine Art stabiler Pavillon gewesen sein, denn »es hätte dauerhafter gebaut, gar wohl für ein Lusthaus hoher Personen gelten können«. (DuW II, 9)

Das Interesse Johann Wolfgangs war geweckt; für eine kleine Silbermünze (Büsel) verschafft er sich mehrmals Eintritt zu diesem Pavillon und bewundert die »gewirkten Tapeten, mit denen man das Ganze inwendig ausgeschlagen hatte«. Er sieht auch Teppiche nach Motiven von Raffael gearbeitet und ist ganz fasziniert: »Ich ging und kam und ging, und konnte mich nicht satt sehen …«

Die Nebensäle fand er »höchst erfreulich« und »erquicklich«, »desto schrecklicher aber den Hauptsaal. Diesen hatte man mit viel größern, glänzendern, reichern und von gedrängten Zieraten umgebenen Hautelissen (Gobelins) behängt, die nach Gemälden neuerer Franzosen gewirkt waren«.

Bei eingehender Betrachtung aber empört sich der junge Mann immer mehr: »Diese Bilder enthielten die Geschichte von Iason, Medea und Kreusa*, und also ein Beispiel der

---

* Iason, Medea und Kreusa: »Iason unternahm den Zug der Argonauten und musste, um das Goldene Vlies zu erwerben, zwei flammenatmende, dem Vulkan geweihte Stiere an einen Pflug spannen und mit ihnen

unglücklichsten Heirat. Zur Linken des Throns sah man die mit dem grausamsten Tode ringende Braut, umgeben von jammervollen Teilnehmenden; zur Rechten entsetzte sich der Vater über die ermordeten Kinder zu seinen Füßen; während die Furie auf dem Drachenwagen in die Luft zog.« Ein eigenartiger Geschmack für einen Begrüßungspavillon; Goethe muss sich nach vielen Jahren noch lebhaft daran erinnert haben: »Und damit ja dem Grausamen und Abscheulichen nicht auch ein Abgeschmacktes fehle, so ringelte sich, hinter dem roten Samt des goldgestickten Thronrückens, rechter Hand der weiße Schweif jenes Zauberstiers hervor, inzwischen die feuerspeiende Bestie selbst und der sie bekämpfende Iason von jener kostbaren Draperie gänzlich bedeckt waren.«

Der junge Mann denkt an Leipzig und besonders an Oeser zurück, dieser »Mißgriff« bringt ihn ganz aus der Fassung – es sei ein Verbrechen gegen Geschmack und Gefühl, ruft er seinen Begleitern zu, und weiter, ohne sich um andere Besucher zu kümmern: »... ist es erlaubt, einer jungen Königin das Beispiel der gräßlichsten Hochzeit, die vielleicht jemals vollzogen worden, bei dem ersten Schritt in ihr Land so unbesonnen vors Auge zu bringen!?«

Er war lauter geworden, die Freunde und Begleiter rücken heran, ein Ist-ja-schon-gut-Goethe! auf den Lippen, schon gut, schon gut!

Doch er verschafft sich Luft, stößt sie beiseite, nicht ohne

pflügen. Medea half ihm durch Zauber, und deswegen gelang es ihm, die wutschnaubenden Stiere zu bändigen. Medea folgte ihm auf seine abenteuerliche Fahrt und dann nach Korinth. Hier wollte Iason Medea verstoßen und Kreusa heiraten. Medea schickte Kreusa ein Hochzeitskleid; als diese es anlegte, ging es in Flammen auf, und sie starb einen qualvollen Tod. Medea ging in ihrer Rachewut noch weiter; sie ermordete die beiden Kinder, die sie Iason geboren hatte, und als Iason entsetzt die Leichen erblickte, fuhr sie in ihrem mit Drachen bespannten Zauberwagen durch die Luft nach Athen zu König Ägeus.« (DuW, HA, Bd. 9, S. 768 f.)

Sinn für Dramatik und Theatralik ruft er aus in die wachsende Gafferrunde: »Gibt es denn unter den französischen Architekten, Dekorateuren, Tapezierern gar keinen Menschen, der begreift, daß Bilder etwas vorstellen, daß Bilder auf Sinn und Gefühl wirken, daß sie Eindrücke machen, daß sie Ahndungen erregen!« Und weiter, nach einer Atempause, nach einem Blick in die Runde: »Ist es doch nicht anders, als hätte man dieser schönen und, wie man hört, lebenslustigen Dame das abscheulichste Gespenst bis an die Grenze entgegengeschickt.«

Seine Kommilitonen versuchen wieder, ihn zu beruhigen, »damit es nicht Verdruß setzen möchte«, aber er hat ja recht, er hat ja recht. Es sei eben nicht jedermanns Sache, sagen sie beschwichtigend, Bedeutung in Bildern zu suchen!

Aber der junge Dichter ist einfach empört über eine solche Gedanken- und Geschmacklosigkeit, und er kann sich kaum beruhigen.

Als sie dann schließlich kommt, die zukünftige Königin, ist er natürlich dabei: »Der schönen und vornehmen, so heitren als imposanten Miene dieser jungen Dame erinnere ich mich noch recht wohl«, schreibt er später. »Sie schien in ihrem Glaswagen, uns allen vollkommen sichtbar, mit ihren Begleiterinnen in vertraulicher Unterhaltung über die Menge, die ihrem Zug entgegenströmte, zu scherzen.«

Alle Gebäude Straßburgs sind illuminiert ob des großen Ereignisses, die Studenten ziehen durch die Stadt, betrachten das rege Treiben und die Gebäude, die staunenden Menschen, sehen aber auch mit besonderer Faszination »den brennenden Gipfel des Münsters ... an dem wir sowohl in der Nähe als in der Ferne, unsere Augen nicht genugsam weiden konnten«.

Aber kurz darauf war sie dann gekommen, die erwähnte Schreckensnachricht aus der Hauptstadt, nach der kaum verarbeiteten glücklichen Ankunft, nach der Station im festlich-grässlichen Rheinpavillon: »... bei dem festlichen Feuerwerk (in Paris) sei durch ein Polizeiversehen, in einer von Baumaterialien versperrten Straße eine Unzahl Menschen mit Pferden und Wagen zu Grunde gegangen, und die Stadt bei diesen Hochzeitfeierlichkeiten in Trauer und Leid versetzt worden.«

Kein Wunder, dass dem jungen Studenten Goethe bei dieser Nachricht aus Paris die unheilvollen Bilder im Begrüßungspavillon auf der Rheininsel wieder einfielen. Es war, als habe er ein Unheil im Zusammenhang mit dieser Hochzeit in Versailles oder Paris vorausgeahnt.

Eine kleine (makabre) Posse bleibt nachzutragen, durch die der angehende Jurist Angehörige und Freunde in Schrecken versetzte:

Schon in Leipzig hatten sich seine Freunde und er angewöhnt, »... einander etwas aufzubinden und wechselweise zu mystifizieren«, ein gewisser »Kitzel« sei dadurch entstanden. In einem solchen »frevelhaften Mutwillen«, schreibt er nun nach den obigen Ereignissen an den Freund Horn in Frankfurt und gibt eine Teilnahme an den Feierlichkeiten vor, gebietet ihm aber strengstes Stillschweigen, fingiert den Brief, als sei er in Versailles geschrieben, begibt sich dann auf eine kleine (vierzehntägige) Reise und ist nicht erreichbar.

Die Nachricht von dem Unglück in Paris war inzwischen natürlich auch nach Frankfurt gelangt, und Freund Horn muss annehmen, dass auch Johann Wolfgang Goethe davon betroffen war; vielleicht war er sogar unter den Toten! Johann Adam Horn erkundigt sich voller Unruhe bei Goethes Eltern, ob Briefe gekommen seien, macht sich Sorgen um den Freund und spricht zuletzt doch mit einigen Freunden darüber.

Aber dann taucht er auch schon wieder auf, der Studiosus, und ist seinerseits erleichtert, dass diese fingierte Nachricht nicht *vor* einem Brief aus Straßburg zu den Eltern gelangt war.

Auch die Freunde waren erleichtert, Johann Wolfgang

Goethe lebendig zu wissen, »blieben aber völlig überzeugt«, dass er »in der Zwischenzeit in Paris gewesen« sei. Der Urheber dieses eigentlich üblen Scherzes ist gerührt ob der Sorgen, die man sich seinetwegen gemacht hat, schwört aber, fortan solche Possen zu unterlassen, was ihm aber wohl nicht immer glückte.

Das wirkliche Leben, sagt er, verliere eben oft »dergestalt seinen Glanz, dass man es manchmal mit dem Firnis der Fiktion wieder auffrischen muß«.

Was soll man dazu noch sagen!?

35. Wie eine Wetterfahne im Wind ...

»Seele, du schweifende, zärtliche ...«

Durch die medizinischen Gespräche der Tischgesellschaft angeregt und um seinen Ekel zu überwinden, geht er in Kurse der Anatomie, schaut beim Sezieren zu, belegt Geburtshilfe und besonders auch Chemie, die sei noch immer seine »heimlich Geliebte«, schreibt er an die Klettenberg, aber auch die Jurisprudenz fange an, ihm »sehr zu gefallen«.

Nachts geht er auf Friedhöfe und sucht bewusst einsame Orte auf, um schaurige Gefühle und Angst zu überwinden. Er will sich von aller Apprehension gegen ihm widerwärtige Dinge befreien, ein kühnes Selbsthilfeprogramm. Sein Körper sei wieder einigermaßen gesund, »um eine mässige, und nötige Arbeit zu tragen«, doch er habe auch erkennen müssen – »dass ich weder an Leib noch an Seele ein Riese binn«. (HFL, II, 13)

Mit einer Wetterfahne vergleicht er sich in dieser Zeit, und seine Seele sei wie ein »Wetter Hähngen drüben auf dem Kirchturm«; in diesem Zusammenhang schneidet er kurz Hadrians berühmtes Gedicht an, zwei Wörter nur –

animula, vagula – wirft er hin, wir können getrost annehmen, dass auch Adressat Salzmann das Gedicht kannte, vielleicht hatten sie bei Tisch darüber gesprochen: »Animula, vagula, blandula. Hospes comesque corporis ...« – »Seele, du schweifende, zärtliche / Leibes Gefährtin und Gast ...« Wenn er dieses reizvolle Gedicht bewusst angetippt hat (an Salzmann, HFL, II, 21) und nicht nur aus einer Laune heraus, zeigt es eigentlich ganz gut seine Seelenlage. Er, der in der Phase der akuten Krankheit oft von sich als Totem gesprochen, die entsprechenden Grabmetaphern gebraucht hatte, empfindet sich zwar jetzt noch nicht als stabil (Wetterfahne!), aber die Seele schweift wieder; wenn er allerdings das Ende des Gedichtes bedachte, führte es auch wieder hinab ins »düstere Reich«, vermittelte Todessehnsucht – aber dahin will er nicht, er ist zufrieden, dass man nun endlich »ein freyeres Umherblicken und Aufathmen des jungen Menschen gewahr wird«.

Allerdings muss er im Nachhinein in diesem viel später geschriebenen Brief (an Marianne von Willemer) einräumen: »Freylich ist, bey heiterem innern Trieb und einem löblich geselligen Freysinn, noch keine Spur von woher? und wohin? von woaus? woein? deshalb auch einem solchen Wesen gar wundersame Prüfungen bevorstanden.«[1]

Der alte Dichter Goethe beim Betrachten alter Briefe; die Stelle zeigt deutlich, wie sehr ihm die Straßburger Zeit auch im Alter noch präsent ist; an Leib und Seele noch nicht gesund, in einem Schwebezustand habe er sich befunden. Der Zustand seines Herzens, schreibt er in dieser Zeit an den Vaterersatz Salzmann, sei »sonderbar« und »meine Gesundheit schwanckt wie gewöhnlich durch die Welt«, die allerdings sei »so schön (...) als ich sie lang nicht gesehen habe«.

Von Liebesdingen wird später die Rede sein, auch von seinem »geliebten« Sesenheim. Seine Zeit in Straßburg wird zunächst durch ein Zusammentreffen, durch eine besondere Begegnung außerordentlich geprägt: Johann Gottfried

Herder, der bedeutende Schriftsteller, Sprachforscher, Philosoph und Theologe, dem schon ein gewisser Ruf voraneilte, hieß es, würde nach Straßburg kommen!

36. Er fragte nach meinem Namen ... Goethe trifft Herder in Straßburg

Wir können den »Ertrag« nicht hoch genug veranschlagen, den »Gewinn« nur unzulänglich messen, den der junge Goethe aus seiner Begegnung mit Herder zog. Es ist gleichsam so, als würde sein bisheriges Weltbild ins Wanken geraten. Er selbst spricht von seiner »Selbstgefälligkeit«, seiner »Bespiegelungslust«, seiner Eitelkeit, seinem Stolz und Hochmut, Eigenschaften und Verhaltensweisen, die nun »einer sehr harten Prüfung« unterzogen wurden.

Der junge Student in Straßburg erkennt sehr schnell, wen er in Herder vor sich hat, spricht von der Begegnung in Superlativen, denn »das bedeutendste Ereignis, was die wichtigsten Folgen für mich haben sollte, war die Bekanntschaft und die daran sich knüpfende nähere Verbindung mit Herder«.

Goethes Tischgesellschaft hatte davon erfahren, dass Herder in Straßburg war, und man »trug ein großes Verlangen sich ihm zu nähern ...«

Dem jungen Goethe aber »begegnete dieses Glück zuerst ganz unvermutet und zufällig«, wie er schreibt. In den Gasthof »Zum Geist« war er gegangen, wie hätte man den Namen besser erfinden können, und er begegnete schon unten an der Treppe einem Mann, »der eben auch hinaufzusteigen im Begriff war, und den ich für einen Geistlichen halten konnte«.

Augenmensch Goethe macht sich zunächst sein eigenes

Bild von dem noch Unbekannten: »Sein gepudertes Haar war in eine runde Locke aufgesteckt, das schwarze Kleid bezeichnete ihn gleichfalls, mehr noch aber ein langer, schwarzer, seidener Mantel, dessen Ende er zusammengenommen und in die Tasche gesteckt hatte.« Auffallend, galant und gefällig kommt er dem jungen Studenten vor, beide stehen noch an der Treppe; Goethe spricht ihn an, und Herder fragt nach seinem Namen. Goethes Zutraulichkeit und Offenheit scheinen ihm gefallen zu haben, dem charakterlich Schwierigen; freundlich ist er, sogar mitteilsam.

Goethe nimmt Herders Physiognomie in sich auf, beschreibt ihn so, als wolle er ihn für sich selbst porträtieren: »Er hatte ein rundes Gesicht, eine bedeutende Stirn, eine etwas stumpfe Nase, einen etwas aufgeworfenen, aber höchst individuell angenehmen, liebenswürdigen Mund. Unter schwarzen Augenbrauen ein paar kohlschwarze Augen, die ihre Wirkung nicht verfehlten, obgleich das eine rot und entzündet zu sein pflegte.« Letzteres war der Grund für Herders Aufenthalt in Straßburg; eine Augenfistel, an der er litt, sollte von Professor Lobstein operiert werden.

Johann Gottfried Herder.
Gemälde von
Johann Ludwig Strecker, 1775

Der Student Goethe ist in den kommenden Tagen sehr oft bei Herder und hat die einzelnen Operationsschritte verfolgen können: Einschnitt in das Tränensäckchen, der Nasenknochen musste durchbohrt werden, mehr als zwanzig Schnitte musste der Patient über sich ergehen lassen und an die zweihundert sogenannte »Sondierungen«, zu denen man Pferdehaare benutzte, um einen künstlichen Tränenkanal zu schaffen.

Professor Lobstein wurde unterstützt von Daniel Pegelow, einem russischen Militärarzt; er war ein Bekannter Herders und hoffte, sich in Straßburg in der Chirurgie weiter ausbilden zu können. Herder erträgt die Schnitte und Anwendungen mit Fassung, Student Goethe ist da, hört zu, denn Herder ist auch als Patient allzeit Pädagoge.

Herder, der Lehrer, Prediger, Schriftsteller und Sprachforscher, verstand sich als Lehrer der Menschheit, als Volkserzieher, das Wort von der »Demopädie« stammte von ihm selbst. Ein Wort wolle er pflanzen, das menschliche Seelen glücklicher machen könne.

Herder, beeinflusst von den Ideen Rousseaus, geprägt durch seinen verehrten Lehrer Kant, und dankbar verbunden seinem älteren Freund Johann Georg Hamann* suchte und fand seinen eigenen Weg. Bei Hamann hatte er auch Englisch gelernt, man hatte sich mit Shakespeare beschäftigt, Herder zitierte aus dem Hamlet; der überaus gebildete, nur fünf Jahre ältere Patient konnte dem jungen Goethe sein Wissen vermitteln.

Goethe erkennt sofort die Überlegenheit des Mentors, seine Aktivitäten, seinen universellen Anspruch, die brodelnden Ideen und Vorhaben. Schon im »Journal meiner Reise im Jahre 1769« hatte Herder seine Ansprüche deutlich gemacht, aber auch seine Unzufriedenheit über seinen Sta-

---

* Johann Georg Hamann (1730–1788), philosophischer Schriftsteller, ein Wegbereiter des »Sturm und Drang«

tus als »Gesellschafter«, als »Schullehrer« geäußert, und als Bürger gefiel er sich auch nicht. Die Ausführungen gipfeln in dem Ausspruch: »Alles also war mir zuwider.«

Reisen, reisen wollte er, nur weg aus Riga, wo der Lehrer, Prediger und Schriftsteller sich zumindest eine Zeit lang ganz wohlgefühlt hatte; ein Sponsor ließ sich finden. Neue Ideen, neue Eindrücke – alles ist diesem unruhigen Geist zu eng. »Gott!«, seufzt er, »was verliert man in gewissen Jahren, die man nie wieder zurückhaben kann.« Wortreich rechnet er mit seinem bisherigen Leben, mit sich selbst ab. Von der Reise mag er dem jungen Goethe erzählt haben, auf dem Schiff, »das zwischen Himmel und Meer schwebt«, wuchsen seinen Gedanken neue Flügel, beruhigten sich langsam Selbstzweifel und Überdruss. »Wasser ist eine schwerere Luft«, philosophiert er, »Wellen und Ströme sind seine Winde, die Fische seine Bewohner, der Wassergrund ist eine neue Erde!«

Seine Gedanken auf dieser Reise, die der junge Goethe später gelesen hat, sind wahrhaft universell, über Schiffahrt, Kräuter, Karten und Getier macht er sich Gedanken und fragt sich, »welche große Aussicht auf die Natur der Menschen und Seegeschöpfe und Klimaten« bestehe, »um sie und eins aus dem andern und die Geschichte der Weltszene zu erklären«.

Über den Ursprung des Menschengeschlechts denkt er nach: »Ist Norden oder Süden, Morgen oder Abend die Vagina hominum gewesen« – wo ist der Ursprung der Erfindungen, der Künste, der Religionen zu suchen?

Dann die Sprache und immer wieder die Sprache, die er bald darauf in seinem großen Essay »Abhandlung über den Ursprung der Sprache« ausführlich untersucht und darstellt; die Abhandlung, anonym eingesandt, erhält 1770 den Preis der Königlichen Akademie der Wissenschaften.

Dem jungen Studenten Goethe hat er davon in Straßburg erzählt, hat manches vermittelt, Anregungen gegeben, dieser hat jedoch auch einige Zugeständnisse hinsichtlich des schwierigen und sprunghaften Charakters seines neuen Mentors zu machen.

Johann Gottfried Herder macht es sich und anderen nicht leicht. Einiges muss Goethe sogar direkt vor ihm verbergen, seine Projekte, den »Götz von Berlichingen« etwa oder besonders den »Faust« – aber auch beispielsweise seine Vorliebe für die »mystisch-kabbalistische Chemie«, das hätte alles nur Herders beißenden Spott angeregt.

Stattdessen lernt er Poesie von einer ganz anderen Seite kennen, Herder ermuntert ihn, Volkspoesie im Elsass zu suchen, spricht über hebräische Dichtkunst und schwärmt von der »Welt- und Völkergabe« der Dichtung.

Wir können ihn dort sitzen sehen, im abgedunkelten Zimmer, während Herders Auge behandelt wird; der junge Student »verschlang das alles«, hört Herder dozieren über Homer, Pindar, die Bibel, auch etwa über Ossian, altnordische, altkeltische Dichtung. Übersetzungen fertigt er auf Herders Anregung an, Volkslieder wird er tatsächlich während seiner Zeit im Elsass sammeln. »Heidenröslein«, das volksliedhafte Gedicht, ist in Goethes Straßburger Zeit entstanden, Herder bot dazu die Vorlage, hatte ein altes Buch, das ein Gedicht mit ähnlichem Refrain enthielt. Goethes Version aber:

> Sah ein Knab' ein Röslein stehn,
> Röslein auf der Heiden,
> War so jung und morgenschön,
> Lief er schnell es nah zu sehn,
> Sah's mit vielen Freuden ...

wies auf den kommenden Dichter hin, der Verse mit einer Leichtigkeit schrieb, die Herder (als Dichter) nie erreichte.

Aber Mentor Herder ist ungeheuer wichtig in dieser Zeit; er macht ihn auch mit Hamanns Schriften bekannt und zitiert immer wieder Shakespeare. Aber auch Goldsmith und sein Roman »The Vicar of Wakefield« sind ihm vertraut. Er liest Goethe und Pegelow vor, wenn die Operateure ihn kurzfristig unbehelligt lassen; ernst und schlicht las er, ohne dabei aber monoton zu sein. Ein protestantischer Landgeistlicher, so Goethe in seinen Erinnerungen, sei vielleicht der schönste Gegenstand einer modernen Idylle – nebenbei sei er Vater, Hausherr, Landmann und damit vollkommen ein Glied der Gemeinde. Gutmütigkeit, Versöhnlichkeit und Standhaftigkeit und die Duldung eigener und fremder Fehler, all das finde man bei dem Landgeistlichen vereint.

Ungeduldig aber konnte er sein, der Vorleser Herder, wenn seine Hörer, der dicke Pegelow und der schmale Student Goethe, Wirkungen vermissen ließen, Goethe stattdessen in Gefühlen schwelgte, die sogleich vom Lehrmeister getadelt wurden. Einen großen Eindruck hat dieses Werk beim jungen Goethe hinterlassen, wobei er sich durch Herders Sticheleien und Spötteleien nicht beirren ließ.

Aber Herder war nun mal ein großer Spötter, ließ keine Gelegenheit aus; sein Humor war oft bitter, ja sogar »bissig« nach Goethes Urteil, der seinen widersprüchlichen Charakter vor allem seinem Leiden zuschreibt. Ein Spaßverderber konnte er zudem noch sein, Ovids »Metamorphosen«, klagt der junge Mann, habe er ihm ganz und gar verdorben. Herder, so sagt er, »konnte allerliebst einnehmend und geistreich sein, aber ebenso leicht eine verdrießliche Seite hervorkehren«.

Während seiner schmerzhaften Augenoperationen, Sondierungen und Behandlungen besucht Goethe ihn morgens und abends, mitunter verbringt er ganze Tage bei ihm.

Einen »gutmütigen Polterer« nennt er Herder einmal, den Spötter, der seine Mitmenschen durchaus schmerzlich verhöhnen konnte. Auch Wolfgang Goethe bekommt das immer wieder zu spüren: »Er konnte nicht ein Billett schreiben, um etwas auszuleihen beispielsweise, »(...) das nicht mit irgendeiner Verhöhnung gewürzt gewesen wäre«, Spott über den Namen »Goethe« nicht ausgeschlossen:

> Der von den Göttern du stammst, von Goten
> oder vom Kote,
> Goethe, sende sie mir.

»Es war freilich nicht fein, daß er sich mit meinem Namen diesen Spaß erlaubt«, schreibt Goethe in »Dichtung und Wahrheit«, aber er nimmt eben einiges hin, ordnet sich unter. Als er Herder mit Begeisterung von seinem Besuch in der Dresdner Galerie erzählt, vom Maler Domenico Feti etwa, der ihn sehr angesprochen habe, spottet und höhnt Herder erneut:

> Aus Sympathie
> Behagt mir besonders ein Meister,
> Domenico Feti heißt er.
> Der parodiert die biblische Parabel
> So hübsch zu einer Narrenfabel,
> Aus Sympathie. – Du närrische Parabel!

Angeblich verdrossen ihn diese Späße Herders nicht, aber das war ihm alles schon sehr »unbequem«, wie er sagt. Wie ein Buchhalter listet der Adept auf, unterscheidet »gerechten Tadel von ungerechten Invektiven« und wird zu manchem Kompromiss genötigt.

Herder hat zu diesem Zeitpunkt bereits seine spätere Frau Caroline Flachsland in Darmstadt kennengelernt, ihr schreibt er später, dass Goethe ein »würklich« guter Mensch sei, »... nur äußerst leicht und viel zu leicht und spatzenmäßig, worüber er meine ewigen Vorwürfe gehabt hat«.[1]

Herder strebt fort aus Straßburg; Anfang April 1771 verlässt er die Stadt nach der letztlich gescheiterten Augenoperation und allen schmerzhaften Sondierungen; auf der

Rückreise besucht er kurz Goethes Eltern in Frankfurt. Sein Aufenthalt in Straßburg, schreibt Goethe, sei »so kostbar als unangenehm gewesen«, und Herder hatte sich wegen der entstandenen Kosten nicht gescheut, von seinem bespöttelten Schüler Geld zu borgen. Goethe seinerseits hatte »eine Summe Geldes für ihn« geborgt, »die er auf einen bestimmten Termin zu erstatten versprach«. Der Termin verstrich, das Geld kam nicht, Student Goethe war seinem Gläubiger gegenüber in »Verlegenheit«.

Als dann aber endlich (verspätet) Brief und Geld von Herder ankamen, enthielt der Brief keinerlei Dank oder gar eine Entschuldigung; stattdessen hatte Herder Spott und Hohn in Knittelversen beigefügt.

Nur manchmal findet er Trost in Herders Briefen, öfter Ärgernis – einmal erhält er sogar eine gewaltige Abfuhr, eine Reinigung, wenn Herder schreibt, vieles sei bei ihm nur »gedacht«; das Schreiben nennt er dann in seiner Antwort zwar einen »Niesewurz Brief«, der aber »drey Jahre alle Tags Erfahrungen werth« sei. (DKV 99, S. 246) Auch nach solchen Leseerfahrungen braucht der Herder-Schüler nun dringend Abwechslung; überall sieht er fröhliche Menschen, sie lachen, tanzen, singen und trinken. Von einem Tanzmeister hat er gehört, und hier in Straßburg, schreibt er, »regte sich bald, mit der übrigen Lebenslust, die Taktfähigkeit meiner Glieder«. Zwei hübsche Töchter sollte der Tanzmeister auch noch haben – also, was sprach dagegen; schon in Frankfurt hatte er schließlich, unter der Anleitung des Vaters, die wichtigsten Schritte eingeübt. Seine Lebensgeister regten sich wieder, und neidvoll hatte er manchmal jungen Leuten beim Tanzen zugesehen. Der Tanzmeister nimmt ihn auch sofort freundlich auf, und die Töchter tanzen willig mit Johann Wolfgang nach des Vaters Geige.

Emilie heißt die jüngere und die wenig ältere Lucinde; der Student fühlt sich bald als Hahn im Korbe, man scherzt, man parliert, man poussiert. Johann Wolfgang aber, wie könnte es anders sein, stiftet auch Verwirrung unter den Schwestern; beide gefielen ihm, bekennt er ganz freimütig, die jüngere zieht er vor, die ältere bemüht sich besonders um ihn.

Es kommt zu Eifersüchteleien, dramatische Szenen im Hause des Tanzmeisters; Student Goethe muss schließlich seine Tanzübungen vorzeitig beenden und fluchtartig das Haus verlassen: »Ich flog die Treppe hinunter mit dem festen Vorsatze, das Haus nie wieder zu betreten.« (DuW II, 9)

37. »Auf Richtwegen, welche die Neigung schon andeuteten, nach dem geliebten Sesenheim.«*

Nach der intensiven Zeit in Herders Krankenstube ging es hinaus, wann immer die Studenten wollten; auf dem breiten Altan des Münsters saßen sie oft, »um mit gefüllten Römern die scheidende Sonne zu begrüßen«. Mit Fernrohren betrachtete man die Umgebung, und schon wurden Pläne für Ausflüge und kleine Reisen gemacht. Mit Freund Weyland und einem anderen Tischgenossen, dem Juristen Johann Konrad Engelbach, ging es dann los, sobald die Ferien es erlaubten.

Zu Pferde gelangten sie bis nach Zabern, betrachteten das bischöfliche Schloss; früh am nächsten Morgen bewunderten sie die berühmte »Zaberner Steige«: »Schlangenweis, über die fürchterlichsten Felsen aufgemauert, führt eine Chaussee, für drei Wagen neben einander breit genug, so leise bergauf, daß man es kaum empfindet.« Sie erreichen Pfalzburg, schauen die Festung an und sind erstaunt, dass

---

* eigentlich Sessenheim

(sonntags früh) schon getanzt wurde – »man walzte schon im Wirtshause nach Herzenslust«.

Zurück geht es nach Buchsweiler, »wo uns Freund Weyland eine gute Aufnahme vorbereitet hatte«.

Vom nahen Bastberg aus überblicken sie die nach Goethes Meinung völlig paradiesische Gegend. Unter allem, was man selbst von dem jungen Goethe schon lernen kann, ist immer wieder das bewusste Sehen, Betrachten, Anschauen zu nennen. Er liebt diesen »schaulustigen« Blick, und er schildert Einzelheiten, erkundigt sich nach dem Lauf von Bächen und Flüssen.

Nach Nordwesten geht es weiter; sie ziehen an Lützelstein vorbei und kommen in die Region von Saar und Mosel; schließlich erreichen sie Bockenheim und gelangen über Saargemünd nach Saarbrücken – »diese kleine Residenz war ein lichter Punkt in einem so felsig waldigen Lande«.

Sie hören von den Dudweiler Steinkohlegruben, von Eisen- und Alaunwerken, ja sogar von einem brennenden Berg (den sie später auch sehen; sie riechen sogar den schweflgen Brandgeruch), und sie besuchen eine Sensenschmiede und einen Drahtzug. In der Alaunhütte erkundigen sie sich nach Einzelheiten, nach Gewinnung und Reinigung dieses Materials. Weitere Stationen sind Zweibrücken und Bitsch, ein Städtchen auf Felsen gebaut und sogar in den Felsen gehauen. Durchs Bärental geht es weiter, und sie hören unterwegs mehrfach den Namen Johann von Dietrich, der Bergwerksbesitzer und Unternehmer war, den Grafen von Leiningen und anderen Teilbesitzern den Ort Niederbronn abgekauft und bedeutende Eisenwerke angelegt hatte.

Sie besteigen die Wasenburg, überschauen vom Turm aus beinahe das gesamte Elsass und sehen sogar die Spitze des Straßburger Münsters. Sie reiten durch Reichshofen, an Niedermodern vorbei; dann reitet Goethe allein weiter durch Hagenau zunächst und »auf Richtwegen, welche mir die Neigung schon andeutete, nach dem geliebten Sesenheim«.

Sesenheim also, die Idylle, der Landgeistliche, die Familie, die Töchter. Freund Weyland hatte ihm schon des Öfteren von einem Landgeistlichen erzählt, der in der Nähe von Drusenheim, sechs Stunden von Straßburg, seine Pfarrei hatte. Goethes Imagination war angeregt, und beim ersten Besuch musste Weyland ihm versprechen, weder »Gutes noch Böses« von seinem Begleiter zu sagen, und dieser, Wolfgang Goethe, hatte sich verkleidet, die Haare anders gekämmt, wollte inkognito ankommen. »Die schöne Chaussee, das herrlichste Wetter und die Nähe des Rheins gaben uns den besten Humor.«

In Sesenheim angekommen, ließen sie die Pferde bei einem Wirtshaus und gingen zum Pfarrhof. Sie fanden ein malerisches Anwesen, wie Goethe es aus der niederländischen Malerei kannte, aber »Haus und Scheune und Stall befanden sich in dem Zustande des Verfalls gerade auf dem Punkte, wo man unschlüssig, zwischen Erhalten und Neuaufrichten zweifelhaft, das eine unterläßt, ohne zu dem andern gelangen zu können«.

Pfarrhaus in Sesenheim. Rötelzeichnung von der Hand Goethes, 1770/1771

Stille, kein Mensch zu sehen. Schließlich fanden sie den Vater, Pfarrer Johann Jakob Brion, einen »in sich gekehrten aber doch freundlichen Mann«, allein vor, die Familie, hieß es, sei auf dem Felde. Weyland eilte sogleich, die »Frauenzimmer« aufzusuchen, und Wolfgang Goethe bleibt mit dem Pfarrer allein, sie kommen ins Gespräch. Der Pfarrer erzählt ihm von seinen Plänen; das Haus sollte schon lange neu aufgebaut werden, Risse, Zeichnungen waren angefertigt worden, Jahre hatte alles gedauert, und Brion schildert ihm seine Ungeduld. Zutrauen schien er zu diesem merkwürdigen Studenten gefasst zu haben, redete mit ihm, als wenn er ihn schon zehn Jahre gekannt hätte. Schließlich kommen die Frauen zurück, die Mutter und die älteste Tochter, nach einer Weile auch Friederike, unsere Protagonistin dieses Abschnitts: »... und da ging fürwahr an diesem ländlichen Himmel ein allerliebster Stern auf ...«, und man hätte dieser beginnenden Liebe alle Hoffnung und Klarheit, alle Eindeutigkeit und alle Entschiedenheit und auch alle Zukunft der Welt gönnen mögen.

Friederike also, in Tracht: »Ein kurzes weißes rundes Röckchen mit einer Falbel, nicht länger als daß die nettsten Füßchen bis an die Knöchel sichtbar blieben; ein knappes weißes Mieder und eine schwarze Taffetschürze ...«, schlank und leicht wird sie vom potenziellen Liebhaber geschildert, mit gewaltigen Zöpfen; dazu ein niedliches Köpfchen und ein zarter Hals. Sie hatte heitere blaue Augen und ein kleines Stupsnäschen.

Vergessen wir aber nicht, dass Goethe das alles sehr viel später schreibt, und die Beschreibung daher leicht onkelhafte Züge enthält. Immerhin, er hat sie erkannt, sie hat ihm vom ersten Augenblick gefallen.

Nachbarn und Verwandte kommen, Onkel und Tanten, ein ganzer Schwarm; Friederike spielt ihm etwas vor auf einem (verstimmten) Klavier. Es dauert nicht lange, und Wolfgang Goethe empfindet sich unter dem Eindruck des

Ein unentschlossener Liebhaber für die bezaubernde Friederike, der Student Goethe.

Friederike Brion (1752–1813)

Romans von Goldsmith in der »Wakefieldschen Familie«, deutlich hat er seine Erinnerungen nach dieser Vorlage gestaltet. Um es vorwegzunehmen, die Sesenheimer Idylle wird literarisch amalgamiert mit Goldsmiths Roman. Vieles bietet sich dazu aber auch geradezu an: Friederike wird an die Stelle von Dr. Primroses Sophie gesetzt, manches Ereignis hätte auch in Wakefield passieren können, selbst ein jüngerer Sohn platzt noch herein, und Goethe kann sich beinahe nicht zurückhalten auszurufen: »Moses, bist du auch da!«

Landwein wurde angeboten, es wurde gelacht und geplaudert; der Student inkognito musste fürchten, aus der Rolle zu fallen. Weyland und er flüchteten daher mit den beiden Mädchen zu einem Mondscheinspaziergang, Goethe und Friederike Arm in Arm.

Friederike muss ganz unbefangen geredet, anscheinend aber auch sehr schnell die Hoffnung geäußert haben, dass er sie doch sicher wieder besuchen werde, »wie jeder Fremde gern getan, der einmal bei ihnen eingekehrt sei«. Friederike erzählte viel, wir können uns denken, warum. »Sie wurde zuletzt immer redseliger und ich immer stiller.«

Im Gästezimmer des Pfarrhofs plaudern die Freunde später über den Abend, und Weyland »tat sich viel darauf zugute, mich mit der Ähnlichkeit der Primrosischen Familie so sehr überrascht zu haben«.

Wir wollen den Vergleich mit Wakefield nicht übertreiben, er verrät auch zu sehr die nachträgliche Gestaltung und Idyllisierung. Aber etwas ist in Goethe vorgegangen; er will von Weyland unbedingt wissen, zumal der mit der Familie weitläufig verwandt ist, ob Friederike liebe, geliebt habe oder ob sie möglicherweise gar »versprochen« sei!? Weyland verneint und wird sich seinen Teil über Freund Goethe gedacht haben.

Am nächsten Morgen wird diesem die Verkleidung lästig; so will er nun Friederike nicht wieder begegnen. In seiner Verzweiflung stürzt er zur Türe hinaus, sattelt sein Pferd, und es geht im Galopp »nach Drusenheim, den Ort hindurch und immer weiter«, Goethe auf der Flucht.

Aber er beruhigt sich unterwegs, kehrt um, borgt sich Kleider von einem sauber gekleideten Wirtssohn in Drusenheim, der etwa seine Statur hat – und beginnt schon wieder ein Verkleidungsspiel: Er zieht sich die Augenbrauen mit einem angekohlten Korkstöpsel nach und führt sie in der Mitte zusammen, womit er George, dem Wirtssohn, ähnlich sieht, dessen Kleider er trägt. Einen Kuchen soll er noch mitnehmen, dann geht es zurück nach Sesenheim. Weyland kommt ihm mit den beiden Mädchen entgegen; George Goethe zieht den Hut tiefer ins Gesicht, prompt hält ihn Friederike auch für George, ruft ihm zu, er solle den Kuchen ins Haus bringen.

Alle halten ihn für George, doch Mutter Brion erkennt ihn, fragt ihn, wie viel Gestalten er denn eigentlich habe? Sie lächelt milde bei dem Scherz, bis Mittag solle er noch warten, dann würde sie den Spaß schon eingeleitet haben. Student Wolfgang, in geliehenen Kleidern, verlässt den Ort, geht über die Wiesen zu einem Wäldchen, findet einen Platz mit Bänken, sieht tatsächlich auch ein längliches Brett mit der Inschrift: Friederikens Ruhe.

»In süße Träumereien« ist er bald versunken auf seiner Bank, bis Friederike wirklich kommt, ihn anruft: »George, was machst du hier?«

Er: Nicht George! ... aber einer, der tausendmal um Verzeihung bittet!

Sie: (betrachtet ihn mit Erstaunen) Garstiger Mensch, wie erschrecken Sie mich!

Er: (verlegen, stottert) Die erste Maske hat mich in die zweite getrieben ...!

Und dann erklärt er alles und beobachtet: »Ihre bläßlichen Wangen hatten sich mit dem schönsten Rosenrote gefärbt.«
Wolfgang Goethe redet im weiteren Verlauf so, »daß es gar wohl für eine Liebeserklärung in historischer Form hätte gelten können«. Wir lassen es dahingestellt, was er unter der historischen Form genau versteht. Jedenfalls sind sie beieinander; ein Kuss (auf ihre Hand) folgt. Nun ist *er* redselig. Sie bleiben und bleiben, vergessen die Zeit; bis jemand laut und wiederholt nach Friederike ruft. Die Schwester hält ihn immer noch für George, bis auch das aufgeklärt ist. Der Scherz wird aber ein wenig übertrieben, als man auch noch Pfarrer Brion »anführen« will; aber bald ist auch das ausgestanden, und alle lachen darüber.
Später erzählt Goethe in der Laube sein Märchen »Die neue Melusine« – er hatte, das können wir ihm getrost glauben, aufmerksame Zuhörer, sogar von Verzauberung ist die Rede.

38. »Widerhaken im Herzen«
»Hab ich's nicht gesagt? da ist er!«

Breiten Raum nimmt diese Liebesgeschichte mit Friederike, wenn es denn eine war, in »Dichtung und Wahrheit« ein; Verkleidung, Mummenschanz und der Vergleich mit Wakefield strapazieren gelegentlich die Geduld des Lesers. Noch der alte Goethe scheint seine Schuldgefühle erneut verarbeiten zu wollen, ruft sich gleichwohl aber auch die schönen Momente dieser Idylle in die Erinnerung zurück.
In seiner Straßburger Zeit jedoch muss er sich entscheiden, was er eigentlich will:
»Das Juristische«, sagt der verliebte junge Mann, »trieb ich mit so viel Fleiß als nötig war, um die Promotion mit einigen Ehren zu absolvieren«, aber in Wahrheit interessiert ihn alles andere mehr, das Medizinische besonders.
In einer »vielfachen Verwirrung« befindet er sich in dieser Zeit, Herders Einfluss wirkt noch immer stark, dazu kam nun eine »angehende Leidenschaft«, die ihn zu »verschlingen« drohte. Nach Tisch war ihm jetzt manchmal die Kehle wie zugeschnürt, er schreibt es dem Rotwein zu; in Sesenheim spürte er von alledem nichts. Seine medizinischen Kurse schließen auch Besuche im Klinikum ein; die Studenten werden von Bett zu Bett geführt, sie hören von den Symptomen und Verlauf der Krankheiten, und für Goethe ist die Erfahrung, auch wenn es letztlich für ihn ein »fremdes Fach« ist, »desto reizender und lieber«. Nebenbei nimmt auch seine Abscheu gegen Kranke und Krankheit ab, je mehr er von Heilung und Wiederherstellung erfährt.
Als die Ferien nahen und Weyland gerade nicht zur Stelle ist, »putzt« er sich sauber heraus, bestellt ein Pferd und, der Leser wird es erahnen, reitet, so schnell er kann, nach Sesenheim. Es wird Nacht, der Mond leuchtet zwar, doch es ist

»windig und schauerlich«; der junge Reiter spornt sein Pferd ungeduldig an, »um nicht bis morgen früh auf ihren Anblick warten zu müssen«, die Sehnsucht nach Friederike treibt ihn.

Spät, sehr spät ist es, als er beim Wirt sein Pferd einstellt. Wolfgang Goethe eilt trotzdem zum Pfarrhaus, findet die beiden Schwestern gar nicht mal sehr verwundert vor, dass sie jetzt noch Besuch erhalten, im Gegenteil, Friederike sagt der Schwester, deutlich vernehmbar, vielleicht ein wenig triumphierend ins Ohr: »Hab ich's nicht gesagt? da ist er!«

Sie führen ihn ins Haus, den müden Reitersmann, eine kleine Mahlzeit steht bereit; die Mutter begrüßt ihn schon wie einen alten Bekannten. Friederike, erfährt er am nächsten Morgen, hatte vorausgesagt, dass er kommen werde. Sie machen einen Morgenspaziergang, und der glückliche Student »genoß an der Seite des lieben Mädchens der herrlichen Sonntagsfrühe auf dem Lande …«

Die Eltern erwarten Gäste, und Friederike und Wolfgang, schon ein Paar, machen sich Gedanken, wie sie gemeinsam die Gäste unterhalten können mit geselligen Spielen. In der Kirche lässt er kurz darauf an ihrer Seite, die »etwas trockene« Predigt des Vaters über sich ergehen, immerhin war sie nicht allzu lang. Er denkt über das Küssen nach und über die Verwünschung seiner Lippen durch die Tanzmeistertochter und beschließt, abergläubisch genug, sich dem Küssen zu entziehen – »ich hatte mir nun ein für allemal vorgenommen, nicht zu küssen …«, und dabei sollte es bleiben.

Die Gäste kommen, es gibt draußen zu essen und zu trinken, und allerlei gesellige Spiele folgen, wobei der kussunwillige Liebhaber darauf achtet, dass keine entsprechenden Pfänder verlangt werden können. Die Gesellschaft schien aber schon das »Verhältnis« zwischen Friederike und Wolfgang zu ahnen und bemühte sich schalkhaft, beide

»näher zusammenzubringen«. Und schließlich wird er dann doch seinem Vorsatz untreu, küsst sie, wann immer sich die Gelegenheit dazu bietet. Die Gesellschaft wird das mit Schmunzeln und Applaus zur Kenntnis genommen haben. Im Freien gefällt sie ihm besonders, *seine* Friederike, sein Riekchen, »die Anmut ihres Betragens« verzaubert ihn. Wenn der Vater in der Nähe ist, kommen beide, Wolfgang und der Pfarrer, wieder auf den Bau des Pfarrhauses zu sprechen, und Wolfgang bietet an, wegen der fehlenden Zeichnungen zumindest einen Grundriss anzufertigen. Friederike ist jedoch skeptisch, der Neubau würde zu teuer werden für die Gemeinde, fürchtet sie. Am nächsten Morgen wurde (mithilfe des Schulmeisters) das Pfarrhaus tatsächlich vermessen.

Dann geht es zurück nach Straßburg. Friederike und er hatten Pläne gemacht; es schien leicht, »mit der Diligence nach Drusenheim zu fahren«, und der räumliche Abstand von sechs Stunden schien den Liebenden keine unüberwindbare Entfernung mehr. In der Stadt angekommen, beschäftigt sich der verliebte Student sogleich mit der Grundrisszeichnung des Pfarrhauses zu Sesenheim, »denn an langen Schlaf war nicht mehr zu denken ...«

39. »Als ich ihr die Hand noch vom Pferde reichte ...
... standen ihr die Tränen in den Augen.«

Auf eine längere Zeit wollen sie sich einrichten, die Verliebten, und auch der Briefwechsel wurde »lebhafter«, intensiver. Ein Fest wollen sie gemeinsam feiern, zu dem auch »überrheinische« Freunde kommen sollen.

Student Wolfgang scheint entschlossen, mehrere Wochen

wird er in Sesenheim verbringen; er richtet vorsorglich sein Gepäck, es ist ein »tüchtiger Mantelsack«, der auf die Diligence verfrachtet wird, und in wenigen Stunden ist er bei seiner geliebten Friederike, die anmutig und reizvoll ist und ihn nach wie vor verzaubert.

Der Vater (Brion) erhält seine Zeichnung, ist sehr erfreut darüber, doch später, in Gesellschaft, fallen Banausen darüber her, ziehen mit groben Strichen ihre »Verbesserungsvorschläge« ein, und Pfarrer Brion konnte kaum getröstet werden.

Friederike, die den Freund beobachtet, dankt ihm für die Aufmerksamkeit gegenüber dem Vater; sie ist außerdem beeindruckt, wie er mit der »Unart« der Mitgäste umgeht, denn schließlich ist es seine Zeichnung.

Er aber, ganz der Liebende: »Ich aber kannte keinen Schmerz und Verdruß in ihrer Nähe.« Zeit der Liebe. Wolfgang Goethe hat (wieder) seinen Familienanschluss gefunden. Die Eltern sahen den beiden zu, konnten sich auf Friederike verlassen, und auch der junge Student aus Frankfurt schien ihnen vertrauenswürdig.

Ausflüge wurden unternommen, diesseits und jenseits des Rheins; Freunde und Bekannte in Hagenau, Fort Louis, Philippsburg und in der Ortenau werden besucht. Auch die Rheininseln fahren sie mit dem Boot an, Fische werden gebraten, doch die entsetzlichen Rheinschnaken machen dem Frankfurter zu schaffen.

Die Liebenden genießen die Gegenwart, der junge Student entspannt sich, gibt sich ganz dem Augenblick hin – »diese lauen Abende, diese warmen Nächte an der Seite der Geliebten oder in ihrer Nähe zu genießen«.

Das geht so über Wochen und Monate; der Student ist zwischendurch nur kurz in Straßburg, beauftragt einen jungen Bausachverständigen, einen neuen Plan zu zeichnen, dichtet unterdessen einige Lieder für die Geliebte, darunter »Mayfest«:

> Wie herrlich leuchtet
> Mir die Natur!
> Wie glänzt die Sonne!
> Wie lacht die Flur!
>
> (...)
>
> Mädchen Mädchen,
> Wie lieb' ich dich!
> Wie blinkt dein Auge!
> Wie liebst du mich!

In der schönen Landschaft, sagt er, »trat unversehens die Lust zu dichten, die ich lange nicht gefühlt hatte, wieder hervor«.

Gemalte Bänder waren damals in Mode, er malt ihr gleich mehrere und schickt sie mit einem Gedicht voraus. Friederike konnte sich verwöhnt fühlen. Die Familie Brion kommt sogar zu einem Besuch in die Stadt, sie hatten Verwandte dort; die Mädchen wirken anders hier in Straßburg, doch Friederike weiß auch in ungewohnter Umgebung jeden Augenblick zu beleben.

Studiosus Goethe muss vorlesen; an einem Abend liest er den ganzen Hamlet, erntet großen Beifall, und Friederike zeigt ihren Stolz, ihre Wangen glühen.

Schließlich reist die Familie wieder ab; Wolfgang fällt ein Stein vom Herzen, denn für ihn gehören die Brions, gehört seine geliebte Friederike in die ländliche Idylle.

Student Goethe unternimmt mit Freunden weitere Fahrten und Ausflüge in den oberen Elsass; viele Verse und Lieder entstehen in dieser Zeit.

Ist er noch verliebt? Er, der gedichtet hatte:

> Balde seh ich Rickgen wieder
> Balde bald umarm ich Sie
> Munter tantzen meine Lieder
> Nach der süssten Melodie ...

Ein aufmerksamer Leser hätte seine Vermutungen angestellt, denn es fanden sich auch Zeilen wie diese:

> Denn mich ängsten tiefe Schmerzen
> Wenn mein Mädchen mir entflieht
> Und der wahre gram im Hertzen
> Geht nicht über in (m)ein Lied ...

Vorbei schien plötzlich die Zeit, da er es vor Sehnsucht nicht mehr ausgehalten, im Mondschein nach Sesenheim geritten war:

> Es schlug mein Hertz, geschwind zu Pferde
> Und fort! wild wie ein Held zur Schlacht ...

Was war geschehen? Plötzlich ängstigte ihn sein leidenschaftliches Verhältnis zu Friederike. Friederike ihrerseits war bezaubernd wie immer – »sie schien nicht zu denken noch denken zu wollen, daß dieses Verhältnis sich so bald endigen könne«.

Die Schwester hingegen scheint etwas geahnt zu haben; sie spricht den jungen Studenten, den Quasi-Verlobten ihrer Schwester, auf einen vermutlichen »Abschied« an.

Angst vor dem Verhältnis mit Friederike ist die eine Seite, andererseits kennt er jetzt nichts Angenehmeres, »als abwesend an sie zu denken« und sich mit ihr zu unterhalten.

Die Besuche in Sesenheim werden seltener, Briefe werden jedoch weiterhin ausgetauscht. Es ist oft über Bindungsängste gesprochen worden, Wolfgang Goethe fühlt sich jetzt beinahe erleichtert, atmet auf, aber seine Zuneigung zu ihr »blühte erst recht auf durch die Unterhaltung in der Ferne«.

Andere Aufgaben lenken den Studenten ab; schließlich will er aber doch Friederike noch einmal sehen. Es waren peinliche Tage, sagt er selbst, will sich aber nicht mehr so recht daran erinnern können. Friederikes Gesicht, als sie feststellen muss, dass der Geliebte unentschlossen ist, Ausflüchte sucht. Ich sage es nicht leichthin – er spielt mit Friederike, spielt mit der Liebe, er, der sich zunächst verkleidete, der glücklich war, ist nun unentschlossen; neue Hoffnungen bei jedem neuen Besuch hat er gemacht, scheint dabei nicht zu überlegen, was er anrichtet.

Als alles zu spät ist, hat er natürlich Mitleid*, das ihm noch lange zu schaffen macht, versucht zu verarbeiten, was nicht heißt, dass er geläutert aus dieser Tändelei hervorgeht, ein ähnliches Verhalten wird sich noch einige Male in seinem Leben abspielen, Bindungsängste und Fluchtverhalten inklusive.

Aber wir haben vorgegriffen. Ein Pferd wird gesattelt in Sesenheim, Friederike mit ihrem niedlichen Gesichtchen, den starken Zöpfen, den blauen Augen, ratlos ist sie und traurig. Der Liebhaber kann sich nicht entscheiden und hat sich damit gegen sie entschieden: »Als ich ihr die Hand noch vom Pferde reichte, standen ihr die Tränen in den Augen, und mir war sehr übel zumute.«

Können wir ihm mit dem moralischen Maßstab kommen? Ein Genie kann sich nicht binden, noch nicht, noch lange nicht; es strebt weiter, ungeduldig und in gewaltigen Sprüngen bisweilen, seiner Vorbestimmung und Erfüllung entgegen.

---

* Später (DuW, III, 12) schreibt er: »Die Antwort Friederikens auf einen schriftlichen Abschied zerriß mir das Herz. (…) hier war ich zum erstenmal schuldig; ich hatte das schönste Herz in seinem Tiefsten verwundet«, und die »Epoche seiner düsteren Reue« sei ihm peinlich, ja unerträglich gewesen. Er verarbeitet wie so oft auf dem Papier, »poetische Beichte« nennt er das, »um durch diese selbstquälerische Büßung einer innern Absolution würdig zu werden. Die beiden Marien in Götz von Berlichingen und Clavigo, und die beiden schlechten Figuren, die ihre Liebhaber spielen, möchten wohl Resultate solcher reuigen Betrachtungen gewesen sein«.

40. Jakob Michael Reinhold Lenz

»Klein, aber nett von Gestalt«

Eine Begegnung Goethes in seiner letzten Straßburger Zeit soll nicht unerwähnt bleiben, es ist die mit dem Schriftsteller und Dramatiker Jakob Michael Reinhold Lenz.

Lenz trat plötzlich in den Kreis um Herder und Goethe, man diskutierte Shakespeare, und Lenz beteiligte sich sofort »bilderstürmerisch« daran, polemisiert gegen die Herkömmlichkeit des Theaters, überall soll, wenn es nach ihm geht, nach dem Vorbild Shakespeares gehandelt werden. Goethe scheint verblüfft über diesen fast gleichaltrigen Jüngling, trifft sich mit ihm, und sie tauschen sich aus. »Klein, aber nett von Gestalt«, beschreibt er ihn, »ein allerliebstes Köpfchen, dessen zierlicher Form niedliche etwas abgestumpfte Züge vollkommen entsprachen.« Blaue Augen und blonde Haare hatte er, dazu »einen sanften, gleichsam vorsichtigen Schritt«, betrug sich zurückhaltend, beinahe schüchtern, was »einem jungen Manne gar wohl anstand«. (DuW, III, 11)

Goethe benutzt ein interessantes Wort, ihn zu beschreiben: »whimsical«, was, wie Goethe sehr gut wusste, alles bedeuten konnte, von wunderlich, verschmitzt bis hin zu seltsam, eigenartig, wohl auch »spinnert«, wenn nicht gar ein wenig verrückt und psychopathisch.*

---

* Später, auch nach Ereignissen, die hier nicht vorweggenommen werden können, baut Goethe die Charakteristik Lenzens noch aus. Von Selbstquälerei ist die Rede, von seinem Hang zur Intrige um der Intrige willen; ein Schelm sei er zeitlebens gewesen, der mit seinen Vorstellungen und Gefühlen willkürlich verfuhr, sein Werk immer wieder vernichtete, der nur zu sündigen schien, um sich bestrafen zu können. Sein Talent aber erkennt Goethe an, sein »glückliches« Gedächtnis, seine originelle Denkweise, seinen Humor. Lenz war ein großes Talent, das sich nicht wie ein Goethe hatte entfalten und entwickeln können. Möglicherweise führte später auch eine Intrige, eine unbedachte Äuße-

Lenz hatte ein Faible für Shakespeare, er konnte die »Auswüchse des Shakespeareschen Genies« empfinden; Goethe und er machten schon bald ihre (komischen) Verse mit leichter Hand; eine Neigung zum Absurden, sagt Goethe, »war bei uns in voller Blüte, und wir suchten auch durch Originalspäße unsern großen Meister zu feiern«.

41. Positiones Juris

»Das Studium des Rechtes steht weitaus an erster Stelle.«

Nach dem Sesenheimer Aufenthalt wurde es jetzt ernst; aber schon im ersten Semester hatte sich der junge Student, wie wir wissen, mithilfe eines Repetitors vorbereitet, trug sich bereits am 22. September in eine Kandidatenliste ein, bestand die erste Prüfung »cum laude« (mit Lob), bekam zwei Texte, einen aus dem weltlichen und einen aus dem kirchlichen Recht, die er im sogenannten Rigorosum »mascule« (d. h. mannhaft, kraftvoll) verteidigte. (vgl. HFL, II, 289)

Der Titel der Dissertation, die er anschließend verfasste, lautete »De legislatoribus« und behandelte ein Thema aus dem kirchlichen Recht, »das sich mit dem Recht des Gesetzgebers, den Kultus zu bestimmen, beschäftigte«.[1] Der junge Mann erinnerte sich jetzt natürlich, dass er »nach Straßburg gegangen war, um zu promovieren«, bekennt aber freimütig, dass es zu den »Unregelmäßigkeiten« seines Lebens gehöre, dass er »ein solches Hauptgeschäft als eine Nebensache betrachtete«.

rung (vielleicht sogar über Goethes Zuneigung zu Anna Amalia) oder irgendeine »Eselei« dazu, dass er Weimar bald wieder verlassen musste. Sein Ende (Moskau 1792), das Büchner gestaltet hat, ist tragisch und traurig.

Die Dissertation wurde von der Fakultät nach allem, was wir wissen, als »gefährlich« abgelehnt, und der Student stellte nun sechsundfünfzig Thesen auf, die er seinem Freund Lerse gegenüber verteidigen musste, um so zum Lizentiaten beider Rechte promoviert werden zu können. Die Thesen sollten hauptsächlich Stoff für eine wissenschaftliche Disputation bieten und »dem Kandidaten Gelegenheit geben, seine Kenntnisse der Quellen, insbesondere des Corpus juris civilis und des Schrifttums zu beweisen«.[2]

Hanna Fischer-Lamberg weist darauf hin, dass die Thesen, die der junge Goethe auswählte, »ein lebendiges Bild von der Rechtskultur der Zeit« vermitteln. Beim Strafrecht etwa ist auch von der Kindstötung die Rede: »Ob eine Frau, die ein soeben geborenes Kind umbringt, der Todesstrafe zu unterwerfen sei, ist eine Streitfrage unter den Doktoren«, lautete eine von Goethes Thesen. Deutlich ist hier der Fragecharakter, und die Thematik war für den Dichter Goethe später von besonderer Wichtigkeit, etwa im Hinblick auf die Gretchentragödie im »Faust«. An der Todesstrafe aber will er festhalten, er formuliert ausdrücklich: »Die Todesstrafen sind nicht abzuschaffen.« Die Thematik wird ihn später in Weimar wieder einholen. Kindstötungen hatten im 18. Jahrhundert zugenommen, und man begann damals erst, »sich mit den gesellschaftlichen Mißständen, die zu diesen Verbrechen führen konnten« ernsthaft auseinanderzusetzen.

Wenn wir der Erinnerung in »Dichtung und Wahrheit« glauben können, verlief die Disputation alles andere als knochentrocken, im Gegenteil, sie »ging unter Opposition meiner Tischgenossen (Lerse war Opponent) mit großer Lustigkeit, ja Leichtfertigkeit vorüber; da mir denn meine alte Übung, im ›Corpus juris‹ aufzuschlagen, gar sehr zustatten kam, und ich für einen wohlunterrichteten Menschen gelten konnte«.

Nach seiner Promotion zum Licentiatus Juris wurde eine ganz wichtige Angelegenheit mit Freunden und Kommilitonen nicht vergessen: »Ein guter herkömmlicher Schmaus beschloß die Feierlichkeit.« Es ist die Zeit, in der er Friederike noch einmal gesehen hat, und nach seiner Promotion schreibt er erleichtert an Langer: »Ich bin nun endlich mit dem Promotions Wesen zu Ende, und gehe morgen von hier« (8. 8. 1771).

Der Abschied von Straßburg scheint ihm nicht allzu schwergefallen zu sein. »Ich fand mich«, schreibt er, »dem Taumel des Lebewohls endlich entflohn, auf einer friedlichen und erheiternden Reise so ziemlich wieder.« Über Karlsruhe, Bruchsal, Wiesloch und Heidelberg gelangt er nach Mannheim, und dort »eilte ich mit größter Begierde, den Antikensaal zu sehn«. Er sieht den Apoll von Belvedere, beschäftigt sich besonders mit Laokoon, »den ich hier zuerst mit seinen Söhnen in Verbindung sah«; der sterbende Fechter hält ihn lange fest, und die Gruppe von Castor und Pollux verschafft ihm die »seligsten Augenblicke«.

In Mainz trifft er auf einen Harfe spielenden Knaben, den er spontan nach Frankfurt mitnimmt, den Mutter Aja aber später in der Nachbarschaft unterbringt.

Die Freunde Horn und Riese sind auch wieder in Frankfurt; der Vater schien zufrieden, der Sohn war gesund und wieder zu Hause, und immerhin hatte er sein Studium zum Abschluss gebracht. Der Sohn selbst fühlt sich wie ein Wanderer – er war »nun endlich gesünder und froher nach Hause gelangt als das erste Mal«, stellt aber in seinem Wesen selbst doch noch etwas »Überspanntes« fest.

Gleich zu Anfang gab es einen Disput zwischen Vater und Sohn wegen des Knaben mit der Harfe; die Mutter vermittelte. Der Sohn selbst sieht hier (selbstkritisch) die Diskrepanz zwischen dem »rechtlichen Ordnungsgeist« seines Vaters und seiner eigenen »vielfachen Exzentrizität«. Im Gespräch mit der Mutter sieht er seinen Fehler ein, macht sich klar, »wie sonderbar es meinem Vater vorkommen müßte, wenn ein musikalischer Meßläufer, von einem so ansehnlichen Hause her zu Gasthöfen und Schenken ginge, sein Brot zu verdienen ...«

Vater Goethe mag die Achseln gezuckt haben; in seiner gewissenhaften Art trug er die Kosten von Wolfgangs Straßburger Aufenthalt am 14. August 1771 in sein Haushaltungsbuch ein: 1449 Gulden und 55 Kreuzer – Geiz wirklich nicht, aber Ordnung musste sein.

Goethe, der Jurist
(August 1771–April 1772)

42. Ein Dichter wird Anwalt

»... dass Hochdieselben mich in den numerum dahiesiger Advocatorum ordinariorum* an und aufzunehmen hochgefälligst geruhen wollen.«

Auf den Tag seines 22. Geburtstages, den 28. August 1771, ist es datiert, sein »Angelegentlichstes Memoriale« an das Schöffengericht zu Frankfurt, mit dem er um seine Zulassung als Anwalt bittet. Im Kanzleistil der Zeit, schließlich hatte er ja einen Juristen zum Vater, richtet er sein Gesuch an die

Wohl und Hochedelgebohrne
Vest und Hochgelahrte Hoch und Wohlfürsichtige
Insonders Hochgebietende und Hochgeehrteste Herren
Gerichts Schultheiss und Schöffen.

Einleitendes Brimborium und sprachliche Kratzfüße des 18. Jahrhunderts, so war er eben, der Stil der Zeit unter Juristen, aber wer wollte schon wegen kleiner Formfehler oder mangelnder Untertänigkeit bzw. Respektlosigkeit eine Ablehnung riskieren. Wir werden noch davon hören, wenn Sturm-und-Drang-Formulierungen den »Hochgelahrten Herren« sauer aufstoßen und sie die jungen Anwälte per Dekret auf das respektierliche (sprachliche) Kanzleigleis zurückbringen.

· So ist denn auch im Gesuch von der »gehorsamsten Bitte«

---

* Advokatengilde

die Rede, »deren Gewährung, mir Hochderoselben angewohnte Gütigkeit in der schmeichelhafftesten Hoffnung voraussehen lässet«. Er berichtet von seinen akademischen Jahren, erwähnt den erworbenen Grad eines »Licentiati Juris«, legt seine Straßburger Disputation bei; er möchte sich nun seinem »Vaterlande«, gemeint ist natürlich zunächst die Vaterstadt Frankfurt, »brauchbaar« machen und ist gewillt, seinen Mitbürgern zunächst »in ihren rechtlichen Angelegenheiten anhanden zu gehen«, um sich dadurch aber auch »zu denen wichtigern Geschäfften vorzubereiten«, die man ihm später »hochgewillet aufzutragen, gefällig sein könnte«. Und dann folgt schließlich die Formel (s. o.), dass man ihn doch freundlicherweise, »hochgefälligst« in den Advokatenstand aufnehmen möge. Unterzeichnet ist das Gesuch:

Ew. Wohl auch Hochedelgebohrnen
Gestreng und Herrlichkeit
treugehorsamster
Johann Wolfgang Goethe

Das Gesuch »pro benevole conferenda advocandi licentia« (für die gütig zu erteilende Erlaubnis der Advokatur) wurde schon nach drei Tagen bewilligt; sicherlich spielten dabei auch gute Beziehungen eine Rolle. Für Johann Wolfgang Goethe ist das eindeutig eine Nebentätigkeit; der Vater hilft, und insgesamt waren es achtundzwanzig Prozesse, die er führte, »darunter einige, die ihm sein Freund und späterer Schwager J. G. Schlosser 1773 beim Fortgang von Frankfurt übertrug (MM, VI, 212)«.

Schon Morris spricht in seiner Zeit von den »schnörkelhaften Formalien« der schriftlichen Eingaben, die den jungen Anwalt und Dichter hinderten, »seine Persönlichkeit auch auf diesem Gebiete frei zu entfalten«.

Einige Versuche dazu gibt es; wenn er es allerdings übertreibt, im Stil gar zu forsch wird, muss er auch schon mal einen Verweis einstecken, der auch seinem Freund Max

Moors (dem Opponenten) galt, der uns hier wieder begegnet. Die Richter fordern beide auf, »die gebrauchte unanständige, nur zur Verbitterung der ohnehin aufgebrachten Gemüther ausschlagende Schreibart« (HFL II, 348) einzustellen.

Richter unterscheiden sich nun mal von Literaten; der sehr junge Advokat musste einsehen, dass er sich an die Gepflogenheiten der Zeit zu halten hatte. Werfen wir einen Blick erst in die Kanzlei Goethe und dann auf zwei Fälle, die exemplarisch die Arbeit des jungen Goethe als Rechtsanwalt zeigen.

43. Die Advokatur ... nach dem Wunsch meines Vaters

Vater, Sohn und Liebholdt

»Eine gute Zeit des Tages«, sagt Goethe in der Rückerinnerung, »verwendete ich (...) auf die Advokatur (...) zu deren Ausübung ich zufälligerweise die beste Gelegenheit fand.«

Großvater Textor war gestorben, und Onkel Johann-Jost war in den Rat gelangt, konnte dem Neffen also getrost die »kleineren Sachen, denen ich gewachsen war«, übergeben. Der junge Anwalt richtet sich ein; eine Kanzlei im Hause wird bereitgestellt. »Ich machte mich mit den Akten bekannt, mein Vater las sie ebenfalls mit vielem Vergnügen, da er sich, durch Veranlassung des Sohnes, wieder in einer Tätigkeit sah, die er lange entbehrt hatte.«

Vater und Sohn besprachen die Fälle, und Johann Wolfgang machte alsdann »mit großer Leichtigkeit (...) die nötigen Aufsätze.« Ein Mitarbeiter namens Liebholdt kommt noch hinzu, der dem Hause Goethe bereits vertraut war und den Goethe junior jetzt nicht genug rühmen kann: »Wir hatten einen trefflichen Kopisten zur Hand, auf den man sich zugleich wegen aller Kanzleiförmlichkeiten verlassen konnte ...«

Auch die Zusammenarbeit mit dem Vater gestaltet sich zufriedenstellend, und es folgt eine der wenigen Stellen in »Dichtung und Wahrheit«, wo Vater und Sohn (aus der Sicht des Sohnes) in Harmonie zusammenarbeiteten: »... und so war mir dieses Geschäft eine um so angenehmere Unterhaltung, als es mich dem Vater näher brachte, der mit meinem Benehmen in diesem Punkte völlig zufrieden ...« war.

Aber auch die schriftstellerischen Arbeiten des Sohnes lehnt Vater Goethe keineswegs ab, im Gegenteil, er lebte »in der sehnlichen Erwartung, daß ich nun bald auch schriftstellerischen Ruhm einernten würde«.

Es folgt eine kurze (positive) Einschätzung des neuen Berufsfeldes, dass sich humanistische Ideen ausgebreitet hätten, man auch in »rechtlichen Verhältnissen höchst menschlich zu sein« bestrebt sei, dass sich die Situation in den Gefängnissen gebessert habe, Verbrechen entschuldigt und Strafen gelindert würden, kurz: »Ein Damm nach dem andern ward durchbrochen.« Diese Veränderungen, meint der junge Anwalt, »forderten zugleich einen natürlicheren und lebhafteren Stil«. Und, Anfängeroptimismus pur: »Hier war uns, den Jüngsten, ein heiteres Feld eröffnet, in welchem wir uns mit Lust herumtummelten ...«

Er ist aber auch ehrlich genug, dass er einräumt: »Und somit waren wir auf dem Wege bessere Redner als Juristen zu werden ...« Johann Georg Schlosser wird ihn bei Gelegenheit daran erinnern.

Der junge Jurist und Autor teilt sich den Tag ökonomisch ein: »Die frühesten Morgenstunden war ich der Dichtkunst schuldig; der wachsende Tag gehörte den weltlichen Geschäften, die auf eine ganz eigene Art behandelt wurden.« Es folgt eine Eloge auf den Vater: »Mein Vater, ein gründlicher, ja eleganter Jurist, führte seine Geschäfte selbst ...«, ein Hinweis auf die Verwaltung von Haus und Vermögen, seine Tätigkeit als Rechtsbeistand im Freundeskreis, dessen Schriftsätze oft nur »von einem ordinierten Advokaten unterzeichnet wurden, dem denn jede solche Signatur ein Billiges einbrachte«.

Die Zusammenarbeit zwischen Vater und Sohn (in eigener Kanzlei) hat Johann Caspars Eifer noch verdoppelt, seine »Tätigkeit war nur lebhafter geworden durch mein Herantreten und ich konnte gar wohl bemerken, daß er mein Talent höher schätzte als meine Praxis ...«

Vater Goethe tut alles, um dem Sohn Zeit zu seinen »poetischen Studien und Arbeiten zu lassen«. Und Goethe, der Sohn, findet natürlich trotzdem ein Haar in der Suppe: »Gründlich und tüchtig«, charakterisiert er den Vater, aber »von langsamer Konzeption und Ausführung, studierte er die Akten als geheimer Referendar ...«

Wer hier Referendar ist, bleibt zunächst dahingestellt. Die beiden sprechen dann über die Fälle, der Vater legt die Angelegenheit vor, und »die Ausfertigung ward von mir mit solcher Leichtigkeit vollbracht, daß es ihm zur höchsten Vaterfreude gedieh ...«

Vater Goethe bewunderte seinen genialen Sohn, das ist keine Frage, und ein großes Lob muss in diesem Zusammenhang einmal ausgesprochen worden sein: »... wenn ich ihm fremd wäre«, sagte der Vater einmal, »er würde mich beneiden.«

»Väter sind Verlierer«, sagt Professor Rudolf von Staden, den ich gelegentlich auf Spaziergängen treffe, und ich nicke nachdenklich.

Vater und Sohn Goethe, ein juristisches Duo; die Aufgaben werden geschickt verteilt, gegenseitige Beratung erfolgt, und mit genialem Impetus des Jüngeren werden Eingaben verfasst, von deren Formulierungsfreude wir noch hören werden. Aber was wäre eine Kanzlei im 18. Jahrhundert ohne einen geschickten Schreiber, einen Sekretär, einen Kopisten, einen, der sich auskennt, geübt und gewandt ist? In der Kanzlei Goethe deckt Johann Wilhelm Liebholdt diese Funktionen ab, geboren 1740, ein gebildeter Mann, wenn auch mit Karriereknick. Goethe selbst vermittelt einen Abriss seines Lebenslaufs: »Nach wohlgenutzten Schuljahren, worin er des Lateins völlig mächtig geworden, auch sonstige gute Kenntnisse erlangt hatte, unterbrach ein allzuleichtfertiges akademisches Leben den übrigen Gang seiner Tage.«

Krank muss er gewesen sein und sich erst später wieder gefangen haben; er kam danach »in bessere Umstände durch Hülfe einer sehr schönen Handschrift und Rechnungsfertigkeit«. Liebholdt, ein Glücksfall für die Goethes, hatte schon für andere Advokaten (u. a. für Schlosser) gearbeitet; er war »mit den Förmlichkeiten des Rechtsgangs genau bekannt und muss sich durch »Rechtlichkeit« und »Pünktlichkeit« ausgezeichnet haben.

Die Geschäfte der Kanzlei Goethe dehnten sich aus; Liebholdt wurde unersetzlich. »Auf dem Rathause wußte er alle Wege und Schliche; in den beiden burgemeisterlichen Audienzen war er auf seine Weise gelitten.« Ein angenehmer Zeitgenosse, der Schreiber Liebholdt, er ist zuverlässig und richtet Aufträge und Bestellungen mit hoher Sorgfalt aus. Auch vom Äußeren her ist er sympathisch – »von Körper schlank und regelmäßiger Gesichtsbildung«, sein Benehmen war »nicht zudringlich, aber doch mit einem Ausdruck von Sicherheit seine Überzeugung was zu tun sei, auch wohl heiter und gewandt bei wegzuräumenden Hindernissen«. Goethe muss so begeistert von seinem Schreiber und Kopisten Liebholdt gewesen sein, dass er es noch später bedauerte, ihn »nicht als Triebrad in den Mechanismus irgendeiner Novelle mit eingefügt« zu haben.

Liebholdt ist, wie gesagt, ein Glücksfall für die Kanzlei Goethe. Aber der geniale Jurist und Autor, der Motor der Kanzlei, befindet sich längst geistig in anderen Sphären, dramatisiert »die Geschichte eines der edelsten Deutschen«, und manchmal ist bereits zu diesem Zeitpunkt ein Überdruss an der Juristerei zu spüren: »Ich hab so satt am Lizentieren, so satt an aller Praxis, dass ich höchstens nur des Scheins wegen meine Schuldigkeit thue …« (An Salzmann, Dezember 1771), heißt es dann. Ein Aufbruch scheint nur noch eine Frage der Zeit zu sein.

44. Fuchs gegen Wolf
oder
Vor dem Kauf, dem Pferd, dem Gaul, schaut man ihm getrost ins Maul …!

1. Fall

Der Pferdearzt heißt Fuchs, der Pferdehändler heißt Wolf – keine Fabelwesen also die beiden, sondern Opponenten vor Gericht.

Was war geschehen?

Pferdearzt Fuchs aus Frankenthal (der sollte sich ja nun wirklich auskennen) hatte im Februar 1764 von dem Pferdehändler Wolf in Homburg für fünfundfünfzig Gulden ein Pferd gekauft. So weit, so gut.

Das Pferd fiel aber nach einiger Zeit einfach um (aus welchen Gründen auch immer), und der Pferdearzt verklagte den Pferdehändler Wolf, er müsse die Kaufsumme zurückzahlen; ich vermute, wegen vermeintlicher Mängel des Pferdes, die wohl beim Kauf (trotz Maulinspektion) unentdeckt geblieben waren.

Das »Roß-Zollamt« gab ihm recht.

Der Verurteilte legte »Appelation an das Schöffengericht« ein; vertreten wurde Pferdehändler Wolf zu jenem Zeitpunkt noch von Dr. Johann-Jost Textor, Goethes Onkel.

Dieser übergab aber den Fall (doppelter Wortsinn!) an seinen Neffen Johann Wolfgang Goethe, als er im Herbst 1771 Ratsmitglied wurde.

Mündliche Verhandlungen gab es nicht; die Akten wurden an die Juristische Fakultät der Universität Gießen geschickt, und »nach ihrem Rat« wurde »das Urteil am 30. September 1772 bestätigt.«[1]

Pferdehändler Wolf war damit natürlich nicht einverstanden; er erhebt Einwände, und es existieren zwei Schreiben seines Rechtsanwalts J. W. Goethe in dieser Sache.

Letztlich blieb es bei dem Urteil, das sich auf den Rat der Juristischen Fakultät in Gießen stützte.

Ein einfacher, um nicht zu sagen beinahe banaler Fall, da werden Juristen mir recht geben; allerdings gibt es auch ganz andere Fälle, wie wir sehen werden, und – »inhaltlich beziehen sich die achtundzwanzig erhalten gebliebenen Gerichtsakten auf die verschiedensten Lebensbereiche wie Familie, Haus, Handel, Handwerk, Fabrikation und öffentliche Einrichtungen.

Goethes Mandanten sind Gläubiger, Schuldner, Gesellschafter, Eigentümer, Nutznießer, Erben und eine Dorfgemeinde.

Als Prozeßgegner erscheinen sowohl Privatpersonen mit ihren Prokuratoren und Advokaten als auch die Stadtverwaltung mit ihrem advocatus fisci.

Die Streitsachen greifen vorwiegend in das Bürgerliche Recht und das Handelsrecht ein, teilweise auch in das Verwaltungsrecht. Als Rechtsgrundlage dient das damalige ›Gemeine Recht‹, mit rezipiertem Römischem Recht, wobei das reichsstädtische Prozeßrecht Vorrang hatte; dieses basierte noch auf der Frankfurter Gesetzesreformation nach dem Stand vom Jahre 1578.«[2]

Der junge Anwalt kann sich über mangelnde Arbeit nicht beklagen; Rechtsangelegenheiten werden ihm von seinem Onkel Johann-Jost Textor abgetreten, und auch die Zusammenarbeit mit den Juristenbrüdern Schlosser, Johann Georg und Hieronymus, gestalten sich erfreulich.

Über die Beziehungen zu Johann Georg Schlosser, den späteren Schwager, wird noch zu reden sein; mit Hieronymus Schlosser scheint der Jungadvokat Goethe keinerlei Probleme gehabt zu haben, er nennt ihn einen »gründlichen und eleganten Rechtsgelehrten«; des Öfteren sucht er seinen Rat, überhaupt schien Letzterer »als Sachwalter ein allgemeines Vertrauen« zu genießen.

45. »Der Rabe schilt die Dohle schwartz ...«

Ein Fall für Goethe

Ein Vater, der Glasermeister Johann Georg Heckel, setzt seinen Sohn, Johann Friedrich Heckel, in seinem »Porzellan-Hof« als Teilhaber ein, möchte sich irgendwann zurückziehen und hat versprochen, gleich nach der Verheiratung des Sohnes diesem alles zu übergeben. Er selbst will den Lebensabend bei dem Sohn verbringen.

Es kam aber offenbar alles ganz anders.

Der junge Advokat Goethe vertritt den Sohn; in seiner ersten Eingabe Heckel gegen Heckel heißt es, dass »... mir nunmehro Beweiß zu führen obliegt, daß besagter mein Vatter den 1. April, a. c. als am Tage meiner öffentlichen Eheverlöbniß freywillig declarirt habe, wie er mir gleich nach meiner Copulation alles in allem, das Hauß und sämmtliche Nahrung und Gewerbe gantz allein übergeben und sein Leben bey mir in Ruhe zubringen wolle ...«

So weit, so gut. Auch das Folgende hört sich im amtlichen Kurialstil noch ganz geschmeidig an, es wird gebeten, benannte Zeugen »Hochgeneigtest darüber abhören zu lassen«.

Der Advokat Goethe gibt sich Mühe und beendet die

Eingabe: »Der ich mit gebührender Ehrfurcht allstets harre Euer Wohl- und Hochedelgebohrnen, Gestrengen und Herrlichkeiten unterthänig gehorsamster Joh. Friedrich Heckel.
Concepit (aufgesetzt, verfaßt) J. W. Goethe Licentiat.«
Das Schreiben stammt vom Oktober 1771, formal scheint alles korrekt. Die nächste Eingabe jedoch, vom 3. Februar 1772, zeigt einen Stil, der die Konventionen der Zeit sprengt – der Autor (und Nebenerwerbs-Rechtsanwalt) Goethe arbeitet gerade am »Götz«; wir erleben ihn in einer schöpferischen Pause. Er beginnt wie üblich mit dem bekannten Brimborium: »Großgünstig, Hochgeehrtest und Hochgebietende Herren« etc. etc., um dann aber frisch und forsch weiter fortzufahren:
»Wenn großsprecherischer Eigendünckel das Urtheil eines weisen Richters bestimmen, und die gehässigste Grobheit eine wohlbegründete Wahrheit umstoßen könnte, so würde durch die letzte gegen mich eingereichte Schrifft meine Sache unwiederbringlich vernichtet worden seyn.«
Natürlich reagiert Anwalt Goethe damit auf den Anwalt der Gegenseite, seinen Opponenten in diesem Fall; es ist pikanterweise Rechtsanwalt Maximilian Moors, der schon als Kind herausfinden wollte, wer den härteren Schädel hat, Johann Wolfgang oder er. Hier also die Austragung des Kampfes mit anderen Mitteln.
Goethe ist in seinem Element, vielleicht hat er gerade die Bauernhochzeit im »Götz« gestaltet, und er schreibt: »Es ist schwer zu glauben, daß Partheyen sich öffter unterstehen sollten, Ew. Wohl- und Hochedelgebohrnen Gestreng und Herrlichkeit solches Papier vorzulegen, das unverschämteste Unwahrheit, aufgebrachtester Haß, ausgelassenste Schmähsucht um die Wette zur abscheulichsten Mißgeburth gebildet haben. Mein aufgehetzter Vatter läßt sich nun leider! so weit herunter, daß er in bemeldter Schrifft kein einziges Factum richtig erzählt, sondern jedes nach einem gewissen

willkürlichen, zu Beweisen voraus erwählten Satz zugeschnitten wird.«[1]

Das ist auch heute noch starker Tobak; und die Eingabe gipfelt sprachlich in der Behauptung, dass »der Ton der ganzen Schrifft dem Ton eines Zancksüchtigen aufgebrachten Weibs« gleiche, »deren erhitztes Gehirn, unfähig mit Vernunfft und Gründen zu streitten, sich in Schimpfworten« erschöpfe. Johann Wolfgang gegen Maximilian, Fortsetzung des »Kinderkampfes« – wie wird der darauf antworten?

Nun, Max Moors war auch nicht gerade zimperlich; die ehemaligen Freunde hatten sich ganz offensichtlich weit voneinander entfernt. Max Morris meint, und das scheint plausibel, dass Max Moors (eine zufällige Namensähnlichkeit) Goethes »Angriff« noch habe überbieten wollen. Moors wirft seinem Jugendfreund und jetzigen gegnerischen Anwalt jedenfalls leeres Geschwätz vor, geistreiche Tändeleien, eine durch unzeitigen und faden Witz verkleidete Schmähsucht, unbesonnenen Stolz, hochtrabende Ausdrücke«, nennt dann den jungen Dichter etwas abschätzig einen »angehenden Juristen« und meint, er scheine »ein abgesagter Feind von wirklichen Beweisgründen zu sein und dagegen witzige Häschen zu Freunden und Kollegen zu haben; der Gegner habe in seiner Schrift Mäuse auftreten lassen«, er aber (gemeint ist Vater Heckel bzw. eben sein Anwalt Dr. Moors) »habe sie, die Goetheschen Mäuse – durch seinen juristischen Kater auffangen lassen ...« (nach MM, VI, S. 213)

Kein Wunder, dass die beiden Kontrahenten zur Ordnung gerufen wurden; ob ihr (sprachliches) Verhalten der Sache Heckel gegen Heckel letztlich diente, bleibt zweifelhaft. Der junge Rechtsanwalt Goethe aber kann natürlich die vermeintliche Überlegenheit des Moors'schen Katers nicht akzeptieren; in literarischen Denkpausen setzt er eine neue Eingabe auf (30. März 1772). Er beginnt ganz harmlos, es bleibe »nur weniges noch zu erinnern«. (HFL II, 246) Für den Sohn Heckel schreibt er in der ersten Person Singular:

»Der Zorn meines Vatters ist jetzt zu Schaum und Geiffer gestiegen; er wiederhohlt sich und wiederhohlt sich, wie in dem ersten Exhibito. Außer einer eintzigen neuen Beschuldigung ists immer dasselbe. Wie glücklich bin ich, auch diese durch meines Vatters eigenhändige Unterschrift wiederlegen zu können.«

Ein Originalbrief wird beigelegt, in dem die Eltern ihn, den heutigen Kläger, bitten (nach dem Tod des Bruders), nach Hause zurückzukehren. »Lieber und letzter Sohn!«, beginnt der Brief, und Advokat Goethe hängt eine Klammer an, die schon einer Diffamierung gleichkommt, nämlich: »(Gegentheil, der so gern Documente verändert, wird hier vielleicht noch eine Auskunfft wissen, liederlich und nichtswürdig dafür einzuschieben)« – »Gegentheil«, das trifft natürlich auch Max Moors, den Opponenten.

Nachdem der Brief zitiert ist, folgt eine weitere Ungebührlichkeit: Nach der (zitierten) Unterschrift des Vaters und der Sentenz »Der Herr wird dir das Geleite geben«, heißt es ironisch (zur Unterschrift), »eben die Hand, die nun die Schändlichkeit und Liederlichkeit meiner damahligen Aufführung attestirt«. Und dann, ganz und gar unsachlich: »Nun auf! Interpretirt, radirt, die dunckeln Stellen erklärt, geläugnet!«

Zur ganzen Affäre können wir den jungen Dichter und Anwalt selbst zitieren, der eben zu dieser Zeit in Briefen seine Arbeit kommentiert: Er »führe garstige Prozesse schreibe Dramata, und Romanen« (An Kestner, HA I, S. 149). Und dann, in einem Brief an Langer: »Sonst binn ich sehr emsig, um nicht zu sagen fleißig, advozire scharf zu, und verfasse doch noch manch Stückgen Arbeit guten Geistes und Gefühls.« (WA, IV, 2, S. 157 f.)

Die Vermengung juristischer Arbeit mit Dichtung wird deutlich genug; Advokat Goethe verwendet in dem beschriebenen Fall noch ein paar eindrucksvolle (poetische) Formulierungen, wirft der Gegenseite ganz nebenbei noch »Impertinenz« und »Nichtswürdigkeit« vor, schließlich wird auch noch über die Köpfe der beiden Klienten hinweg ein (lateinisch) verbrämtes Scharmützel geschlagen. Dem Gegner wird unterstellt, auch wenn er »einige philosophische Terminologie auswendig gelernt« habe, habe er aber dennoch »das einfache bekannte, aber so wahre Spüchelgen nicht geachtet oder vergessen«, nämlich »Individuorum non dantur definitiones«, was so viel heißt wie: Zu Individuellem gibt es keine Definitionen.

Und so geht das weiter; sein Glück sei, dass es hier nicht darauf ankomme, »Blindgebohrnen zum Gesichte zu verhelffen«, dazu brauche man übermenschliche Kräfte, und: »Rasende in Schrancken zu halten ist eine Policey Sache.« Aber, und damit schließt der formulierungsfreudige Anwalt Goethe, »Hochdieselben« würden diesen Streit schon »großgünstig fordersamst« beenden und »geruhen (…) einer durch die vergessenste Wuth eines Vatters äußerst zerrütteten Familie Ruhe und Sicherheit wiederzuschencken«. Es folgt das Übliche – »unterthänig gehorsamster Joh. Friedrich Heckel«, dahinter steht aber auf dem Papier und in Wirklichkeit: »Concepit J. W. Goethe Licentiat.«*

Korrekturen scheint der junge Anwalt kaum vorgenommen zu haben; sein eigentliches Arbeitsgebiet wartete, duldete keinen Aufschub. Gelegentlich kommt aber doch ein Feedback zur juristischen Arbeit. Johann Georg Schlosser

---

* Heckel gegen Heckel wird in Goethes Abwesenheit (Wetzlar) von Dr. Engelbach weitergeführt; Goethe übernimmt den Prozess wieder im August 1773. Der Sohn wird als Besitzer der Porzellanfabrik anerkannt, muss dem Vater aber wöchentlich 3 fl. zahlen. Eine Nachtragsrechnung zugunsten des Sohnes wird eingereicht, Goethe unternimmt eine Rheinreise, und Dr. Schweitzer führt den Prozess fort. Der Prozess wird schließlich am 9. Januar 1775 wegen völliger Verarmung des Sohnes eingestellt. (nach MM, VI, S. 327)

scheint er im Überschwang der Gefühle von einem dieser metaphernreichen Schriftsätze erzählt zu haben, und der Jurist Schlosser, zehn Jahre älter und erheblich erfahrener als Anwalt, erklärt trocken: »Du hast dich in diesem Fall mehr als Schriftsteller, denn als Advokat bewiesen. Man muß niemals fragen, wie eine solche Schrift dem Klienten, sondern, wie sie dem Richter gefallen könne.« Eine sanfte Zurechtweisung, wenn man so will, aber Genies sind empfindlich; Kritik, wenn auch freundlich verpackt, können sie nicht gut vertragen. Goethe ging auf Abstand, sein Verhältnis zum späteren Schwager war nicht frei von Ressentiments, von Eifersucht ganz zu schweigen.

46. Zwischen Frankfurt und Darmstadt

Eine Hinrichtung und ein Kreis der Empfindsamen

Frankfurt am Main, Januar 1772: Die Wachen wurden verstärkt, die Garnison war in Bereitschaft wegen eines traurigen Ereignisses, bei dem nachdenkliche Leute lieber zu Hause bleiben: Die »Kindsmörderin« Susanna Margaretha Brandt sollte hingerichtet werden.

Ob der junge Anwalt Goethe bei der Exekution anwesend war, ist ungewiss. Zwar formuliert er an anderer Stelle: »Wir mußten Zeugen von verschiedenen Exekutionen sein«, berichtet auch von einer Bücherverbrennung (DuW, 4), die er sich ansah; jedoch ist seine wirkliche Teilnahme an der öffentlichen Enthauptung der »Kindsmörderin« Susanna Margaretha Brandt (14. Januar 1772) nicht belegt.

Immerhin verfolgte er den Prozess aus nächster Nähe; sein Schreiber Liebholdt kopierte gar Teile der Prozessakten. Direkt beteiligt am Prozess waren außerdem gute Bekannte Goethes, der Advokat Hieronymus Schlosser und auch Arzt

Metz, der den jungen Goethe behandelt hatte; Letzterer hatte die Delinquentin etwa drei Monate vor der Niederkunft untersucht.¹

Advokat Goethe selbst konnte hier die Anwendung der einschlägigen These seiner Disputation am Ende des Studiums in der Praxis verfolgen; literarisch würde ihn das Thema ohnehin noch lange beschäftigen.

Goethe besucht im Februar dieses Jahres Merck in Darmstadt, zusammen mit Georg Schlosser. Goethe und Merck hatten sich Ende vergangenen Jahres kennengelernt, und Merck hatte im Hause Goethe schon bald den treffenden Beinamen »Mephisto«. Anwalt und Autor Goethe wiederum wird in Darmstadt in den »Kreis der Empfindsamen« eingeführt. Zu dem Kreis gehörten (der abwesende) Herder und dessen Verlobte Caroline Flachsland (»Psyche« genannt), deren Schwester Friederike Hesse, außerdem der Schriftsteller und Hofrat Franz Michael Leuchsenring, die Hofdame Louise von Ziegler (»Lila«), Henriette von Roussillon (»Urania«) und das Ehepaar Merck. Ebenfalls durch Merck lernt Goethe auch die Schriftstellerin Sophie La Roche kennen.

Merck macht von Anfang an einen zwiespältigen Eindruck auf Goethe: »Mit Leichtigkeit trat er überall ein, als ein sehr angenehmer Gesellschafter für die, denen er sich durch beißende Züge nicht furchtbar gemacht hatte.« Er beschreibt Merck als »lang und hager von Gestalt, eine hervordringende spitze Nase zeichnete sich aus, hellblaue, vielleicht graue Augen gaben seinem Blick, der aufmerkend hin und wider ging, etwas Tigerartiges«.

Merck, eigentlich als ruhig und zuverlässig beurteilt, konnte, das meint Goethe mit den »beißenden Zügen«, von einem Augenblick auf den anderen kränken, wenn nicht gar verletzen. Goethe erkennt die Gefährlichkeit dieses Mannes, doch gerade das zog ihn an, wenn er auch weiß, dass Merck durch seinen unruhigen Geist, durch seine Verbitterung dazu neigte, »die Menschen hämisch und tückisch zu behandeln«.

Der junge Frankfurter schätzte den Darmstädter Kreis, zu dem auch noch Geheimrat Hesse, Minister des Landgrafen, gehörte sowie Professor Petersen und Rektor Wenck. »Wie sehr dieser Kreis mich belebte und förderte«, sagt er freimütig, »wäre nicht auszusprechen. Man hörte gern die Vorlesung meiner gefertigten oder angefangenen Arbeiten, man munterte mich auf …«

Die Arbeit am »Faust« (Urfaust) war zu diesem Zeitpunkt »schon vorgerückt«, und »Götz von Berlichingen«, so Goethe, »baute sich nach und nach in meinem Geiste zusammen«. Der Schriftsteller und Advokat beschäftigt sich mit dem 15. und 16. Jahrhundert, schreibt zwischendurch über das Straßburger Münster (»Von Deutscher Baukunst«), was ihn nicht hindert, sich auch noch mit biblischen Studien zu beschäftigen.

Einzelne Schriften, die in dieser Zeit entstehen, lässt er auf eigene Kosten drucken oder gibt sie der Eichenbergischen Buchhandlung, »um sie so gut als möglich zu verhökern …« Vater Goethe, der die Kanzlei betreut, bewahrt alles auf, durch seine Sorgfalt wird einiges gerettet, ansonsten, muss der Sohn zugeben, »würde ich kein Exemplar davon besitzen«.

Im Frühjahr 1772 wandert Goethe gelegentlich, um den Kreis der Darmstädter und Homburger Freundinnen und Freunde zu besuchen, und man nennt ihn bald schon scherzhaft den »Wanderer« oder auch »Pilger«. In diesem Kreis liest er auch aus Laurence Sternes »Tristram Shandy« vor; und Caroline Flachsland schreibt darüber an Herder und schwärmt nach seinem Abschied geradezu: »Unser vom Himmel gegebener Freund Goethe ist wieder fort. Mit einem Kuß und Träne im Herzen bin ich von ihm geschieden. Er geht nach Wetzlar und kommt in drei Monat wieder. Er ist wahrhaftig ein äußerst guter Mensch.«[2]

Nach Wetzlar ging es auf Wunsch des Vaters; ein Praktikum am Reichskammergericht sollte die juristische Ausbildung des Sohnes »abrunden«.

47. Tatkraft, Redlichkeit, Freiheitswille

Götz von Berlichingen

> Nun erhielt auf einmal das Flüßlein Jagst, die Burg Jagsthausen eine poetische Bedeutung; sie wurden besucht, so wie das Rathaus zu Heilbronn.
>
> (DuW)

»Götz von Berlichingen« »baute« sich also nach und nach in seinem Geiste »zusammen«; die Anregungen Herders wirkten immer noch. Der Student hatte sich mit Fehde und Faustrecht beschäftigt, wir hören aber auch von verschiedenen Cäsar-Fragmenten, auch von einem Cäsar-Drama. Besondere Studien zur Geschichte des 15. und 16. Jahrhunderts, meint Hanna Fischer-Lamberg, »scheinen damals noch nicht im besonderen dem Götz von Berlichingen gegolten zu haben«.[1] Die eigentliche Beschäftigung mit »Götz von Berlichingen« fällt wohl erst in die Frankfurter Zeit, in den Spätsommer des Jahres 1771.

Mutter Goethe schreibt darüber noch zehn Jahre später an den Schauspieler Großmann: »Meinem Sohn ist es nicht im Traum eingefallen seinen Götz vor (für) die Bühne zu schreiben – Er fand etliche spuren dieses vortrefflichen Mannes in einem Juristischen Buch – ließ sich Götzens Lebensbeschreibung von Nürmberg kommen, glaubte daß es anschaulicher wäre in der Gestalt wies vor Augen liegt, webte einige Episoden hinein, und ließ es aus gehn in alle Welt.«[2]

In dieser Zeit muss er ständig über den »Götz« gesprochen haben, und Cornelia ist es, die ihm dringend rät, diese Gedanken doch nun endlich zu Papier zu bringen.

Ohne einen Entwurf oder Plan hatte er dann eines Morgens mit der Arbeit begonnen, hatte große Teile aus »Götzens Lebensbeschreibung« entnommen, aus dramaturgischen Gründen den Weislingen und die Figur der Adelheid erfunden und das Drama des Mannes mit der eisernen Faust Zug um Zug aufgebaut. Mutter Aja erinnert sich später in einem Brief an Philip Seidel, den Diener und Sekretär des Sohnes: »Ich weiß noch gar zu gut wie ihr am runden Tisch den Götz v. B. abschriebet, und wie ihr das Lachen verbeißen woldet, da der junge Officier nichts bey der sache zu dancken fand.«[3]

Goethes Mutter ist es auch, die Besuchern von der Begeisterung des Sohnes während der Arbeit am »Götz« erzählt, so dem Engländer Henry Crabb Robinson (1802), der das Gespräch mit Mutter Aja über den berühmten Sohn festgehalten hat: »He came home one evening in high spirits. Oh, mother, he said, I have found such a book in the public library, and I will make a play of it! What great eyes the Philistines will make at the knight with the Iron-hand! That's glorious – the Iron-hand!«[4]

Die Begeisterung schlägt durch, die eiserne Hand war zumindest ein erster Impuls für den jungen Dramatiker, andere Ritter gab es genug, und Götz oder Gottfried unterschied sich ansonsten wenig von ihnen.

Im Herbst 1771 arbeitet Goethe wie besessen an seiner »Geschichte Gottfriedens Von Berlichingen Mit der Eisernen Hand«, so die erste Fassung, lässt die Szenen rasch aufeinanderfolgen, kümmert sich wenig um die überlieferten Einheiten von Ort, Zeit und Handlung, hatte möglicherweise auch noch den »Niesewurz«-Brief Herders im Gedächtnis, im Sprachgebrauch der Zeit: eine das Hirn reinigende, erfrischende Arznei! »Mein ganzes Ich ist erschüttert«, hatte der junge Dichter darauf geantwortet, der Brief sei drei Jahre an Erfahrungen wert, und es vibriere in ihm »noch viel zu sehr als dass meine Feder steet zeichnen könnte«. Kritik von Herder verunsichert ihn, macht ihn aber auch trotzig, Herders Planet will er sein oder ein freundlicher Mond der Erde, aber hartnäckig und drohend schließt er den Brief: »Adieu lieber Mann. Ich lasse Sie nicht los. Ich lasse Sie nicht!« Und dann folgt ein etwas überhöhter Vergleich: »Jakob rang mit dem Engel des Herrn. Und sollt ich lahm darüber werden.« Zu wichtig ist das Lernpotenzial, das Herder ihm vermittelt, er braucht ihn als Kritiker, unterwirft sich seinem Urteil und beschwört ihn geradezu: »Herder, Herder, Bleiben Sie mir was Sie mir sind.«

»Goethe ist würklich ein guter Mensch«, schreibt Herder später aus Bückeburg an seine zukünftige Frau Karoline Flachsland, »nur äußerst leicht und spatzenmäßig«, wir hörten es bereits. Aber Herder glaubt, ihm »ohne Lobrednerei, einige gute Eindrücke gegeben zu haben, die einmal würksam werden können«.

Der »spatzenmäßige« junge Goethe sitzt nun bei der Arbeit, schreibt und schreibt wie im Rausch und nebenbei fühlt er sich schuldig: Er hat Friederike verlassen, und es ist ganz offenbar, dass er diese Schuld auch literarisch verarbeitet. (siehe Fußnote Seite 207)

In die Zeit seiner rastlosen Bearbeitung des »Götz« fällt auch die Rede »Zum Schäkespears Tag«, eine Hommage an den Dichter, getragen von überschwänglicher Verehrung. Die Feier fand am 14. Oktober 1771 im Elternhaus statt, und Vater Goethe notierte in seiner gewissenhaften Art 6 Gulden und 24 Kreuzer für die Feier und noch einmal 3 Gulden für die Musikanten. Am selben Tag fand eine Feier in Straßburg statt, Lerse hielt den Hauptvortrag; ungewiss ist, ob man Goethes Text erhalten hatte.

Die Rede (in Frankfurt), ob nun gehalten oder verlesen, ist wiederum deutlich von Herder beeinflusst. Der junge Dichter, der sein Publikum mit »meine Herren« anspricht, bekundet, dass die erste Seite, die er von Shakespeare gelesen habe, ihn »auf Zeitlebens ihm eigen« gemacht habe. Seine Existenz sei um eine »Unendlichkeit erweitert« worden.

Von Shakespeare inspiriert ist ohne Frage sein Entschluss, »dem regelmäßigen Theater zu entsagen«[5], und das verwirklicht er gerade im »Götz«. Die Einheit des Orts scheint ihm »kerkermäsig ängstlich, die Einheiten der Handlung und der Zeit lästige Fesseln unserer Einbildungskraft«.

Hier hat ein junges Talent, ein werdendes Genie seinen (verehrungswürdigen) Meister gefunden, hier rüttelt aber gleichzeitig jemand an den ehrwürdigen Pfeilern der Theaterwelt, der notwendige Veränderungen erahnt und fühlt, sich nicht mit Theorie aufhält, sondern selbst gestaltet und neu erfindet. Eine Kampfansage, ein Weckruf: »Auf meine Herren!«, und eines ist gewiss, die Theaterwelt würde noch von ihm hören.

Praktikant am Reichskammergericht (Mai–September 1772)

48. Eine doppelte Welt

Erster Wetzlarer Ansatz

> Daß hier das Büchlein Werther gemeint sei, bedarf wohl keiner nähern Bezeichnung; von den darin aufgeführten Personen aber, so wie von den dargestellten Gesinnungen, wird nach und nach einiges zu eröffnen sein.«
>
> (DuW)

Goethe nennt es zwar einen »ungünstigen Augenblick«, in dem er »daselbst anlangte«, doch das bezieht sich wohl nur auf den desolaten Zustand des Reichskammergerichtes in Wetzlar. Der junge Rechtspraktikant hatte sich schon vor seiner Ankunft in der »zwar wohl gelegenen, aber kleinen und übelgebauten Stadt« einen Überblick (mithilfe des Vaters, der das Gericht von eigener Tätigkeit dort kannte)* verschafft, wusste Bescheid über den »monströsen Zustand dieses durchaus kranken Körpers«, sah die Schwächen des Gerichts in allen Einzelheiten.

Zu Goethes Zeit »war die Visitation schon einige Jahre

---

* Johann Caspar Goethe kannte von seiner Ausbildung her nicht nur das Reichskammergericht in Wetzlar, sondern auch den Ständigen Reichsrat in Regensburg und sogar den Reichshofrat in Wien.

im Gange«, man hatte Beschuldigte suspendiert, aber zuvor hatte man »seit hundertsechsundsechzig Jahren (...) keine ordentliche Visitation zustande gebracht; ein ungeheurer Wust von Akten lag aufgeschwollen und wuchs jährlich, da die siebzehn Assessoren nicht einmal imstande waren, das Laufende wegzuarbeiten. Zwanzigtausend Prozesse hatten sich aufgehäuft, jährlich konnten sechzig abgetan werden, und das Doppelte kam hinzu. Auch auf die Visitatoren wartete keine geringe Anzahl von Revisionen, man wollte ihrer fünfzigtausend zählen. Überdies hinderte so mancher Mißbrauch den Gerichtsgang; als das Bedenklichste aber von allem erschienen im Hintergrunde die persönlichen Verbrechen einiger Assessoren.«

Der junge Jurist Johann Wolfgang Goethe konnte sich also in juristischer Hinsicht von seinem »Wetzlarschen Aufenthalt unmöglich viel Freude versprechen«. Wenn er sich den Gesamtzustand in Erinnerung rief, kam es ihm vor, als fände er (s. o.) in der »kleinen und übelgebauten« Stadt so etwas wie eine »doppelte Welt« vor – »erst die einheimische alte, hergebrachte, dann eine fremde neue, jene scharf zu prüfen beauftragt, ein richtendes und ein gerichtetes Gericht ...« Goethe stellt durchaus auch bei manchen Bewohnern die Angst fest, man könne selbst noch in die Untersuchung hineingezogen werden.

Der junge Mann ist ratlos. Außer Zivil- und Staatsrecht, hatte er sich ausgemalt, werde ihm ohnehin »hier nichts Wissenschaftliches sonderlich begegnen«, und er beklagt schon insgeheim, dass er wohl auch »aller poetischen Mitteilung entbehren würde«, aber warten wir ab, wie sich der Wetzlarer Aufenthalt noch entwickelt.

49. Mit Geist und Munterkeit

Zweiter Wetzlarer Ansatz

Johann Wolfgang Goethe sucht nach Orientierung, kann mit juristischen Angelegenheiten allein sich seine Zeit am Reichskammergericht nicht vorstellen; als Praktikant ist er auch nicht übermäßig gefordert, will heißen, so gut wie gar nicht. Doch die Lage in Wetzlar, die so förmlich nach gepflegter Langeweile gerochen hatte, ändert sich schlagartig, nicht etwa, was das Gericht angeht, sondern die Gesellschaft hält noch einen dritten Aspekt in der doppelten Wetzlarer Welt bereit, und Goethes Verblüffung ist heute noch spürbar, wenn er schreibt: »Allein wie verwundert war ich, als mir anstatt einer sauertöpfischen Gesellschaft ein drittes akademisches Leben entgegensprang.«

Das Verb hätte er nicht besser wählen können, denn so ganz unerwartet, so völlig unvorbereitet geschieht ein kleines Wetzlarer Wunder: »An einer großen Wirtstafel traf ich beinah sämtliche Gesandschaftsuntergeordnete, junge muntere Leute, beisammen; sie nahmen mich freundlich auf, und es blieb mir schon den ersten Tag kein Geheimnis, daß sie ihr mittägiges Beisammensein durch eine romantische Fiktion erheitert hatten.« Diese romantische Fiktion bestand in der Inszenierung einer Rittertafel mit Heermeister, Kanzler, Staatsbeamten und Rittern; Fremde mussten die untersten Plätze einnehmen. Jeder erhielt einen Ritternamen, den jungen Goethe nannten sie Götz von Berlichingen, den Redlichen.

Goethe trifft bei diesem »wunderlichen« Spiel für ihn interessante Personen, darunter den Grafen Kielmannsegg (Christian Albrecht Freiherr von, 1748–1811), auch er Rechtspraktikant am Reichskammergericht (später Gerichtspräsident in Güstrow); Goethe ist ihm zu Dank verpflichtet und nennt ihn den »Ernsteste(n) von allen, höchst tüchtig und zuverlässig«. Ein anderer Beteiligter an diesem Ritterspiel, an dem auch Goethe »keinen ernsten Zweck bemerken« konnte, war August Siegfried von Goué, der (entlassene) braunschweigische Legationssekretär. Reichlich exzentrisch schien er zu sein, Goethe hält ihn nach kurzer Bekanntschaft für einen schwer zu »entziffernden und zu beschreibenden« Mann; er war »eine derbe, breite, hannövrische Figur, still in sich gekehrt«. Ein geheimnisvolles Wesen umgab ihn, und er war »die eigentliche Seele des wunderlichen Ritterbundes«. Hinzu kam, von Goethe kaum bemerkt, zunächst nicht einmal erwähnt, eine Schattenfigur beinahe, die an dem »Ritterwesen und Mummenspiel« nur gelegentlich Anteil nimmt: Karl Wilhelm Jerusalem, der (neue) Sekretär des braunschweigischen Gesandten. Goethe nennt ihn einen hübschen blonden Jüngling mit blauen Augen, gefällig, von mittlerer Größe. Goethe kannte ihn, zumindest flüchtig, aus Leipzig; es mag sein, dass er zu diesem Zeitpunkt auch schon das Gerücht von seiner »entschiedenen Leidenschaft zu der Gattin eines Freundes« gehört hatte. Sie alle trafen sich also gelegentlich beim Ritterspiel, einem fabelhaften »Fratzenspiel mit äußerlichem großen Ernst betrieben«, wie Goethe es nennt. Es war ein Spiel gegen die Langeweile, die Leere musste gefüllt werden, »wäre es auch nur mit Spinngewebe«.

Aber wehe, wenn jemand spottete oder die Angelegenheit als absurd oder gar lächerlich hinstellen wollte, dann gab es Strafen, Intrigen, dann wurden Spötter genötigt, beizutreten, sich zu unterwerfen, und die Pseudoritter feixten vor Schadenfreude. Ein Pseudoorden kam noch hinzu, auch er nur zum Zeitvertreib gegründet; Ritter Götz-Goethe betont, dass auch dabei »nicht eine Spur von Zweck hinter diesen Hüllen zu finden war«.

Der alberne Goethe. Es will alles nicht so recht zu ihm passen, und doch beteuert er, dass er »zu solchen Possen sehr gern beiriet«, und tatsächlich macht er seine Vorschläge, wie

z. B. aus den vier Haimonskindern vorgelesen werden sollte, die Abschnitte für Lesungen bringt er selbst in Ordnung. Wir sehen den jungen Praktikanten im noch ungetrübten Wetzlarer Zeitvertreib.

Ein besonderes Verhältnis entwickelt Goethe aber zu Friedrich Wilhelm Gotter, der Sekretär der Sachsen-Gothaischen Gesandtschaft in Wetzlar war; »mit aufrichtiger Neigung« hatte er sich Goethe angeschlossen, und dieser hatte »ein herzliches Wohlwollen« erwidert. Die beiden mochten sich, übersetzten gern zusammen aus dem Englischen und verbrachten »viel vergnügte Stunden« zusammen. Gotter hatte Verbindungen zu Heinrich Christian Boie, der in Göttingen seit 1769 jährlich den »Musenalmanach« herausgab, und er versucht schon bald, seinen Kollegen Goethe zu Beiträgen zu bewegen. Tatsächlich werden einige Gedichte, darunter »Der Wanderer«, in den »Musenalmanach« aufgenommen, und später entwickelt sich hierdurch ein Kontakt zu den beiden Grafen Stolberg, zu Bürger, zu Voß, Hölty und anderen, von denen einige sich im »Göttinger Hain« zusammengefunden hatten und in enger Beziehung zu Klopstock standen.

Vielfältige Ideen literarischer und poetischer Art beschäftigen den jungen Goethe in dem doch so gräulich geschilderten Wetzlar, keineswegs nur die albernen Rittergeschichten. Er reflektiert über Klopstocks »Hermanns-Schlacht«, findet »die Deutschen, die sich vom Druck der Römer befreiten (…) herrlich und mächtig dargestellt«, und er glaubt, dass dadurch durchaus »das Selbstgefühl der Nation zu erwecken« gewesen sei. Eine wunderbare Anregung habe Klopstock damit gegeben, Joseph II. hatte er es zugeeignet. Durch Klopstocks Oden war nordische Mythologie, war die Nomenklatur der Gottheiten in die deutsche Dichtkunst gekommen; das junge Genie weist aber selbstbewusst darauf hin, dass es die Fabeln der Edda beispielsweise längst kannte.

Heldensagen schwirren in seinem Kopf herum, dazu die

Mythologie der Griechen, außerdem interessieren ihn indische Fabeln, die er »mit großer Lust« in seinen Märchenvorrat aufnimmt. Bei all diesen Gedankenspielen, Ausflügen und wunderlicher Rittertafel wird der Praktikant Johann Wolfgang Goethe doch ständig wieder daran erinnert, »daß ich mich in Wetzlar aufhielt«.

Juristische Angelegenheiten, wie zum Beispiel der »Zustand des Visitationsgeschäftes«, »Hindernisse« oder die »Entdeckung neuer Gebrechen«, scheinen ihn immer nur am Rande zu interessieren. Allerdings ist die geschilderte Zerstreuung in Wetzlar auch so total, dass ihm (zunächst) keine poetischen Arbeiten gelingen wollen. Immerhin lagen »zwei große, ja ungeheure Stoffe« vor ihm, »deren Reichtum ich nur einigermaßen zu schätzen brauchte, um etwas Bedeutendes hervorzubringen«; es waren »Götz von Berlichingen«, als dessen Alter Ego er hier in Wetzlar gelegentlich auftrat, und »Werther«, letzteres ein Werk, das Weltliteratur werden sollte zu einem Zeitpunkt, als dieser Begriff selbst noch nicht einmal geprägt war.*

Zwischendurch erkundet der junge Praktikant erst einmal die Gegend; alles, was er über die kleine Stadt Wetzlar gesagt hatte, wird relativiert durch die schöne Umgebung: »Der malerische Blick gesellte sich zu dem dichterischen, die schöne ländliche, durch den freundlichen Fluß belebte Landschaft vermehrte meine Neigung zur Einsamkeit, und begünstigte meine stillen nach allen Seiten hin sich ausbreitenden Betrachtungen.«

---

* Der Begriff »Weltliteratur« geht auf Wieland zurück, wurde von den Romantikern gebraucht, von Goethe etwa ab 1827 in seinem Sinne geprägt und verwendet – »Nationalliteratur« wolle jetzt nicht mehr viel sagen, die Epoche der Weltliteratur sei an der Zeit, und er spricht von dem großen Nutzen einer Weltliteratur, die als Korrektiv zwischen den Nationen fungieren könne. (vgl. Gespr. mit Eckermann 15. 7. 1827)

50. Bräutigam und Braut

*Dritter Wetzlarer Ansatz
oder Literatur und Leidenschaft*

Natürlich denkt unser Protagonist auch an Sesenheim, an den Freundeskreis in Frankfurt und Darmstadt; eine Leere sei in ihm geblieben, beklagt er, »die ich auszufüllen nicht vermochte«. Es ist exakt die Lage, die günstige Situation für etwas Neues, etwas Unvorhergesehenes, unerwartet, vielleicht nur unbewusst, gefühlt, erahnt und gewünscht. Zunächst suchen wir einen Bräutigam! Aber wer war der Bräutigam, dessen Namen Goethe bewusst nicht nennt, und wer die Braut?

»Unter den jungen Männern«, schreibt er, »welcher der Gesandtschaft zugegeben, sich zu ihrem künftigen Dienstlauf vorüben sollten, fand sich einer, den wir kurz und gut den Bräutigam zu nennen pflegten. Er zeichnete sich aus durch ein ruhiges gleiches Betragen, Klarheit der Ansichten, Bestimmtheit im Handeln und Reden.« Heitere Tätigkeit und Fleiß werden ihm zugeschrieben, seine Karriere schien vorbestimmt, und deshalb schien es ihm berechtigt zu sein, »sich mit einem Frauenzimmer zu verloben, das seiner Gemütsart und seinen Wünschen völlig zusagte«. – Kann man das schöner ausdrücken?

Der Mann, um den es hier geht, ist Johann Georg Christian Kestner (1741–1800), auch er Gesandschaftssekretär, später Hofrat in Hannover, er ist der Bräutigam. Ruhig ist er, besonnen, sein Betragen immer gleich, seine Ansichten klar, ein fleißiger und verlässlicher Zeitgenosse, vielleicht etwas pedantisch. Auch er macht sich so seine Gedanken, urteilt (auch) über Goethe, beschreibt seinen Aufenthaltsort Wetzlar. Goethes Erscheinen in Wetzlar notiert er wie ein Buchhalter, sichtlich bemüht, Aktiva und Passiva korrekt auszutarieren: »Im Frühjahr kam hier ein gewisser Goethe aus

Frankfurt, seiner Hantierung nach Doktor Juris, 23 Jahr alt, einziger Sohn eines sehr reichen Vaters, um sich hier, dies war seines Vaters Absicht, in Praxi umzusehen ...«

Aber selbst Kestner hat schon mitbekommen, dass Goethe sich mehr mit anderen Dingen beschäftigt, mit Homer und Pindar beispielsweise, denn seine Tätigkeit als Praktikant am Reichskammergericht füllt ihn, wie gesagt, in keiner Weise aus. Er hat sich zwar in die Matrikel für die Rechtspraktikanten eingetragen (das ist so ziemlich der einzige Nachweis, den wir haben), aber das verpflichtet ihn zu rein gar nichts; wir wissen nicht einmal, ob er an irgendwelchen Sitzungen teilgenommen hat.

Goethe wohnt in Wetzlar bei dem Hofrat Georg Wilhelm Ludolf in der Nähe des »Römischen Kaisers«. Die Gassen der Altstadt sind nach Kestners Beschreibung »uneben, bald auf, bald niederlaufend«, und er beklagt, dass sie »unansehnlich« seien und »selten einige Aussicht in die Ferne darbieten«. »Die Häuser«, so Kestner weiter, »sind schlecht gebaut, sowohl in Ansehung der Structur, in dem sie nicht nach Gelegenheit des bergigten Grundes gebaut, als auch in Ansehung der Materialien; daher man sagt, Wetzlar sei mit Marmor gepflastert und die Häuser von Koth gebaut.«

Die glatten Marmorsteine, beklagt er, hätten ihn schon oft zu Fall gebracht, besonders bei Regen – »wovon ich sehr viele, oft sehr schmutzige und schmerzhafte Proben habe«.

Außerdem muss wohl jeder seinen Unrat auf die Straßen und Gassen geworfen haben, sodass »die Gassen noch unwegsamer und schlüpfriger« wurden.

Selbst im Abfall aber zeigt sich noch die zweigeteilte Gesellschaft Wetzlars – Kestner spricht von Knochen und Austernschalen.

Allerdings habe man, als eine Visitation (Überprüfung des Gerichts) anstand, einige Misthaufen beseitigt, habe die Stadt vom Kot gesäubert, aber wir dürfen ihm wohl glauben, wenn er anfügt – »nichtsdestoweniger fehlt noch sehr vieles an der Sauberkeit«.

In diese Kleinstadt von etwa 4000 Einwohnern kommt nun der junge Praktikant Goethe; die Einwohner bleiben unter sich; die Advokaten, die Gesandten, die Assessoren, Sekretäre und auch die jungen Praktikanten bilden eine Schicht für sich. Der »Römische Kaiser« bot mit dem großen Saal Gelegenheit für Konzerte, Maskenbälle und Redouten; Kestner berichtet: »Seit 4 Wochen ist die Woche einmal Redoute gewesen. Sie wird im ›Römischen Kaiser‹, einem Gasthofe gehalten, wo erst diesen Sommer ein Saal besonders zum Vergnügen der Visitationszeit zurechtgemacht ist ...«

Einen »Conventions-Thaler« habe man zu zahlen, die Damen seien frei. Von Verkleidungen und Masken erzählt er ausführlich; aber Vorsicht, man dürfe sich durch schlechte Kleider nicht täuschen lassen, denn es stecke »manchmal in der erbärmlichsten Kleidung jemand Vornehmes«.

Über den »gewissen Goethe«, der in dieser gemischten Idylle kurzfristig zu Gast ist, schreibt Kestner immer wieder etwas auf. Einmal habe er mit Gotter einen Spaziergang nach Garbenheim gemacht; im Grase, unter einem Baum liegend habe er Goethe vorgefunden im Gespräch mit Goué und Kielmannsegg. Kestner steht ein wenig abseits, schaut, hört und bildet sich seine Meinung; »er ist kein unbeträchtlicher Mensch«, sagt er dann über den jungen Goethe im Grase und fügt erklärend hinzu: »Sie wissen, daß ich nicht eilig urtheile«, und nach kurzer Überlegung: »Ich fand schon, daß er Genie hatte und eine lebhafte Einbildungskraft; aber dieß war mir doch nicht genug, ihn hochzuschätzen.«

Weitere Urteile über Goethe kommen nach und nach hinzu: »Er hat sehr viele Talente, ist ein wahres Genie und ein Mensch von Charakter.« Aber Kestner bleibt doch skeptisch, notiert beispielsweise »heftige Affekte«. Einerseits könne er sehr gut mit Kindern umgehen, sei aber auch »bizarre« und habe in seinem Benehmen und in »seinem Äußerlichen verschiedenes, das ihn unangenehm machen könnte«. (Kestner an Hennings, Herbst 1772) Er kümmere sich um alles, nur nicht um die »sogenannten Brotwissenschaften«, verzeichnet der nüchterne und strebsame Kestner. Goethe gehe nicht in die Kirche und bete selten – hier hat einer das junge Genie bestens beobachtet. Aber, auch das muss Kestner feststellen, »bei Kindern, bei Frauenzimmern, und vielen anderen ist er doch wohl angeschrieben«.

Goethe tritt auf. Er sondiert, hat seine eigenen Flausen im Kopf, beschäftigt sich intensiv mit diversen Studien, mit englischer Literatur, poetischen Versuchen, alles hat immer noch nichts mit der Rechtswissenschaft zu tun. Von seiner »Leere« war die Rede, von wehmütigen Gedanken an Sesenheim und an den Freundeskreis in Frankfurt und Darmstadt. Cornelia scheint brieflich ein wenig zu kurz zu kommen in der Wetzlarer Zeit. Was seine Beziehung zum anderen Geschlecht betrifft, so schien »der neue Ankömmling völlig frei

Charlotte Kestner, geb. Buff

von allen Banden, sorglos in der Gegenwart eines Mädchens, das, schon versagt (verlobt), den gefälligsten Dienst nicht als Bewerbung auslegen und sich desto eher daran erfreuen konnte ...«

Damit ist sie bei uns: Lotte, die Braut Kestners, Charlotte Buff, die Tochter des verwitweten Amtmanns Buff, die Mutterstelle einnimmt und für die große Kinder- bzw. Geschwisterschar sorgt. Wir können sie in dieser vermeintlichen Idylle so vor uns sehen, wie Wilhelm von Kaulbach sie im Kreise der vielen Geschwister gezeichnet hat. Sie schneidet Brot, und jeder bekommt etwas ab. – Und spätestens jetzt vermischen sich Dichtung und Wirklichkeit, denn wir folgen (in kühnem Vorgriff, denn das Werk entsteht erst später) – wir folgen Werther. Ein Ball auf dem Lande ist vorbereitet, es muss noch jemand abgeholt werden. In der Kutsche sagt die Begleiterin: »Sie werden ein schönes Frauenzimmer kennen lernen (...) Nehmen Sie sich in Acht (...), daß Sie sich nicht verlieben!« Sie kommen an, Werther steigt aus; eine Magd kommt, um auszurichten, man möge ein wenig warten.

Und dann aber: »Ich gieng durch den Hof nach dem wohlgebauten Hause, und da ich die vorliegenden Treppen hinaufgestiegen war und in die Thüre trat, fiel mir das reizendste Schauspiel in die Augen, das ich jemals gesehen habe. In dem Vorsaale wimmelten sechs Kinder von eilf zu zwey Jahren, um ein Mädchen von schöner mittlerer Taille, die ein simples weisses Kleid mit blaßroten Schleifen an Arm und Brust anhatte.«

So lesen wir in »Die Leiden des jungen Werthers«. Da haben wir die Kaulbach-Vorstellung, und seien wir nicht pedantisch, wenn wir sieben Kinder zählen (in Wirklichkeit waren es noch mehr) und Lotte, dazu eine Katze und ein Holztier am Bande (ein früher Vorläufer der Tigerente) und Werther in der Tür.

Von der Dichtung zurück in die Wirklichkeit: Goethe

war bald »dergestalt eingesponnen« in diese kinderreiche Idylle, und »zugleich von dem jungen Paare so zutraulich und freundlich behandelt, daß er sich selbst nicht mehr kannte«.

Und Lotte, die Ersatzmutter, die Braut und potentielle Geliebte? – Nun, »sie mochte ihn gern zu ihrem Begleiter; er konnte bald ihre Nähe nicht missen, denn sie vermittelte ihm die Alltagswelt, und so waren sie, bei einer ausgedehnten Wirtschaft, auf dem Acker und den Wiesen, auf dem Krautland wie im Garten, bald unzertrennliche Gefährten«.

Und der Bräutigam?, fragen wir unwillkürlich. – Er scheint nicht eifersüchtig, macht sich gleichwohl so seine Tagebuchgedanken, nimmt teil, wenn es seine Geschäfte erlauben, und inzwischen »hatten sich alle drei an einander gewöhnt, ohne es zu wollen, und wußte nicht, wie sie dazu kamen, sich nicht entbehren zu können«.

Es wird trotzdem kein Ménage à trois, dazu ist Kestner zu bieder, er überlegt gar, ob er Lotte nicht »freigeben« müsse, und Goethe ist zu sehr der Papiertiger, der Schwärmer, er liebt diese Konstellationen, die ihn zu nichts verpflichten, aber alles zu versprechen scheinen. Er spielt gelegentlich mit der Liebe, mit den Gefühlen der Menschen, um sie in der Literatur, in der Poesie verarbeiten zu können, das zeigt auch ein Blick über den hier gewählten Lebensabschnittsrahmen hinaus.

Aber die Wetzlarer Wirklichkeit gerät zur Sommeridylle, mit taureichem Morgen, reifen Kornfeldern, dem Lied der Lerche und dem Schlag der Wachtel – schwer, darüber keine Satire zu schreiben. Heiße Stunden erleben sie, Gewitter – und wenn es auch mal einen kleinen Verdruss gegeben haben sollte, der »war leicht ausgelöscht durch fortdauernde Liebe«.

Goethe selbst erwähnt den glücklich-unglücklichen Freund aus Rousseaus La Nouvelle Héloïse: »Und zu den

Füßen seiner Geliebten sitzend, wird er Hanf brechen, und er wird wünschen Hanf zu brechen, heute, morgen und übermorgen, ja sein ganzes Leben.«

Aber wir sind in Wetzlar, und nun kommt die Schattenfigur Jerusalem auch wieder zum Vorschein. Von gefälliger Gestalt war er, von »mittlerer Größe, wohlgebaut; ein mehr rundes als längliches Gesicht; weiche ruhige Züge« – ein hübscher blonder Jüngling mit blauen Augen. Goethe hatte ihn nur manchmal bei Freunden getroffen, schien ihn nicht wahrnehmen zu wollen. Jerusalem liebte Zeichnungen und Skizzen, beschäftigte sich mit englischer Literatur, schrieb wohl auch selbst – und schon ist er auch wieder (zumindest aus dem Goetheschen Blickfeld) verschwunden.

Goethe besucht unterdessen den Professor Höpfner im nahen Giessen, hat mit Schlosser und Merck verabredet, sich als Bettelstudent zu verkleiden, und macht sich vor Sonnenaufgang auf den Weg – »von Wetzlar an der Lahn hin, das liebliche Tal hinauf«. Zum Ende des Besuchs bei Höpfner und nach angeregter Unterhaltung, bei der der junge vermeintliche Bettelstudent alle Register seines sprühenden Geistes zieht, wird der Scherz aufgedeckt und verbreitet allgemeine Heiterkeit.

In dieser Zeit muss Schlosser seinem guten Bekannten Goethe, ich zögere, ihn »Freund« zu nennen, aber noch etwas Wichtiges anvertrauen; er teilt ihm mit, dass er »erst in ein freundschaftliches, dann in ein näheres Verhältnis« zu seiner Schwester gekommen sei und »daß er sich nach einer baldigen Anstellung umsehe, um sich mit ihr zu verbinden«.

Das muss eingeschlagen haben wie eine Bombe, und der junge Praktikant, der das vielleicht so nebenbei im Plauderton erfährt, gesteht sich ein, »daß ich wirklich auf meine Schwester eifersüchtig« war. Nach der Rückkehr aus Straßburg war das Verhältnis zu Cornelia noch inniger geworden, man hatte viel Zeit miteinander verbracht, seine Gedichte wurden ihr vorgelesen, Stellen aus Homer für sie übersetzt, und dem, sagt er anerkennend, »was ich geistreich hingab, folgte sie mit dem Geiste«. Auch in den Darmstädter Kreis hatte er die Schwester miteinbezogen, die briefliche Unterhaltung war nie abgerissen, nur seit Wetzlar war der Austausch ins Stocken geraten. Möglicherweise, so legt er es sich zurecht, habe seine Neigung zu Lotte Aufmerksamkeiten der Schwester gegenüber verhindert, »sie fühlte sich allein«, sinniert er, »vielleicht vernachlässigt, und gab um so eher den redlichen Bemühungen eines Ehrenmanns Gehör, welcher, ernst und verschlossen, zuverlässig und schätzenswert, ihr seine Neigung; mit der er sonst sehr kargte, leidenschaftlich zugewendet hatte«.

Der Psychoanalytiker K. R. Eissler spricht von einer Paramnesie, einer Erinnerungstäuschung Goethes, möglicherweise sei es gar nicht Schlosser gewesen, der ihm von seiner Liebe zu Cornelia erzählt habe; es ist nicht ganz abwegig, »daß er tatsächlich deshalb nach Hause eilte, weil er retten wollte, was noch zu retten war...« Die Funktion der Erinnerungstäuschung bestehe aber auch darin, so Eissler, dass Goethe später versicherte, er sei zurückgekehrt, weil Schlosser ihn gerufen und er damit seine Pflicht erfüllt habe, »dem Paar bei seiner Verbindung behilflich zu sein«.

Der trotzige Satz Goethes, der sich in »Dichtung und Wahrheit« findet, wenn er, der Bruder, »nicht abwesend gewesen wäre, es mit dem Freunde so weit nicht hätte gedeihen können«, verrät mehr als deutlich seine Eifersucht, und sein Leben lang hat er kein positives Verhältnis zu seinem überaus tüchtigen und erfolgreichen Schwager gefunden.

In der Wetzlarer Zeit ist nun plötzlich auch der andere Freund, nämlich Merck, gegen einen längeren Aufenthalt – und »wie meinen Schwager die Liebe, so trieb diesen der Haß von der Universität hinweg«. Merck hasste die akademische Gesellschaft, fühlte sich unwohl. Auch ist Merck, nachdem Goethe ihn in Lottes Kreis eingeführt hat, gar nicht so sehr begeistert von dem umschwärmten Mädchen; er reagiert eher gleichgültig*, ja, er zieht sogar eine ihrer »junonischen Freundinnen« vor und macht dem Freund Vorwürfe, dass er sich nicht um diese bemüht habe, zumal sie frei sei. Merck erzählt ihm auch noch von einer beabsichtigten Rheinreise und weckt Sehnsüchte in dem jungen Praktikanten.

Viele Gründe mögen schließlich zu Goethes Abreise geführt haben. Wenn auch Cornelia der Hauptgrund war, so reflektiert er doch zumindest sein Verhältnis zu Lotte und Kestner, muss sich eingestehen, dass sie ihm letztlich nichts weiter als Freundschaft geben könne, wie sie versichert hatte, und dass der Kuss, der offensichtlich ausgetauscht worden war, zu einer kleinen »Brouillerie«, einem Zerwürfnis zwischen Lotte und Kestner, geführt hatte. Wer war schon dabei und kann sagen, wie es wirklich war?

Schließlich trennt sich Goethe »von Charlotten zwar mit reinerem Gewissen als von Friederiken, aber doch nicht ohne Schmerz«. Goethe bekennt sich letzten Endes zu seiner Leidenschaft. »Sie dagegen und ihr Bräutigam hielten sich mit Heiterkeit in einem Maße, das nicht schöner und liebenswürdiger sein konnte ...«

Es fällt ihm sichtlich schwer, doch Cornelia wartet auf ihn, die Eifersucht plagt ihn und ist letztlich stärker als andere Gefühle – »so faßte ich den Entschluß, mich freiwillig zu entfernen, ehe ich durch das Unerträgliche vertrieben würde«.

---

* Dem widerspricht allerdings eine Stelle in Mercks Brief an seine Frau – »... wo ich auch die Wetzlarer Freundin Goethes (Charlotte Buff) gefunden habe, jenes Mädchen, von dem er in allen seinen Briefen mit solcher Begeisterung spricht. Sie verdient in der Tat alles Lob, was er ihr zuteilen kann.«

51. Dichtung und Wirklichkeit

Frankfurt bleibt das Nest

> Jerusalems Tod, der durch die unglückliche Neigung zu der Gattin eines Freundes verursacht ward, schüttelte mich aus dem Traum, und weil ich nicht bloß mit Beschaulichkeit das, was ihm und mir begegnet, betrachtete, sondern das Ähnliche, was mir im Augenblicke selbst widerfuhr, mich in leidenschaftliche Bewegung setzte, so konnte es nicht fehlen, daß ich jener Produktion, die ich eben unternahm, alle die Glut einhauchte, welche keine Unterscheidung zwischen dem Dichterischen und dem Wirklichen zuläßt.
>
> (DuW, III,13)

Bei Sophie von La Roche war ein Treffen mit Merck verabredet; Goethe schickte sein Gepäck nach Frankfurt voraus, und er wandert dann ohne Eile »diesen schönen, durch seine Krümmungen lieblichen, in seinen Ufern so mannigfaltigen Fluß hinunter«. Auf dem rechten Ufer der Lahn sucht er seinen Weg, genießt die Naturschönheiten, die Schlösser, die »aus der Ferne lockenden blauen Bergreihen«. Angesichts des Flusses, in einiger Entfernung unter ihm, glitzernd im Sonnenlicht, am Ufer zum Teil durch Weidengebüsch verdeckt, steigt der alte Wunsch wieder in ihm auf, »solche Gegenstände würdig nachahmen zu können«.

Er beschließt, sein künstlerisches Schicksal zu befragen, ein Orakel herauszufordern. Sein schönes Taschenmesser schleudert er dazu in den Fluss, nachdem er auto-orakelhaft mit sich vereinbart hatte: Sehe ich es eintauchen, wird mein Künstlerwunsch erfüllt, ansonsten – ade alle Wünsche, Bemühungen und Hoffnungen!

Aber schon kurz nach diesem Selbstversuch muss er die Zweideutigkeit des Orakels beklagen. Das Eintauchen des Messers selbst hat er nicht gesehen, dafür aber eine kleine Fontäne, die das Messer verursacht hatte. Das Ergebnis kann er also nicht unbedingt positiv auslegen. Der Wanderer schlendert weiter, meistens allein; Weilbach, Limburg, Diez und Nassau lässt er hinter sich und gelangt nach Ems, geht erst einmal baden und fährt schließlich mit dem Kahn flussabwärts: »Da eröffnete sich mir der alte Rhein, die schöne Lage von Oberlahnstein entzückte mich; über alles aber herrlich und majestätisch erschien das Schloß Ehrenbreitstein, welches in seiner Kraft und Macht, vollkommen gerüstet, dastand. In höchst lieblichem Kontrast lag an seinem Fuß das wohlgebaute Örtchen Thal genannt, wo ich mich leicht zu der Wohnung des Geheimerats von La Roche finden konnte.«

Goethe wurde freundlich empfangen, er konnte mit der Mutter literarische Themen erörtern, und es verband ihn »mit dem Vater ein heiterer Weltsinn, und mit den Töchtern meine Jugend«. Ein schönes Haus, etwas erhöht über dem Fluss gelegen, eine schöne Aussicht, große und hohe Räume, dazu Sonnenschein – der junge Mann fühlt sich wohl.

Nicht lange bleibt er der einzige Gast: Franz Michael Leuchsenring kommt, zeigte seine Schatullen vor, die vertrauliche Briefwechsel bargen; für den Hausherrn war dies das Zeichen, sich mit einer schalkhaften Bemerkung, mit einem Scherz, zurückzuziehen.

Sophie von La Roche nahm das gelassen hin. Sie war eine anmutige Frau, trug ein Flügelhäubchen über einem feinen Gesicht und strahlte Ruhe und Würde aus. Schließlich kommt auch noch Merck mit Familie, und neue »Wahlverwandtschaften« entstanden, der junge Herr Goethe hat Gelegenheit, sich mehr um die Töchter zu kümmern. Besonders die ältere, Maximiliane, zog ihn an, und da seine sehnsuchtsvolle Beziehung zu Lotte noch nicht im Geringsten abgekühlt ist, kann er mit einem Seufzer pathetisch formulieren: »Es ist eine sehr angenehme Empfindung, wenn sich eine neue Leidenschaft in uns zu regen anfängt, ehe die alte noch ganz verklungen ist.«

Die »neue Leidenschaft« war Tochter Maximiliane von La Roche, kurz »Maxe« genannt; sie war »eher klein als groß von Gestalt, niedlich gebaut«, und wenn wir dem Gemälde von Anton Wilhelm Tischbein vertrauen dürfen, eine hübsche, aparte junge Frau, eben mit den »schwärzesten Augen«, die den jungen Dichter so anzogen. Die Augen Lottes im »Werther« wird er bald darauf von ihr entlehnen, die so gar nicht zu unserem Bild von der »wirklichen« Lotte passen wollen.

Es fehlte nicht an Unterhaltung im Hause La Roche, kleine Ausflüge in die Gegend wurden unternommen, »Ehrenbreitstein diesseits, die Kartause jenseits wurden bestiegen«. Goethe genießt die Zeit des Besuches – »die Stadt, die Moselbrücke, die Fähre, die uns über den Rhein brachte, alles gewährte das mannigfachste Vergnügen«.

Doch Merck sorgte schon bald für Unruhe, hatte auch wohl nur bedingtes Interesse an Leuchsenrings Briefwechseln, und so wurde bald »zum Aufbruch geblasen«; Goethe fuhr mit den Mercks rheinaufwärts nach Mainz. Rheinfels, St. Goar, Bacharach, Bingen, Eltville und Biebrich – die Reisenden haben es nicht eilig, es wird fleißig gezeichnet unterwegs, und der Schiffer wird angewiesen, sich keineswegs zu übereilen.

Merck gewinnt schon in dieser Zeit großen Einfluss auf den jungen Advokaten; an seine Kritik, auch an seinen Spott, wird er sich, ähnlich wie bei Herder, nach und nach gewöhnen müssen. Er nimmt manches hin, wenn es ihm nützt, wenn er lernt; über Mercks Charakter dürfte er nicht lange im Zweifel gewesen sein.

Zu Hause in Frankfurt angekommen, kümmert er sich wieder um seine Advokatur, schreibt Briefe an Charlotte Buff und an Kestner. Charlotte hatte ihm eine Schleife geschickt, die sie bei ihrer ersten Begegnung getragen hatte.

Wetzlar besucht er in diesem Jahr mit Johann Georg Schlosser erneut, und er ist zu Gast bei Merck, trifft auch Herders Braut Caroline Flachsland. Im November hat er vom Selbstmord des unglücklichen Jerusalem erfahren. Kestner schickt ihm einen ausführlichen Bericht; ohne es zu wissen, trägt er damit bei zu einem der aufsehenerregendsten Romane der Weltliteratur.

52. Frauenzimmer nehmen großen Antheil an seinem Schicksal – Kurzer Bericht über Jerusalem

> Die Jerusalemische Geschichte, die ich möglichst genau erforschte, weil sie merkwürdig war, schrieb ich mit allen Umständen auf und schickte sie Goethen nach Frankfurt.
>
> (Kestner an Hennings, 7. Nov. 1774)

Nach diesem Bericht Kestners an Goethe muss Karl Wilhelm Jerusalem (1747–1772) die gesamte Zeit seines Aufenthalts in Wetzlar »mißvergnügt« gewesen sein. Der Zutritt zu den großen Gesellschaften wurde ihm verwehrt, und mit dem braunschweigischen Gesandten (von Höfler) hatte er »heftige Streitigkeiten«, die ihm Verweise mit »verdrießlichen« Folgen einbrachten. Dazu war er zu allem Unglück auch noch in die Frau des pfälzischen Sekretärs Herd verliebt. Der nüchterne und geradlinige Kestner glaubt nicht, dass diese »zu dergleichen Galanterien« aufgelegt gewesen sein könnte, außerdem sei ihr Mann sehr eifersüchtig gewesen. Zum beruflichen Verdruss kam also eine hoffnungslose Liebe.

Der unglückliche Jerusalem entzog sich der Gesellschaft, so berichtet Kestner, liebte einsame Spaziergänge im Mondenschein, und es kam vor, dass er sich im Wald verirrte. Bauern fanden ihn und wiesen ihn zurecht. Seinen Kummer behielt er für sich, vertraute sich niemandem an.

Er war ein Romanleser, Trauerspiele waren ihm die liebsten, auch Philosophie las er mit Eifer, grübelte darüber nach. Er selbst hat einige Aufsätze geschrieben, u. a. einen, in dem er den Selbstmord rechtfertigte. Auch Werke von Leibniz hatte er gelesen. Eine Begleiterin, die er einmal nach Hause brachte, berichtet verwundert, er habe sich im Gehen »oft unmuthsvoll vor die Stirn geschlagen und ausgerufen: ›Wer doch erst todt – wer doch erst im Himmel wäre!«‹ Die Begleiterin spaßt, doch er möchte einen Platz neben ihr im Himmel haben.

Bei einem Besuch bei den Herds sagt er zu Frau Herd, dieses sei der letzte Kaffee, den er mit ihr trinke. Sie hält es für Spaß. Danach muss er noch einmal allein bei den Herds gewesen sein, doch hiervon kann Kestner natürlich nichts wissen. Dann berichtet er aber von einem Auftritt Jerusalems im Gasthaus in Garbenheim: Er fragt, ob niemand oben im Zimmer sei, geht rauf, kommt runter, geht auf den Hof, kommt zurück, geht in den Garten; er bleibt lange, inzwischen ist es dunkel. Ohne ein Wort zu sagen, geht er an der Wirtin vorbei, »zum Hofe hinaus, rechts davon springend«.

Die Herds müssen sich inzwischen seinetwegen verkracht haben. Sie verlangt, dass er ihm das Haus verbiete; Herd schreibt ein entsprechendes Billet.

Kestner hatte offensichtlich Kontakt zu dem Bedienten Jerusalems, dieser erzählt, dass J. von Mittwoch auf Donnerstag um zwei Uhr nachts aufgestanden sei, ihn (den Bedienten) geweckt habe. Er klagte über Unwohlsein, ließ einheizen und Tee machen. Am Morgen dann sei ein Billet von Herd gekommen. Um elf Uhr schickt Jerusalem seinerseits ein Billet an Herd. Herd verweigert die Annahme. Jerusalem isst zu Hause, schickt ein Billet an Kestner und an seinen Gesandten, an letzteren mit der Bitte um Geld.

Kestner bekommt sein Billet und liest:

Dürfte ich Ew. Wohlgeb. wohl zu einer vorhabenden Reise um ihre Pistolen gehorsamst ersuchen? J.

Der Berichterstatter Kestner hatte zu diesem Zeitpunkt ganz offensichtlich noch keinerlei Argwohn. Er schickt Jerusalem also die Pistolen. Der Bediente musste sie zum »Büchsenschäfter« bringen, um sie mit Kugeln laden zu lassen. Alles deutete auf eine Reise hin, selbst der Friseur war für den Morgen bestellt.

Den Nachmittag über war Jerusalem beschäftigt, ging hin und her, kramte, schrieb, bezahlte kleinere Schulden. Der Italienischlehrer kam abends zu ihm, »dieser fand ihn unruhig und verdrießlich«. Jerusalem erwähnt sogar, dass es das Beste sei, »sich aus der Welt zu schicken«. Gute Ratschläge des Italieners: Unterdrückung durch Philosophie, ausgehen, sich zerstreuen …

Der Diener kommt, will ihm die Stiefel ausziehen. J. aber sagt, er wolle noch ausgehen. Tatsächlich hat man ihn auch noch draußen gesehen, beim Silbertor und anderswo, den Hut tief in die Stirn gedrückt, mit schnellen Schritten rauschte er vorbei. Danach habe er am Fluss gestanden, ganz so, als wolle er sich hineinstürzen.

Um neun Uhr ist er wieder zu Haus, lässt den Ofen nachlegen, verlangt einen Schoppen Wein. Der Bediente solle alles für morgen früh um sechs bereithalten; dieser legt sich daraufhin mit Kleidern ins Bett.

Von dem, was folgt, hat Kestner zumindest indirekte Kenntnis: Jerusalem habe nun Briefe zerrissen, aber auch Briefe geschrieben, an die Familie und an Herd. Er bittet die Eltern um Verzeihung, auch Herd bittet er um Verzeihung, dass er seine Ruhe und das Eheglück gestört habe, in der Ewigkeit hoffe er, der Frau einen Kuss geben zu dürfen.

Kestner berichtet noch von den Schwierigkeiten mit dem Gesandten von Höfler, der später versucht, »die Aufmerksamkeit ganz von sich, auf diese Liebesbegebenheit zu lenken«. Der Erbprinz von Braunschweig wiederum sei dem J. gewogen gewesen, habe ihm sogar Geld angeboten, wenn er es brauche.

Jerusalem habe sich dann nach den diversen Vorbereitungen »etwa gegen 1 Uhr (…) über das rechte Auge hinein durch den Kopf geschossen«. Die Kugel habe man nirgends gefunden, niemand habe den Schuss gehört außer einem Franziskanerpater. (Die Leute im Haus müssen einen guten Schlaf gehabt haben.) Kestner hatte am nächsten Tag Kontakt mit dem Arzt und kann Folgendes erzählen: Jerusalem habe sich im Lehnstuhl vor seinem Schreibtisch erschossen, danach sei er wohl auf den Boden gefallen, überall sei Blut gewesen, er müsse sich wohl in seinem Blute gewälzt haben, am Fenster sei wieder Blut gewesen, dort habe er »auf dem Rücken entkräftet« gelegen, in völliger Kleidung, mit Stiefeln, blauem Rock und gelber Weste.

Auch mit dem Bedienten hat Kestner gesprochen: Der sei morgens um sechs Uhr ins Zimmer gekommen, habe nach einer Schrecksekunde die Pistole gefunden, das Blut gesehen, habe seinen Herrn geschüttelt, aber der habe nur noch geröchelt. »Zu Medicis und Wundärzten« sei er dann sofort gelaufen, die seien auch gekommen, aber es habe keine Rettung mehr gegeben, auch wenn der Puls noch geschlagen habe. Die Glieder wie gelähmt, eine Ader habe man noch geöffnet, das Gehirn sei »herausgetreten gewesen«. Das Gerücht habe sich nun schnell verbreitet, die ganze Stadt sei bald in Aufruhr gewesen. Als Kestner davon hörte, fielen ihm als Erstes seine Pistolen ein. Er zog sich an, ging eilends hin. Als er ankam, lebte Jerusalem noch, röchelte, die Lunge war (noch) in Bewegung.

Bücher und eigene Aufsätze lagen herum, »Emilia Galotti lag auf einem Pult am Fenster aufgeschlagen« (Goethe übernimmt das später), daneben ein Manuskript »Von der Freiheit«. Kestner konnte sich nachher nicht mehr daran erinnern, welche Szene von Emilia Galotti aufgeschlagen war.

Gegen Mitternacht starb J.; er wurde am nächsten Tag dreiviertel elf begraben; eine Sektion fand nicht statt. Zwölf Laternen, einige Begleiter, Barbiergesellen haben ihn getragen, »das Kreuz ward voraus getragen« (das fehlt bei Goethe). Kein Geistlicher hat ihn begleitet. Und nun zum Abschluss Kestner wörtlich:

> Es ist ganz ausserordentlich, was diese Begebenheit für einen Eindruck auf alle Gemüther gemacht. Leute, die ihn kaum einmahl gesehen, können sich noch nicht beruhigen; viele können seitdem noch nicht wieder ruhig schlafen; besonders Frauenzimmer nehmen großen Antheil an seinem Schicksal; er war gefällig gegen das Frauenzimmer, und seine Gestalt mag gefallen haben etc.
>
> Wetzlar d. 2. Nov. 1772.«

53. Ein Meteor am Literaturhimmel
oder
»Ich weis nicht warum ich Narr
soviel schreibe ...«

Goethe dankt Kestner herzlich, aber beinahe etwas (nach-)lässig für diesen ausführlichen Bericht; eine Abschrift will er anfertigen lassen und dann die Blätter zurückschicken. Dann erzählt er andere Dinge, lässt Grüße ausrichten, verrät, dass er viel von Lotte erzählt (ihre Silhouette hängt in seinem Zimmer), sodass die Leute meinen, sie sei wohl seine Geliebte, und spottet zum Schluss gar – aber »erschießen mag ich mich vor der Hand noch nicht«. Zu diesem Zeitpunkt (November 1772) zumindest ist ihm die Brisanz des Themas offensichtlich überhaupt nicht bewusst, der zündende Gedanke zur literarischen Bearbeitung, der auslösende kreative Impuls fehlt noch. Daher beginnt die eigentliche Arbeit am »Werther« auch erst einige Zeit später, Anfang Februar 1774.

Vorerst bleibt ohnehin genug zu tun, und seit einiger Zeit geht ihm auch das Thema »Faust« wieder durch den Kopf. Angeregt wird er dazu durch die Berührung mit der Alchemie (Klettenberg, Dr. Metz) und wohl auch durch die Enthauptung der Kindsmörderin Susanna Margaretha Brandt in allernächster Nähe. Hinzu kommen seine Glaubenszweifel, seine Abwendung von der christlichen Brüdergemeinde und seine Suche nach einem neuen Gottesverständnis.

Von den frühesten Arbeiten am »Faust« existiert kein eigenhändiges Manuskript mehr, doch fertigte später in Weimar die Hofdame Luise von Göchhausen eine Abschrift an, die erst 1887 entdeckt wurde – für die Forschung eine kleine Sensation. Goethe selbst sagt später, dass der »Faust« (oder die ersten Teile des »Faust«) zusammen mit dem »Werther« entstanden, jedenfalls bringt er die Manuskripte mit nach Weimar.

Der junge Dichter war geradezu fasziniert von dem historischen Dr. Faust, der »eine legendäre Gestalt aus dem Umfeld der humanistischen gebildeten Alchemisten und Magier an der Epochenwende vom Mittelalter zur frühen Neuzeit«[1] war und der ihm sicher durch die alten Volksbücher und Puppenspiele vertraut war, wenn er sich auch mit Nachrichten darüber (wie auch bei einigen anderen Stoffen, die ihm wichtig waren) zurückhält, sie beinahe eifersüchtig für sich behalten möchte.

Schon lange vor Goethe hatte Christopher Marlowe

(1588/89) den Stoff auf die Bühne gebracht; er zeigt uns einen Faust »in search of unlimited knowledge«, der weiß, dass er dieses Ziel nur durch Magie und durch einen Pakt, einen Handel (bargain) mit dem Teufel, erreichen kann. Marlowes Fassung wurde sehr populär, als Volksschauspiel bearbeitet, und es ist nicht ausgeschlossen, dass der Knabe Goethe im Marionettentheater eine Fassung sah, die auf dieser Vorlage basierte.

In Goethes Straßburger Zeit kam die Erinnerung an Faust bekanntlich mit aller Macht zurück, »klang und summte gar vieltönig« in ihm wider, und schon zu Beginn des Jahres 1772 wurden einige Szenen entworfen, die noch ein wenig anders klingen als die Endfassung:

> Hab nun, ach! die Philosophey,
> Medizin und Juristerey
> Und leider auch die Theologie
> Durchaus studirt mit heisser Müh.
> Da steh ich nun, ich armer Thor,
> Und binn so klug als wie zuvor.

Zur Arbeit am »Faust« kommt eine unglaubliche Flut von anderen Arbeiten, es gleicht einer Eruption: »Götz von Berlichingen«, auch seit Straßburg im Kopf des Dichters (eine erste Fassung war bereits entworfen), wird umgearbeitet, dazu, um nur einige zu nennen, kommen »Prometheus« und »Clavigo«, außerdem (beinahe gleichzeitig) »Die Leiden des jungen Werthers«. Sein Zimmer ist in dieser Zeit übersät mit Entwürfen und Fragmenten, und immer noch fühlt er sich auch als bildender Künstler. An Herder schickt er schon früh (Anfang 1772) sein »Skizzo«, einen Entwurf des »Götz von Berlichingen«; dazu berichtet er von einem Sokrates-Drama, von dem aber nichts erhalten ist.[2]

Pläne über Pläne, und er selbst stöhnt bisweilen: »Ich weis nicht warum ich Narr soviel schreibe.«

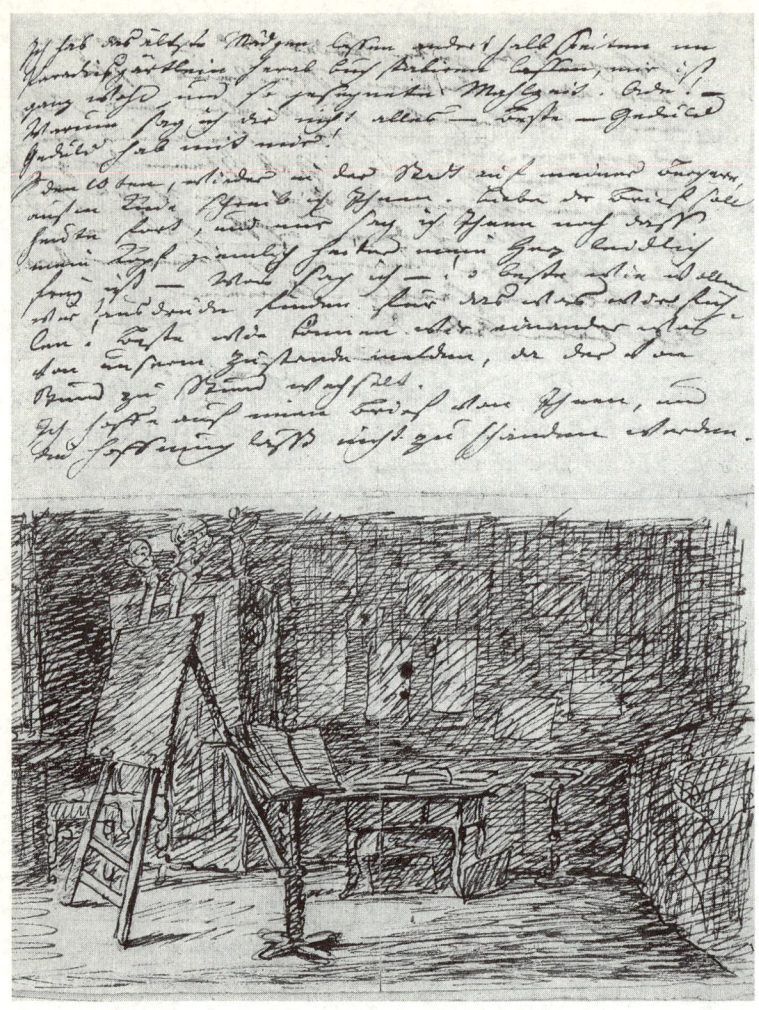

Goethes Frankfurter Arbeitszimmer, auf die untere Hälfte seines Briefes an Auguste Gräfin zu Stolberg gezeichnet.

Das geschieht alles nicht in chronologischer Reihenfolge, sondern zum Teil nebeneinander, gleichzeitig, wird dann überarbeitet, wird aufgegeben oder kann sich auch über Jahre hinziehen. Beim »Faust« waren es sogar Jahrzehnte, sechs, wenn man die Anfänge betrachtet bis zur endgültigen

Fassung (»Faust II«), eine gigantische Lebensarbeit. Dies alles beginnt nach seiner Rückkehr aus Wetzlar; dass er zwischendurch noch Gelegenheit findet, Rezensionen für die »Frankfurter Gelehrten Anzeigen« zu schreiben, ist mehr als erstaunlich.

Herder hatte (schon 1772) Goethes erste Fassung des »Götz« kritisiert, und dieser räumte ein: »Es muss eingeschmolzen von Schlacken gereinigt mit neuem edlerem Stoff versetzt und umgegossen werden.« Doch zunächst schreibt er noch einige Rezensionen, auch »Von deutscher Baukunst«, das zunächst noch in einem Sammelband Herders anonym erscheint, und immer wieder fühlt er sich als Zeichner: »Ich bin iezt ganz Zeichner, habe Muth und Glück.« Ein Dramen-Fragment »Mahomet« entsteht, dazu Gedichte und viele kleinere Arbeiten, die umfängliche Korrespondenz nicht zu vergessen.

Dann konzipiert er ein Singspiel, einer Operette vergleichbar, schreibt Ende des Jahres (1773) an Kestner »… ein Lustspiel mit Gesängen ist bald fertig«, muss aber zugeben, es sei »ohne grossen Aufwand von Geist und Gefühl« für den Horizont der Akteure und »unserer Bühne« gearbeitet: »Erwin und Elmire«.*

Im Herbst 1773 erscheint anonym eine Farce: »Götter Helden und Wieland«; sie ist nicht gerade ein Ruhmesblatt des produktiven Jungdichters. Er verspottet den berühmten Literaturpionier aus einer Laune heraus nach Strich und Faden, stellt ihn im Totenreich (mit Nachtmütze) neben Herakles – kein Wunder, dass Wieland wie ein verdatterter, lächerlicher Zwerg erscheint. Euripides, den sie treffen, fühlt sich durch Wieland beleidigt, auch Merkur findet seinen

---

* Eine Anregung dazu nennt Goethe in »Dichtung und Wahrheit«: Goldsmiths »The Vicar of Wakefield«; sein Spiel »Erwin und Elmire« nimmt er später (in der ersten Fassung) nicht in seine Werke auf, eine Umarbeitung erfolgt während der Italienreise.

Namen für Wielands Zeitschrift missbraucht – der Autor lässt seiner Spottlust freien Lauf.

Wieland nimmt das später ganz gelassen, schreibt in seinem »Teutschen Merkur« darüber, er empfehle diese kleine Schrift als ein Meisterwerk von Persiflage und sophistischem Witz – und lässt damit den Spötter ins Leere laufen. Als Goethe ihn später persönlich kennenlernt, ist alles verflogen und vergessen, ähnlich wie bei den Brüdern Jacobi, die er auch nach Kräften verspottet hatte, löst die persönliche Bekanntschaft alle Spottlust auf.

Neben seiner Tätigkeit als Rechtsanwalt (der Vater erledigt viele Arbeiten im Hintergrund), beschäftigt ihn auch noch ein Cäsar-Drama, eine Idee, die bis in den Herbst 1771 zurückgeht. Aber auch Abwechslung braucht ein junges Genie gelegentlich, Schlittschulaufen im Winter beispielsweise, was er sehr liebt, oder auch gesellschaftliche Spiele, die gerade en vogue waren. Eines davon (sehr beliebt) war ein Mariage-Spiel, eine Ehestandskomödie. Selbst aus diesem Spiel aber entsteht noch ein weiteres Stück des Autors, der sich in Hochform befindet; es ist »Clavigo«, zunächst einmal als Trauerspiel bezeichnet. Es ist das erste Werk, das unter dem Namen »Göthe« erscheint – »Clavigo«, bald schon gedruckt bei Weygand in Leipzig.

54. Ein sonderbarer Zeitgenosse: Johann Christian Senckenberg, Arzt und Stifter

In dieser Zeit stirbt ein Zeitgenosse Goethes, dem wir einen Augenblick unsere Aufmerksamkeit widmen sollten, bevor wir uns »Clavigo« und einem seltsamen Heiratsspiel zuwenden – es ist der Arzt und Stifter Johann Christian Senckenberg (1707–1772).

Die Senckenbergs, zugewanderte Frankfurter, wohnten in der Hasengasse; der Vater, ebenfalls Arzt, hatte 1701 das Haus »Zu den drei kleinen Hasen« gekauft, das versorgte die Söhne mit Spitznamen. Goethe schildert die Familie als bedeutend, von der er seit seiner frühesten Jugend »viel Sonderbares« vernommen und »noch manches Wunderbare« miterlebt habe.

Was er gehört haben könnte, war in der Tat »sonderbar«: Johann Hartmann Senckenberg, der Vater, hatte nach dem Tod seiner ersten Ehefrau die fast dreißig Jahre jüngere Anna Margarethe Raumberger, Tochter eines Ratsschreibers, geheiratet. Das war ein Fehler, denn gewisse Zweifel den Charakter der Braut betreffend, traten schon bald auf, die zweite Ehefrau erwies sich »als ausgesprochen prunksüchtig, jähzornig und bösartig«.[1] Wem das noch nicht reicht, der höre weiter: »Es kam zwischen den Eheleuten nicht nur zu verbalen Auseinandersetzungen, sondern auch zu Handgreiflichkeiten, wobei Senckenberg eines Tages von seiner Frau mit einem Messerstich am Arm verletzt wurde.«

Zustände wie im alten Rom.

Trotz aller »Auseinandersetzungen« wurden dem Paar fünf Kinder geboren; die Streitigkeiten klangen aber nicht ab, und die Mutter versuchte sogar, die heranwachsenden Söhne gegen den Vater aufzuhetzen.

Als der kleine Johann Christian beispielsweise von dem Vater verprügelt wurde, gab die Mutter ihm (von hinten) einen Stock in die Hand, »mit dem der Sohn dann dem eigenen Vater im Affekt ein Auge ausschlug«.

Diese Ungeheuerlichkeit wird vom Biografen nicht weiter kommentiert, dafür aber wird ein Stoßseufzer des (religiösen) Vaters über die Frau zitiert, den er in seinen privaten Papieren notierte:

»Demnach es dem höchsten Gott gefallen, mich in der zweyten Ehe, wider alles demselben wohlbekannte Bitten und Flehen, aus unerforschlichem Verhängnuß jedennoch mit einer höchst ungezogenen, unmenschlich boshaftigen, unvergleichlich herzlosen Xanthippen und Ehefrawen heimzusuchen.«

So weit, so gut, der arme Kerl; doch nur ein naiver Autor wird das so stehen lassen wollen. Audiatur et altera pars – auch der andere Teil soll gehört werden – ist eine ganz notwendige Devise, und es hilft auch nicht das (erhaltene) Bild der bösen Ehefrau zu betrachten, um den Trampelpfad der Vorurteile zu verbreitern, denn siehe da, dem klagenden Vater wird (außer einer robusten Gesundheit) ein nicht näher ausgeführter Hang zur »Wollust« nachgesagt.

Lassen wir es dabei, denn der Knabe Goethe steht hier im Focus; wundern wir uns aber nach Kenntnis einiger Einzelheiten nicht, dass die Söhne aus dieser Ehe schon früh als Sonderlinge galten.

In der Rückerinnerung schreibt Goethe:

> Er hatte drei Söhne[2], die sich in ihrer Jugend schon durchgängig als Sonderlinge auszeichneten. Dergleichen wird in einer beschränkten Stadt, wo sich niemand weder im Guten noch im Bösen hervortun soll, nicht zum besten aufgenommen. Spottnamen und seltsame, sich lang im Gedächtnis erhaltende Märchen sind meistens die Frucht einer solchen Sonderbarkeit. Der Vater wohnte an der Ecke der Hasengasse, die von dem Zeichen des Hauses, das einen, wo nicht gar drei Hasen vorstellt, den Namen führte. Man nannte daher diese drei Brüder nur die drei Hasen, welchen Spitznamen sie lange Zeit nicht los wurden. Allein, wie große Vorzüge sich oft in der Jugend durch etwas Wunderliches und Unschickliches ankündigen, so geschah es auch hier. Der älteste war der nachher so rühmlich bekannte Reichshofrat von Senckenberg. Der zweite ward in den Magistrat aufgenommen und zeigte vorzügliche Talente, die er aber auf eine rabulistische, ja verruchte Weise, wo nicht zum Schaden seiner Vaterstadt, doch wenigstens seiner Kollegen in der Folge mißbrauchte.

Von den drei Hasen also bereits zwei, wobei der zweite (bei Goethe) der dritte Sohn ist.

Johann Christian Senckenberg. Federzeichnung von Johann Heinrich Wicker, 1772

Dieser große Rabulist häufte ein so langes Sündenregister an, die Rede ist von Vergewaltigung, Verleumdung, Freiheitsberaubung, Mordversuch, Erpressung, Diebstahl, Veruntreuung öffentlicher Gelder etc. etc., dass schließlich die Todesstrafe für ihn gefordert wurde; das Verfahren wurde verschleppt, Johann Erasmus von Senckenberg (1717–1795), der von Kaiser Franz gar geadelt worden und viele Jahre Mitglied im Rat der Stadt gewesen war, the black sheep of the family, wurde prominenter Häftling in der Frankfurter Hauptwache. Nachdem er ungefähr ein Drittel seines Lebens dort verbracht hatte, starb der Querulant und Rabulist 1795 an Altersschwäche.

Hier interessiert uns mehr der zweite Bruder, Goethe hat uns mit seiner Zählweise durcheinandergebracht, der zweite also und nicht der dritte, nämlich Johann Christian Senckenberg, der Arzt und Stifter.

Eine schwierige Persönlichkeit: unsicher, gehemmt, auch leicht depressiv, tief religiös, der nach mehreren Anläufen sein Medizinstudium mit einer Dissertation über die ›Heilkraft der Beeren des Maiglöckchens‹ (an der noch jungen Göttinger Universität Georgia Augusta) abschließt.

Mehrere »Anläufe« waren u. a. auch deshalb nötig, weil beim verheerenden »Christenbrand« von 1719 das Elternhaus »Zu den drei kleinen Hasen« völlig abgebrannt war und der Vater die Studiengebühren nicht mehr bezahlen konnte.

Der schwierige Senckenberg hatte aber auch selbst dafür gesorgt, dass nicht alles reibungslos verlief (so z. B. in Halle), und auch später bekommen Zeitgenossen »ihr Fett« ab, wenn ihr Lebenswandel dem Doktor Senckenberg nicht gefällt.

Besonders gern (und voller Zorn) nahm er Goethes Großvater, Johann Wolfgang Textor, aufs Korn; das hatte nicht nur mit politischen Gesinnungen zu tun, der kaisertreue Stadtschultheiß Textor wurde nämlich für die französische Besatzung Frankfurts im Siebenjährigen Krieg verantwortlich gemacht[3], sondern ging ins rein Private: Senckenberg notierte über Johann Wolfgang Textors »Sauwohlseyn u(nd) s(eine) gantze Sau Familie so Ehbruch u(nd) Hurerey vor ihr summum bonum hält«.[4]

Das ist starker Tobak, und man würde sich wünschen, dass der Biograf den Hintergrund ein wenig erläutert. Ein Urahn (Großvater des Großvaters) soll in der Tat, als er noch Prokurator am Reichskammergericht in Wetzlar gewesen war, eine »stürmische« Phase gehabt haben.

Jedenfalls wurde seine Perücke in einer gerichtlichen Auseinandersetzung einmal von einem wütenden Wetzlarer Bürger als Beweisstück auf den Gerichtstisch[5] geworfen; möglicherweise hatte er Vorfahr Textor in flagranti erwischt, wir wissen es nicht, wenn auch einige Autoren so tun, als seien sie hautnah dabei gewesen. Der bigotte Senckenberg legte den frommen Zeigefinger bei jeder Gelegenheit in diese Wunde; Goethe seinerseits baut sich einen Bilderbuch-Großvater auf, sosehr er den Vater abwertet, desto mehr wertet er den Großvater auf und stellt ihn in eine Nische mit Säulen aus Ehrfurcht und Würde, von kindlichem Weihrauch beräuchert.

Senckenberg, der fromme Sonderling, sah den verehrten Stadtschultheißen anders.

Der Knabe Goethe hat den Arzt Senckenberg vermutlich häufiger gesehen, denn auch seine Großmutter (väterlicherseits), Cornelia Goethe, gehörte zu Senckenbergs Patienten.

Sie starb 1754, und wir verdanken dem eifrigen Zettelschreiber Johann Christian Senckenberg eine Art Tagebuchnotiz aus erster Hand, die auch eine Kurzcharakteristik der alten Frau Goethe aus der Sicht des Arztes enthält:

> Dienstag den 26. März 1754 starb plötzlich beim Schlafengehen Frau Goethe, 86 Jahre alt, die Mutter des kaiserlichen Rates und Schwiegersohnes des Schultheißen Textor, indem sie aus Marasmus (allgemeiner geistig-körperlicher Kräfteverfall, vulgo: Altersschwäche) zu leben aufhörte. Hatte etliche Wochen viel Schläfrigkeit, glaubte, ihr Schnupfen und Husten komme, der gewöhnlich zu Frühlingszeiten war. Sie geht schlafen, schnell hört sie auf zu sprechen, und als man auf sie blickt, war sie schon ohne Bewegung ohne Laut. Sie lebte sanft, und so starb sie ruhig.[6]

Der Knabe Wolfgang Goethe hat ihn gekannt, ebenso der heranwachsende Student und frühreife Dichter; er beschreibt ihn plastisch, wenn auch ein wenig spöttisch:

> Der dritte Bruder (wie wir wissen der zweite), ein Arzt und ein Mann von großer Rechtschaffenheit, der aber wenig und nur in vornehmen Häusern praktizierte, behielt bis in sein höchstes Alter immer ein etwas wunderliches Äußere. Er war immer sehr nett gekleidet, und

man sah ihn nie anders auf der Straße als in Schuhen und Strümpfen und einer wohlgepuderten Lockenperücke, den Hut unterm Arm. Er ging schnell, doch mit einem seltsamen Schwanken vor sich hin, so daß er bald auf dieser bald auf jener Seite der Straße sich befand, und im Gehen ein Zickzack bildete. Spottvögel sagten: er suche durch diesen abweichenden Schritt den abgeschiedenen Seelen aus dem Wege zu gehen, die ihn in grader Linie wohl verfolgen möchten, und ahme diejenigen nach, die sich vor einem Krokodil fürchten. Doch aller dieser Scherz und manche lustige Nachrede verwandelte sich zuletzt in Ehrfurcht gegen ihn, als er seine ansehnliche Wohnung mit Hof, Garten und allem Zubehör, auf der Eschenheimer Gasse, zu einer medizinischen Stiftung widmete, wo neben der Anlage eines bloß für Frankfurter Bürger bestimmten Hospitals, ein botanischer Garten, ein anatomisches Theater, ein chemisches Laboratorium, eine ansehnliche Bibliothek und eine Wohnung für den Direktor eingerichtet ward, auf eine Weise, deren keine Akademie sich hätte schämen dürfen.

Daher also die Wertschätzung in Frankfurt bis heute. Das Ende Senckenbergs ist tragisch; der Arzt und Forscher, der gelegentlich über Schwindelgefühle geklagt hatte, wollte an einem Sonntag im November 1772, wie schon häufiger, die Baustelle des zur Stiftung gehörenden Bürgerhospitals besuchen. Er stieg auf das Gerüst, hat vielleicht noch den Blick über seine bleibende Stiftung genossen, stürzte dann aber (vielleicht infolge eines erneuten Schwindelanfalls) vom Gerüst des Uhrtürmchens. Später wurde er mit einer stark blutenden Kopfwunde gefunden und verstarb noch am selben Tag.

Seine Stiftung existiert bis heute; Stadt und Universität profitieren davon, ebenso heutige Zeitgenossen und Touristen, die möglicherweise ahnungslos im Stadtbild Frankfurts mit den Augen über riesige Dinosaurier »stolpern« und das Naturkundemuseum besuchen. (Dort gibt es tatsächlich echte!)

Und Goethe und die Senckenberg-Stiftung? Profitierte auch der Dichter davon, der sechzig Jahre nach dem Stifter verstarb? Nun, ich habe (mit einem Augenzwinkern) ein Postskriptum⁷ anzubieten, und damit genug von Senckenberg und seiner »sonderbaren« Familie und zurück zu »Clavigo«!

55. Ein Heiratsspiel und das Trauerspiel »Clavigo« oder »… wie sich Gatte und Gattin in Gesellschaft zu benehmen hätten …«

Der junge Advokat Goethe geht seinem Beruf eher beiläufig nach und vermerkt nebenbei, es ergehe ihm wie seinem Vater vor Jahrzehnten, da »ich gleich erst durch den Großvater, sodann aber durch den Oheim*, von dem Rate ausgeschlossen war«. Deshalb konnte er nicht Ratsherr werden, worunter er, im Gegensatz zum Vater, nicht besonders gelitten zu haben scheint. Was die Anwaltstätigkeit betrifft, so bereitet ihm der Vater die Schriftsätze vor, Schreiber Liebholdt macht sich nützlich durch geziertes Abschreiben – und Goethe selbst nimmt derweil teil an den Spielen der jungen Gesellschaft, dem »freundschaftlichen Zirkel«, dem auch Cornelia angehört hatte.

Auch ein Moderator war wieder da, »jener wunderliche Redner (…) war nach mancherlei Schicksalen gescheiter

---

* Goethes Onkel Johann Jost Textor (1739–1792); nach dessen Tod wurde tatsächlich angefragt, ob Goethe Frankfurter Ratsherr werden wolle, doch da befand sich der Dichter längst in anderen »Sphären«, war dem Frankfurter »Zustand« entfremdet, betrachtete sich als einen »Auswärtigen«.

und verkehrter zu uns zurückgewandert ...« Kein anderer als Rat Crespel* war dieser skurrile Spielleiter, er spielte »den Gesetzgeber des kleinen Staats«.

Crespel hatte sich etwas Interessantes ausgedacht, »es solle nämlich alle acht Tage gelost werden, nicht um, wie vormals, liebende Paare, sondern wahrhafte Ehegatten zu bestimmen«. Johann Bernhard Crespel, inzwischen Thurn und Taxis'scher Hofrat und Archivar in Regensburg, war in seinem Element: Wie man sich gegen Geliebte betrage, das sei allgemein bekannt – aber wie sich Gatte und Gattin in Gesellschaft zu (be-)nehmen hätten, das sei uns unbewusst und müsse nun, bei zunehmenden Jahren, vor allen Dingen gelernt werden.

So war er, der Rat Crespel, Mutter Aja liebte ihn, nannte ihn »Sohn« wie auch noch einige (besonders ausgewählte) andere aus dem vertrauten Freundeskreis der Kinder. »Jammerschade daß Ihr in Regenspurg sitzt!«, schreibt sie ihm einmal, als der Sohn schon in Weimar ist, »8 junge Mädels waren bey mir, (...) wir spielten, stirbt der Fuchs so gielt sein Balg und da gabs Euch Pfänder daß es eine Lust war. Auch wurden Mährgen erzählt, Rätzel aufgegeben, es war mit einem Wort ein groß Gaudium.« Das war ein Mann nach ihrem Geschmack**, die Frohnatur Mutter Aja nahm innerlich Anteil an den Spielen der Kinder und jungen Leute,

---

* Johann Bernhard Crespel (1747–1813), Thurn und Taxisscher Hofrat und Archivar. Er lieferte ganz nebenbei eine wunderbare Vorlage für E. T. A. Hoffmanns Erzählung »Rat Krespel«; mit sachkundigen Ein- und Überleitungen ausgewählt und vorgestellt von Hans Pleschinski, München (Hanser) 2000.

** Die Nachrichten von und über Crespel reißen auch später nicht ab, auch den Sohn hält sie auf dem Laufenden: »Crespel ist ein Bauer geworden, hat in Laubach Güter gekauft das heißt etliche Baumstücke – baut auf dieselbe ein Hauß nach eigener Invenstion hat aber in dem kickelsort weder Mauerer noch Zimmerleute, weder Schreiner – noch Glaßer – das ist er nun alles selbst – es wird ein Hauß werden – wie seine Hoßen, die er auch selbst Fabricirt – Muster leihe mir deine Form!!« (1796)

und wann immer es passte, spielte sie auch selbst ganz unbefangen mit.

Das Spiel, um das es ging, war das Mariage-Spiel. Crespel, unangefochtener Spielleiter, »gab die Regeln an im allgemeinen, welche bekanntlich darin bestehen, daß man tun müsse, als wenn man einander nicht angehöre; man dürfe nicht nebeneinander sitzen, nicht viel miteinander sprechen ...«

Und Crespel macht sein Spiel spannend – Liebkosungen dürfe man sich schon gar nicht erlauben, und man müsse alles vermeiden, »was wechselseitig Verdacht und Unannehmlichkeit erregen könnte«. Mit erhobenem Zeigefinger und lächelnden Augen führt der Initiator aus, dass man »im Gegenteil das größte Lob verdienen« würde, »wenn man seine Gattin auf eine ungezwungene Weise zu verbinden wisse«.

Crespels Porträt, in Mode und Haartracht der Zeit, zeigt einen verschmitzt lächelnden jungen Mann, dem man schon einige lustige Einfälle zutraut. Die Lachfalten um den Mund, die hintersinnig freudigen Augen verraten Eigenwilligkeit; wenig ist davon zu sehen, dass er auch schwermütige Phasen haben konnte, sich mit philosophischen Fragen beschäftigte. Ähnlich wie Freund Goethe war auch er am Reichskammergericht in Wetzlar tätig gewesen. Nach seiner Zeit in Regensburg erhielt er die Stelle als Archivar im Oberpostamt in Frankfurt. Er war finanziell abgesichert und »verabschiedete« sich mit noch nicht einmal fünfzig Jahren, um in Laubach seine »Ideen« zu verwirklichen.

Crespel hatte französische Vorfahren, und seine Schwestern waren mit Cornelia Goethe eng befreundet. Ein markantes Gesicht, die hellwachen, etwas spöttischen Augen, der verschmitzte Mund – so, stelle ich mir vor, agierte er auch als Moderator des Mariage-Spiels:

»Ihr wißt jetzt Bescheid«, verkündet er schalkhaft, »nicht

Natürlich konnte sich E. T. A. Hoffmann diese Vorlage nicht entgehen lassen.

nebeneinander sitzen, jeden Verdacht vermeiden, daß man ..., ihr wißt schon, ganz ungezwungen sich verhalten, Liebkosungen schon gar nicht ...!« Und wieder der erhobene Zeigefinger, das Funkeln in den Augen.

Alle acht Tage traf man sich. Der Freundeskreis lachte und scherzte über »barocke Paarungen«, und in acht Tagen begann das Spiel von Neuem. Dem jungen Dichter und Götterliebling Goethe wies das Schicksal, unter den prüfenden Augen Crespels, zweimal »dasselbe Frauenzimmer« zu, »ein sehr gutes Wesen, gerade von der Art, die man sich als Frau gerne denken mag«. Goethe schildert sie als ein junges Mädchen von schöner Gestalt, mit angenehmem Gesicht, ruhig, tüchtig, wenn auch nicht sehr gesprächig. Die Forschung hat herausgefunden, dass es sich um Susanna Magdalena Münch handelte, knapp zwanzig Jahre alt zu diesem Zeitpunkt, und verbürgt ist, dass auch Goethes Eltern sie sich durchaus als Schwiegertochter hätten vorstellen können.

Aber wir sind beim Spiel – und wie es dem neckischen Gott Amor gefiel, brachte er die beiden noch ein drittes Mal zusammen. Rat Crespel musste einschreiten, der Himmel habe gesprochen, verkündet er, die beiden könnten nun nicht mehr geschieden werden. Die Spielvermählten mussten sich fügen, gewöhnten sich aneinander, redeten sich hinfort gar mit »Du« an, und wenn sie sich zwischen den Spielen in Frankfurt trafen, stellte der junge Dichter fest, dass seine Titulargattin ihm immer werter wurde. Wenn ein Priester zugegen gewesen wäre, hätte er sie vermutlich geheiratet, sagt er.*

---

* Wenn wir dem Dichter glauben wollen, trafen die Eltern die junge Dame wohl kurz darauf bei einem Spaziergang, luden sie in den Garten ein und unterhielten sich angeregt mit ihr. Vater Goethe war zufrieden, als Frauenkenner konstatierte er, dass »sie die Haupteigenschaften, die er als ein Kenner von einem Frauenzimmer fordere, sämtlich besitze«. Der Hausrat wurde gemustert, und Mutter Aja wurde bald darauf erwischt, »als sie in

Eines Abends aber, nachdem wieder einmal acht Tage vergangen waren, erhält das Ehestandsspiel noch eine weitere Zugabe: »Ehemann« Goethe bringt »das Memoire des Beaumarchais gegen Clavigo im Original mit«; er liest es vor und der Freundeskreis ist begeistert und zollt Beifall. Angeregt wurde debattiert, bis plötzlich Johann Wolfgangs Ehehälfte das Wort ergriff:

»Wenn ich deine Gebieterin und nicht deine Frau wäre«, sagt Susanna Magdalena Münch (den Namen Goethe hat sie noch nicht angenommen) und schaut in die Runde, »also, wenn ich deine Gebieterin und nicht deine Frau wäre, so würde ich dich ersuchen, dieses Memoire in ein Schauspiel zu verwandeln, es scheint mir ganz dazu geeignet zu sein.«

Was kann ein junger Ehemann da tun, zumal er ganz offenkundig mit dichterischen Gaben ausgestattet ist? Vielleicht hat er des Effektes wegen trotzdem zunächst Luft geholt, seine »Frau« möglichst überrascht angestarrt, forschend in die Runde geblickt. Aber am Ende gibt er sich geschlagen:

»Damit du siehst, meine Liebe«, beginnt er noch zögernd, »daß Gebieterin und Frau auch in einer Person vereinigt sein können, so verspreche ich, heut über acht Tage den Gegenstand dieses Heftes als Theaterstück vorzulesen, wie es jetzt mit diesen Blättern geschehen.«**

Die Runde applaudierte, die Gattin war's zufrieden, der Dichter hatte ein kühnes Versprechen gegeben.

Auf dem Nachhauseweg dann war der »Ehemann« auffällig still, wo **sie** doch sonst diejenige war, die nichts Überflüssiges daherplauderte. Sie stößt ihn an: »Was ist mit Dir?«

---

einer Bodenkammer die alten Wiegen betrachtete«. Darunter war auch eine »übergroße von Nußbaum, mit Elfenbein und Ebenholz eingelegt«, in der Hätschelhans als Baby geschaukelt worden war. Der junge Mann, der die Mutter überraschte, entgegnet der Mutter ganz lapidar, »daß solche Schaukelkasten nunmehr völlig aus der Mode seien ...!«

** So wörtlich in Dichtung und Wahrheit, III., 15. Buch.

»Bin in Gedanken« sagt er, »denke schon das Stück aus, bin mitten drin; ich möchte Dir zeigen, daß ich Dir gerne etwas zuliebe tue.«

Darauf drückt sie ihm zärtlich die Hand. Er küsst sie eifrig, was sie aber mit den Worten der nominellen Gattin zurückweist: »Du mußt nicht aus der Rolle fallen! Zärtlich zu sein, meinen die Leute, schickt sich nicht für Ehegatten.«

»Laß sie meinen«, brummt der Ehegatte, und bringt sie, (vermeintlich verstimmt) nach Hause, macht (allein) noch einen Umweg, muss das Stück weiterdenken.

Nach diesem Umweg, sagt Goethe, »war das Stück schon ziemlich herangedacht«, nimmt sich dann aber selbst zurück: »Damit dies aber nicht gar zu großsprecherisch scheine«, räumt er ein, dass der Gegenstand ihm schon beim ersten und zweiten Lesen dramatisch, ja theatralisch vorgekommen sei. Aber die Anregung zur Ausführung, die hatte ihm seine schöne Titulargattin gegeben.

»Clavigo« entsteht also in kurzer Zeit aufgrund dieses Versprechens, ein Trauerspiel, der Schauplatz ist Madrid. Gleichzeitig ist Goethe mit dem »Werther« beschäftigt, doch seine ungeheure Produktivität und die Schnelligkeit der Konzeption und Ausarbeitung machen diese parallele Arbeitsweise möglich.

Beaumarchais (1722–1799), der eigentlich Caron hieß, Autor des »Barbier von Sevilla« und von »Figaros Hochzeit«, lieferte Goethe die Vorlage seines »Clavigo«. Die Schwester des Abenteurers Beaumarchais war in Spanien von ihrem Bräutigam zum zweiten Mal versetzt worden; der rächende Bruder eilt herbei. Goethe übernimmt bedenkenlos Teile dieser Vorlage, jedoch kommt Entscheidendes hinzu: Es wird »eine psychologische Studie über einen intellektuellen Aufsteiger, der am Ende vom rächenden Geschick ereilt wird. (…) Theatralisch aufgedonnert, literarischen Mustern verpflichtet, bringt der kurze fünfte Akt das Stück zum

Trauerspielende: Die verlassene Marie ist aus Kummer über den neuerlichen Treubruch gestorben; Clavigo begegnet ihrem Leichenzug; noch einmal will er sie sehen; am offenen Sarg ersticht ihn Beaumarchais im Zweikampf ...«[1]

Ich teile diese Bewertung des Stücks: »Unwiderruflich dahin ist für uns solche Theatralik, wo Rache und Versöhnung in makabrer Szenerie die Zuschauer beeindrucken sollen.«

56. »Von deutscher Stärke, Tiefe und Wahrheit ...«

Geschichtliches Vorbild und Ideal, Zeitgenossen und »Götz«

Der »Götz« ist inzwischen umgearbeitet, wird im Selbstverlag gedruckt und erscheint 1773 – eine Sensation war da, die sich mehr und mehr mitteilte.

Einige Zeitgenossen mögen nur zu gern diesen stilisierten Raubritter als historische Wahrheit angenommen haben; sie war aber eine Idealfigur, die mit dem eigentlichen Ritter und Anführer im Bauernkrieg, Gottfried von Berlichingen, wenig zu tun hatte. Der historische Götz stirbt auch nicht etwa nach dramatischen Vorgaben und Gesichtspunkten, sondern lebt noch Jahrzehnte nach dem Bauernkrieg, hinterlässt eine stattliche Zahl von Kindern (sieben Söhne, drei Töchter), und sein Ende ist friedlich zu nennen. 1562 stirbt er im Alter von zweiundachtzig Jahren, was für einen solchen Haudegen ein biblisches Alter ist.

Aber Goethe hat ihn »benutzt«, hat vieles aus seiner Vita (Lebens-Beschreibung Herrn Gözens von Berlichingen, Nürnberg 1731) übernommen und es ansonsten mit der historischen Genauigkeit[1] nicht allzu ernst genommen. Für den jungen Dramatiker Goethe war Götz oder Gottfried von Berlichingen »die Gestalt eines rohen, wohlmeinenden Selbsthelfers in wilder anarchischer Zeit«; in dieser Sehweise kann er im Drama zu dem edlen Ritter werden, »den die Fürsten hassen und zu dem die Bedrängten sich wenden«. Doch der, der im Drama so laut »Freyheit! Freyheit!« ruft im Sterben, welche Freiheit meint er? Fehde, Faustrecht, Freiheit für den Ritterstand? Und ansonsten nur Gott und dem Kaiser untertan? Trägt er nicht durchaus auch Züge eines Don Quijote in sich?

Der Kritiker Herder äußert sich durchaus wohlwollend: »Es ist ungemein viel deutsche Stärke, Tiefe und Wahrheit drin, obgleich hin und wieder es auch nur gedacht ist«, schreibt er an Karoline Flachsland.

Gottfried August Bürger jedoch ist uneingeschränkt begeistert vom »Götz«: »Der Ritter mit der eisernen Hand, welch ein Stück! Ich weiß mich vor Enthusiasmus kaum zu lassen«, schreibt er an Boie. »Womit soll ich dem Verfasser mein Entzücken entdecken? Den kann man doch noch den deutschen Shakespeare nennen ...« (GBZ I, 56) Bürger lobt den »durchaus« deutschen Stoff, die kühne Verarbeitung – und kann sich (brieflich) kaum beruhigen vor Begeisterung.

Fassungslos stand aber auch mancher Kritiker vor diesem Stück des Sturm und Drang, das sich nicht einmal an die klassischen Einheiten von Ort, Zeit und Handlung hielt und auch sonst in schneller Szenenfolge genial, ungestüm (manchmal auch in derber Alltagssprache) mit der Historie und den Personen umging. Friedrich der Große rümpfte die Nase, nannte das Stück eine »abscheuliche Nachahmung dieser schlechten englischen Shakespeare-Stücke«. Lessing wiederum nennt es immerhin ein »schönes Monstrum« und drückt mit diesem Oxymoron Abscheu und Bewunderung aus.

Auch Wieland äußert sich zum »Götz« und seinem Schöpfer; man müsse diese Herren ein wenig toben lassen, vielleicht würden noch große Männer daraus. Mit der Zeit werde sich der Übermut schon legen, und der Götz sei zwar ein Schauspiel, das man nicht aufführen könne, ein schönes Ungeheuer, aber nun gut: »Möchten wir viele solche Ungeheuer haben!« Und beinahe emphatisch formuliert er: »Welche Wunder sollte der Genie, der dies gethan hat, nicht auf unserer Schaubühne würken können, wenn es ihm einfiele, Schauspiele zu schreiben, die man aufführen könnte?«[2]

Auch Gotter, der Freund aus Wetzlarer Tagen, Mitbegründer des Göttinger »Musenalmanachs« und Leiter eines Liebhabertheaters in Gotha, erhielt ein Exemplar des »Götz«. Goethe schickt ihm ein launiges Briefgedicht mit:

> Schicke dir hier den alten Götzen;
>   magst ihn zu deinen Heiligen setzen ...[3]

Und im Bewusstsein seiner derben Sprache im Drama gibt er ihm noch die Anweisung:

> Musst alle garst'gen Worte lindern,
> Aus Scheiskerl Schurcken, aus Arsch[4] mach Hintern,
> Und gleich' das Alles so fortan,
> Wie du's wohl ehmals schon gethan.

Gotter, in ähnlich guter Stimmung, wenn auch zurzeit auf dem Krankenlager, amüsiert sich über ein »Mägdlein«, das ihm vorlas und bei den drastischen Stellen errötete. Ebenfalls in einem Briefgedicht antwortet er, er habe den »Götzen« manchmal etwas »Donquixotisch« gefunden, kündet dem Freund eigene Werke an und bittet:

> Schick' mir dafür den Doctor Faust,
> Sobald Dein Kopf ihn ausgebraust.[5]

Das Brausen, wie wir wissen, sollte noch dauern und andauern über die Jahrzehnte hinweg bis in Goethes letztes Lebensjahr.

57. Goethes Ingenium
oder
Der Protagonist »Werther« und eigene Selbstmordfantasien

Goethes Kreativität, seine Schaffenskraft, seine Produktivität kulminieren in dieser Phase, das Dämonische ergreift Besitz von dem Dichter, lenkt ihn, bestimmt ihn, dass es ihm selbst manchmal angst und bange wird, wenn die schöpferische Phase ein wenig nachlässt.

Dann nämlich scheinen sie durch, seine depressiven Züge, die Zeichen der Erschöpfung. Dann weiß er es wieder zu schätzen, das »Behagen am Leben«, die Jahreszeiten, die Blüten und Früchte, »die eigentlichen Triebfedern des irdischen Lebens«. Nur, so meint er, wenn wir uns dem verweigern, »tritt das größte Übel, die schwerste Krankheit ein, man betrachtet das Leben als ekelhafte Last«. – Wir lesen die Beschreibung einer Depression, deren Anzeichen schon der junge Goethe sehr wohl kennt, die er aber immer wieder zu meistern versucht: durch Disziplin, durch seine ungeheure Kreativität, durch eine gute Flasche Wein.

Doch bisweilen »spielt« auch er mit dem Gedanken, seinem Leben ein Ende zu setzen, wenngleich er Kestner gegenüber darüber noch gescherzt hatte: »… und erschiessen mag ich mich vor der Hand noch nicht«. Auch später schreibt er leichthin: »Wenn ich kein Weib nehme oder mich erhänge« (ebenfalls an Kestner 1773), und selbst den Werther lässt er zunächst (Brief vom 12. Aug.) noch sagen: »Ich kann mir nicht vorstellen, wie ein Mensch so thörigt seyn kann, sich zu erschiessen; der blosse Gedanke erregt mir Widerwillen.« – Dies alles schreibt er, und dennoch gibt es Phasen im Leben des jungen Dichters, in denen er (ähnlich wie Werther) zum Messer greift, »um diesem gedrängten Herzen

Luft zu machen«. Schon vor der »Werther«-Zeit spricht er von dem »Vorsatz« und der »Grille« des Selbstmords, welcher sich »bei einer müßigen Jugend eingeschlichen« habe, und er berichtet von Eigenversuchen mit einem »kostbaren wohlgeschliffenen Dolch«, der neben seinem Bette lag. Angeblich hat er versucht, »die scharfe Spitze ein paar Zoll (!) tief in die Brust zu senken«. Besonders ernst ist auch das nicht zu nehmen, denn er lacht zuletzt über sich selbst – »warf alle hypochondrischen Fratzen hinweg, und beschloß zu leben«. (DuW, III, 13)

Mit dem »Werther« gelingt dem jungen Genie ein frühes Meisterwerk, das ihn über alle Grenzen hinweg berühmt macht. Dabei beginnt der Roman so harmlos: Ein »Herausgeber« meldet sich und erklärt:

> Was ich von der Geschichte des armen Werthers nur habe auffinden können, habe ich mit Fleiß gesammelt, und leg es euch hier vor; und weis, daß ihr mir's danken werdet. Ihr könnt seinem Geist und seinem Charakter eure Bewunderung und Liebe, und seinem Schicksaale eure Thränen nicht versagen.
> Und du gute Seele, die du eben den Drang fühlst wie er, schöpfe Trost aus seinem Leiden, und laß das Büchlein deinen Freund seyn, wenn du aus Geschick oder eigner Schuld keinen nähern finden kannst.

Und dann werden die Briefe datiert und aneinandergereiht. Der Tradition der Briefromane verpflichtet, handeln sie von Trennung und vom Verlust (einer Freundin), von tiefer, reiner Empfindung, von schwärmenden Träumen, von unglücklichen Leidenschaften, von endloser Liebe (vgl. Goethe an Schönborn, 1. 6. 1774). Sie thematisieren seine Liebe zu Lotte, die empfundene Zuneigung, das Leiden an der Liebe, die Eifersucht. Werther ist dem Drängen des Freundes ausgesetzt, die Geliebte zu verlassen, nimmt die Einladung eines Grafen an, fühlt sich in adliger Gesellschaft als Bürgerlicher ausgegrenzt, kehrt zurück in Lottes Nähe.

Aber Lotte ist verheiratet. Werthers Liebe wächst, seine Leidenschaft wird noch gesteigert, die Möglichkeit einer Dreierbeziehung wird erwogen. Dann der Abschied. Die Ehe der beiden will er durch seinen Tod retten: »Für dich zu sterben, Lotte, für dich mich hinzugeben.« Pistolen hat er sich ausgeliehen; sein Bedienter findet ihn am nächsten Morgen – er röchelt nur noch. Emilia Galotti lag auf dem Pulte aufgeschlagen.* Handwerker tragen ihn zu Grabe. – »Kein Geistlicher hat ihn begleitet.«

Woran leidet Werther?, ist oft gefragt worden. Die Erklärung, aus Liebeskummer habe er sich umgebracht, greift zu kurz. Es ist ein ganzes Bündel von Motiven, Sehnsüchten und Enttäuschungen, die Werther zum Selbstmord »treiben«.

Er ist von dieser aussichtslosen (»endlosen«) Liebe regelrecht »zerrüttet«. (G. an Schönborn 1. 6. 74)

Im letzten Brief spricht er vom »schröklichen Kelch«, »... aus dem ich den Taumel des Todes trinken soll!« – Ob Lottes Liebe (die erwiderte Liebe) ihn wirklich hätte retten können?

Zum Schluss dieses immer noch lesenswerten Romans – wenn sich der heutige Leser auch an das »Empfindsamkeitsdeutsch« (Conrady) gewöhnen muss – wird wieder der »Herausgeber« eingeschaltet, das vermittelt den Eindruck unmittelbarer Teilnahme, einen Anschein von Authentizität, jemand hat Pulverdampf gesehen, den Schuss gehört: Ein Toter liegt da, die Pistole, überall Blut; man ruft nach Ärzten (Kestner hatte das ja alles genau beschrieben), selbst das Zittern der Umstehenden wird vermittelt, das Heulen und

---

* Goethe legt hier dem schon berühmteren Lessing bewusst oder unbewusst ein Kuckucksei ins literarische Nest – der Meinung, den Schluss Werthers »zugleich als Huldigung an Lessing zu werten« (Gero von Wilpert) kann ich mich nicht anschließen; Lessing soll »aufgebracht« gewesen sein. (vgl. auch GBZ, 1, S. 74)

Stottern des Bedienten. Die Einschaltung des »Herausgebers« ist ein Kunstgriff »von allergrößter Wirkung. Er bringt ein Moment der Überlegenheit, des Aufatmens in die Wirrnisse des Geschehens, und es ist bemerkenswert, daß es nicht der Freund Wilhelm, sondern der Dichter selber ist, der nun eingreift und die leidenschaftliche Erzählung zu einem nahezu ruhevollen Ende führt.«[1]

58. »Werther«-Wirkungen

»… dies göttliche Werk, ganz voll Kraft,
ganz voll Leben.«

Im Mai 1774 schickte Goethe den fertigen Roman »eilend« an Weygand in Leipzig, und dieser druckte ihn zur Michaelis-Messe.

Goethe erhält in diesem Sommer Besuch aus der Schweiz: Johann Kaspar Lavater (1741–1801), der berühmte Schweizer Theologe und Schriftsteller, der sich besonders auch mit Physiognomik beschäftigt, besucht ihn um diese Zeit (Juni 1774) in Frankfurt. Goethe hatte ihm schon den »Götz« geschickt, und Lavater hatte sich überschwänglich bedankt – »… so empfange ich (…) von Ihnen mein verehrenswürdiger Herr Doktor, den Götz mit der eisernen Hand. Sie werden sich vorstellen, mit welcher Freude ich dies Merkmal Ihrer Gütigkeit von Ihnen empfangen und – – verschlungen habe.«[1]

Goethe ist bereit, an Lavaters »Physiognomischen Fragmenten« mitzuarbeiten, und es entwickelt sich eine Freundschaft, in der immer wieder auch religiöse Fragen diskutiert werden. Aber die Beziehung zu Lavater ist nicht frei von Spannungen, Krisen und höchst unterschiedlichen Ansichten.

Lavater ist nicht gerade kompromissbereit. »Entweder Atheist oder Christ«, heißt sein apodiktisches Leitmotiv. Goethe liest ihm schon zu diesem Zeitpunkt aus dem »Werther« vor, und Lavater äußert sich begeistert. Er ist Gast im Haus am Hirschgraben, und Johann Caspar Goethe und Mutter Aja nehmen ihn herzlich auf. Lavater, mit sanftem Blick und seinem Hochdeutsch mit »durchtönendem« Schweizer Dialekt, gibt allen, mit denen er sprach, »die angenehmste Sinnesberuhigung«.

Goethe und Lavater verabreden eine Rheinreise. Der Maler Georg Friedrich Schmoll begleitet Lavater, und auch unterwegs soll fleißig für die »Physiognomischen Fragmente« gezeichnet werden.

Inzwischen setzen die »Werther«-Wirkungen ein. Viele schreiben ihm, die meisten drücken ihre Begeisterung aus. Sophie von La Roche, »Göthe mein Freund«, rät ihm, wem er einen »Werther« schicken solle. Ein erstes »Werther«-Fieber bricht aus.

Eine außergewöhnliche Würdigung erhält der Dichter von Fritz Jacobi und Georg Jacobi, den Schriftstellern und Philosophen aus Pempelfort bei Düsseldorf. Zusammen mit dem Freund und Dichter Johann Jakob Wilhelm Heinse (Spitzname »Rost«) lasen sie das Werk, nachdem Fritz Jacobi es nur für kurze Zeit »heimlich« zu halten geschafft hatte, weil er es in Ruhe genießen wollte.

Das gemeinsame Lesen gerät zum Ereignis: »Der arme Rost ward übermannt, geriet außer sich, sein Angesicht glühte, seine Augen taueten, seine Brust hob sich empor; Bewunderung, Entzücken, erfüllte seine Seele: ›Über alles, was Goethe bisher gemacht hat‹, sagt er, ›ist dies göttliche Werk, ganz voll Kraft, ganz voll Leben, aber damit auch alle seine Kraft, all sein Leben: da steht er nun in seiner höchsten Größe, an der äußersten Grenze seiner Jünglingschaft.‹«

Jacobi liest weiter, sie sprechen über den Text, bis Rost schließlich ausruft, Goethe sei »der größte Mann, den die

Welt hervorgebracht; kein altes, kein neues Volk habe ein solches Wunder aufzuweisen, als Werthers Leiden«.

Heinse beschließt sofort, den »Werther« in der »Iris« (der Zeitschrift Georg Jacobis) anzuzeigen und zu besprechen; die Freunde sind über die Maßen angeregt und diskutieren die Frage, ob es überhaupt möglich sei, dass Goethes Genie noch einmal »etwas ebenso Vortreffliches, als Werthers Leiden« hervorbringen könne. Dann aber fällt Jacobi siedend heiß ein, dass man an die anderen möglichen Rezensionen dieses vortrefflichen Romans überhaupt noch nicht gedacht habe, »… an die Schurken von Rezensenten (…) – wie werden diese sich bei der Erscheinung gebärden?«

Der einfühlsame und schwärmerische Jacobi ist außer sich, wenn er sich vorstellt, dass jeder an dem »Werther« »herumseziere« – »das Messer hier könnt' ich dem Hund in die Brust jagen!«[2], ruft er überschwänglich und pathetisch aus. – Er ahnt nicht, was in der Folgezeit noch alles an Parodien, Verunglimpfungen und Kampagnen gegen den »Werther« kommen sollte.

Die Freunde sprechen über Rousseau, über Homer, Ossian und Shakespeare und sind sich einig, dass das eben die »Zauberwelt des Genies« sei, »daß es uns unwiderstehlich in seinen Wirbel schleudert, wo dann alle Sonnen draußen wie Lämpchen aussehen«. Später wird das alles relativiert, lässt sich auf diesem Hochplateau der Gefühle nicht halten. Jetzt mäkelt Jacobi an Rost-Heinse herum, der habe kein Herz, sein Feuer sei bloße Glut der Sinne. Aber Jacobi ist eben ein Schwärmer, manchmal schwülstig und kaum zu ertragen, kein Wunder, dass die »Stürmer und Dränger« ihn (und auch den Bruder) gelegentlich kräftig verspotten. Den »Werther« hat er bald dreimal gelesen; seine Seele läuft über – auch daran wird sich Goethe gewöhnen müssen. Eine beinahe überirdische Verehrung setzt ein, später in Weimar werden es Wallfahrten sein, die man zum weltberühmten Goethe unternimmt.

59. Lahn/Rheinreise (Juni/Juli bis August 1774) mit Lavater und Basedow

*»Prophete rechts, Prophete lincks,
Das Weltkind in der Mitten.«*

Goethe, das sollten wir nicht ganz vergessen, plagt sich neben der ungeheuren schriftstellerischen Arbeit immer noch mit Rechtsanwalt-Eingaben herum, und nun sollte eine kleine Reise auf Lahn und Rhein die mehr als verdiente Abwechslung und Erholung bringen.

Merck war aus Darmstadt herübergekommen, um Lavater zu sehen, spottete aber sogleich über die holde Weiblichkeit, die dem berühmten Schweizer möglichst nahe kommen wollte. Für Goethe, das betont er selbst in dieser Zeit, war der Umgang mit Lavater »höchst wichtig und lehrreich«; dieser unterhält sich gelegentlich auch mit der Klettenberg, und hier »standen nun zwei entschiedene Christen gegen einander über, und es war ganz deutlich zu sehen, wie sich eben dasselbe Bekenntnis nach den Gesinnungen

Porträt von Johann Kaspar Lavater,
von Goethes Hand, 1774

verschiedener Personen umbildet«. (DuW, III, 14. B.) Bei schönem Sommerwetter treten sie ihre Reise nach Ems an, Lavater schien »heiter und allerliebst«.

In Ems wird Lavater gleich von der Gesellschaft umringt, und Goethe kehrt für kurze Zeit nach Frankfurt zurück.

Johann Bernhard Basedow, der Pädagoge, trifft in Frankfurt ein, und der junge Dichter vergleicht ihn spontan mit Lavater – »einen entschiedeneren Kontrast konnte man nicht sehen als diese beiden Männer«. Lavaters Augen empfindet er als »klar und fromm«, sie lagen unter sehr breiten Augenlidern; Basedows Augen hingegen lagen tief im Kopf, waren klein, schwarz und scharf, und sie »blinkten« förmlich unter struppigen Augenbrauen hervor. Basedow hatte eine heftige, raue Stimme, machte schnelle und scharfe Äußerungen, konnte höhnisch lachen und im Gespräch schnell das Thema wechseln.

Lavater war das genaue Gegenteil in seinem Verhalten. Aber auch Basedow wurde bewundert, seine »großen Geistesgaben« waren anerkannt, wenn Goethe sich auch mit seinen Plänen nicht anfreunden kann. Den Unterricht wollte Basedow »lebendig und naturgemäß« gestalten, die alten Sprachen sollten »an der Gegenwart geübt« werden, alles sollte »einer frischeren Weltanschauung« dienen.

Basedow wollte auf seiner Reise »das Publikum« für sich und seine Pläne gewinnen, brauchte außerdem Geld für seine Unternehmungen. Er konnte seine Vorhaben überzeugend darstellen, doch schien er, so Goethes Urteil, seine Zuhörer gelegentlich ohne Not zu beleidigen, »indem er seine Meinungen und Grillen über religiöse Gegenstände nicht zurückhalten konnte«. (DuW, III, 14)

Schließlich fahren beide, Basedow und Goethe, kurz nacheinander nach Ems, und hier erkennt der junge Dichter den Gegensatz Basedow–Lavater noch klarer. Lavater ist reinlich, »verschaffte sich auch eine reinliche Umgebung«, Basedow hingegen achtet kaum auf sein Äußeres, raucht schlechten Tabak, wird manchmal lästig und verpestet die Luft. Goethe macht seine Späße mit dem Pädagogen; sie sind oft in Gesellschaft – »es ward unmäßig getanzt«, und (zumindest) die jüngeren »genossen des Schlafs« sehr wenig. Auch Fahrten in die Nachbarschaft werden unternommen, bis man sich Mitte Juli entschließt weiterzureisen.

Es war »eine sehr angenehme, Herz und Sinn erfreuende Fahrt (...) die Lahn hinab«. Unterwegs werden allerlei »Knittelreime« und »Possen« zu Papier gebracht; die Gesellschaft erreicht schließlich Koblenz.

Beim Mittagstisch sitzt Goethe zwischen Basedow und Lavater; mit leichter Hand notiert er (wenn er nicht manchmal auch jetzt schon diktiert):

> Zwischen Lavater und Basedow
> sass ich bey Tisch des Lebens froh.

Und später, als Ergänzung, nach allerlei anderen Versen:

> Und, wie nach Emmaus, weiter ging's
> Mit Sturm – und Feuerschritten:
> Prophete rechts, Prophete lincks,
> Das Weltkind in der Mitten.

Wobei das Weltkind, Wolfgang Goethe, sich gelegentlich, zumindest bevor sie nach Köln kamen, »... bloß als den Dunstschweif jener beiden großen Wandelsterne« behandelt fühlte. Doch das änderte sich; in Gesellschaft fühlt der junge Mann, dass man sich nun auch an ihn wandte, »... um mir manches Gute zu erteilen«.

Der Kölner Dom, besser »die Ruine des Doms (denn ein nichtfertiges Werk ist einem zerstörten gleich)«, ließ in ihm »die von Straßburg her gewohnten Gefühle« wieder aufkommen. Goethe in Köln; sie besichtigen Rubens' Kreuzigung Petri in der Peterskirche und staunen über die Kunstschätze des Jabach'schen Hauses; das Bild der Familie Jabach (von Le Brun) hat eine große emotionale Wirkung auf den Dichter. »Die weitere Fahrt rheinabwärts ging froh und glücklich vonstatten.«

Goethe macht einen Besuch bei den Jacobis in Pempelfort bei Düsseldorf, besichtigt das Jagdschloss Bensberg, betrachtet begeistert die »Wandverzierungen durch Weenix« und findet Zeit genug, die Ballade »Der König von Thule« zu entwerfen. In der Düsseldorfer Galerie frönt er seiner »Vorliebe für die niederländische Schule«, dann geht die Fahrt weiter nach Elberfeld, und sie besuchen Fabriken.

Jung-Stilling stößt zu der Reisegruppe; Goethe kehrt unterdessen noch einmal »zu meinem Freunde Jacobi« zurück, und es müssen insgesamt recht »glückliche« Tage gewesen sein. Schließlich steht noch ein Besuch bei Sophie von La Roche auf dem Programm. Auf dem Rückweg, rheinaufwärts, hat Goethe Zeit, die vielfältigen Eindrücke zu verarbeiten.

Er vergleicht sich mit Lavater und Basedow, die »geistige ja geistliche Mittel zu irdischen Zwecken gebrauchten«, und fragt sich, ob er sein Talent und seine Zeit nicht »absichtslos vergeudete«.

Am 13. August (1774), er wird in Kürze fünfundzwanzig Jahre alt, ist er wieder in Frankfurt. Er schreibt Briefe, darunter auch einen besonders herzlichen an Fritz Jacobi; gute Tage seien das gewesen auf dieser Reise, schreibt er an Lavater, und er habe sie »genossen«.

Von diesem Jahr bleibt noch ein bedauernswertes Ereignis zu berichten, das den jungen Goethe aus seiner gewohnten Umgebung gerissen hatte: Der Brand in der Judengasse vom 28. auf den 29. Mai 1774. Als Sohn aus begütertem Hause stand der junge Mann mit feinen Schuhen und Seidenstrümpfen in der Eimerkette, half mit beim Löschen, rief andere heran, sah in dem Chaos und Feuerschein, den schnell um sich greifenden Flammen »armselige Flüchtende, ihre jammervolle Habe auf dem Rücken schleppend«, musste aber auch Jugendliche beobachten, die die Juden mutwillig nass spritzten und verhöhnten, und so fügten diese, berichtet Goethe aus der Erinnerung, »Verachtung und Unart noch dem Elend hinzu.« (DuW IV, 16)

60. »Lilis Park«
darin
»Eine Wetterfahne im Wind«

Eines Abends (Anfang Januar 1775) bittet ein Freund den viel beschäftigten Dichter, mit ihm ein kleines Hauskonzert zu besuchen, »welches in einem angesehenen reformierten Handelshause gegeben wurde«. Goethe überlegt, es war schon spät, »doch weil ich alles aus dem Stegreife liebte, folgte ich ihm, wie gewöhnlich anständig angezogen«.

Sie kommen zum großen Haus der Familie Schönemann, dem Haus »Zum Liebeneck« am Kornmarkt. Der Vater, Johann Wolfgang Schönemann, war vor einiger Zeit gestorben, und seine Witwe, Susanna Elisabeth Schönemann, geb. d'Orville, führte das Geschäft mit einem Teilhaber.[1]

Die Tochter des Hauses, Anna Elisabeth Schönemann, genannt Lili, setzte sich bald nach dem Eintreffen der beiden Freunde an einen Flügel, der in der Mitte des großen Zimmers im Erdgeschoss stand. Es war eine große Gesellschaft, der junge Goethe stand am unteren Ende des Flügels und beobachtete fasziniert die sechzehnjährige Spielerin, ihre Gestalt, ihr Wesen, bemerkte etwas Kindhaftes in ihrem Betragen, doch ihre Bewegungen beim Spiel waren anmutig, »ungezwungen und leicht«. Sie beendet eine Sonate, vermutlich unter großem Applaus der Gesellschaft, und die beiden kommen ganz ungezwungen ins Gespräch. Zum Schluss des Abends dann tritt Johann Wolfgang Goethe näher an sie heran, aber das, was er in »Dichtung und Wahrheit« darüber erzählt, klingt sehr konventionell: Er lobte ihr Talent und äußerte, wie sehr es ihn freue, ihre Bekanntschaft gemacht zu haben.

Wir können sie uns vorstellen, die blonde hübsche Bankierstochter, gut erzogen und selbstbewusst, und den fünfundzwanzigjährigen Advokaten und Dichter. Im Gespräch merkt er, dass die Tochter des Hauses ihn aufmerksam beobachtete, und er konnte nicht leugnen, »daß ich eine Anziehungskraft von der sanftesten Art zu empfinden glaubte«. (HA, DuW IV, 16. B.) Doch das Hin und Her der großen Gesellschaft, die Verpflichtungen der Mutter, der Tochter, die Gespräche – all das erlaubte keinen weiteren Austausch der beiden, keine weitere Annäherung an diesem ersten Abend.

Immerhin verabschiedete die Mutter, Susanna Elisabeth Schönemann, den Gast mit der Hoffnung, ihn bald wiederzusehen, und er bildet sich ein, dass »die Tochter mit einiger Freundlichkeit einzustimmen schien«. – War alles nur eine

Anna Elisabeth (Lili) Schönemann (1758–1817)

gesellschaftliche Floskel, eine Höflichkeit, die jeder Gast erfuhr? Der junge Advokat und Dichter aus gutem Hause fühlt sich immerhin ermutigt, »nach schicklichen Pausen, meinen Besuch zu wiederholen ...«

Allerdings entwickelte sich nach diesem anziehenden Beginn zunächst nur »ein heiteres verständiges Gespräch« im Hause Schönemann (Lili hatte noch vier Brüder, die aufpassten), und nichts schien auf ein »leidenschaftliches Verhältnis« hinzudeuten. Goethe verbringt durchaus angenehme Stunden im Haus »Zum Liebeneck«. Manchmal ist er mit Lili allein, oft jedoch unterhalten die beiden sich in Gegenwart der Mutter. Lili gesteht ihm bald ein wenig kokett, dass sie schon die Gabe habe, jemanden anzuziehen, damit sei aber auch »eine gewisse Eigenschaft« verbunden, loszulassen. Dieses (Spiel) habe sie auch bei ihm geübt, muss sie zugeben, vielleicht hat sie dabei ein wenig verschämt gelächelt, Strafe aber habe sie erhalten, so Goethe, »indem sie auch von mir angezogen worden«. Immerhin ein erstes Geständnis.

Allerdings machen ihm die Geselligkeiten im Haus »Zum Liebeneck« schon bald zu schaffen, er fühlt sich unwohl und deplatziert. Trotz aller Gemeinsamkeiten, der Präferenzen hinsichtlich Bildung, Literatur und Musik, zeigt sich deutlich eine graduell unterschiedliche Sozialisation des jungen Goethe – er hasst »das Geschnatter, das Geflitter und Geflatter« der Gesellschaften im Hause Schönemann. Sich selbst vergleicht er mit einem Bären, besser noch einem »Papagei auf der Stange« oder gar mit einer »Ratte die Gift gefressen hat«.

In dieser Zeit fehlt ihm Cornelia, die seit dem 1. November 1773 verheiratet ist und in Emmendingen lebt. Auch Maxe La Roche ist verheiratet mit Peter Anton Brentano, der nach häufigen, misstrauisch beobachteten Besuchen des jungen Herrn Goethe, diesem kurzerhand das Haus verboten hat. Aber der mit seiner Situation unzufriedene Dichter findet einen »Ersatz«; es ist Gräfin Auguste zu Stolberg, mit der er seit Kurzem in Briefkontakt steht.

Gräfin Auguste, später auch »Gustchen« oder gar »liebe Schwester« apostrophiert, wird er nie persönlich kennenlernen. Es ist ein eigenartiger, virtueller Briefkontakt, der sich nun anbahnt. Er braucht eine Vertraute, der er alles anvertrauen kann. Er wird in seinen Briefen an Auguste Stolberg immer offener, schickt ihr tagebuchähnliche Aufzeichnungen, schildert ihr, die er überhaupt nicht kennt, seine Schwierigkeiten im Umgang mit Lili:

> Wenn Sie sich, meine liebe, einen Goethe vorstellen können, der im galonirten Rock, sonst von Kopf zu Fuse auch in leidlich konsistenter Galanterie, umleuchtet vom unbedeutenden Prachtglanze der Wandleuchter und Kronenleuchter, mitten unter allerley Leuten, von ein Paar schönen Augen am Spieltische gehalten wird, der in abwechselnder Zerstreuung aus der Gesellschafft, ins Conzert, und von da auf den Ball getrieben wird, und mit allem Interesse des Leichtsinns, einer niedlichen Blondine den Hof macht; so haben Sie den gegenwärtigen Fassnachts Goethe ...[2]

Der »Fassnachts«-Goethe scheint durchaus ratlos, fast ein wenig verzweifelt, was kann die »niedliche Blondine« ihm wirklich bedeuten?

Viel Zeit verbringt er in den folgenden Wochen in Offenbach bei Lilis Verwandten Jean George d'Orville und seiner Frau Rahel oder auch bei Lilis Onkel Nikolaus Bernard. Er wohnt gelegentlich auch bei dem Komponisten Johann André, der sein Singspiel »Erwin und Elmire« vertont, und alle Tage in Offenbach – »auf dem Land bey sehr lieben Menschen« – verbringt er in »Erwartung« Lilis. Die Terrassen, die Gärten, die bis an den Main reichen, die schöne Umgebung – alles ist ideal für den jungen Liebhaber. »Der Liebende«, sagt er hinsichtlich der Offenbacher Umgebung, »konnte für seine Gefühle keinen erwünschtern Raum finden.«

Während der Wintermonate in Frankfurt waren sie einander nähergekommen, sein Verhältnis zu ihr beschreibt er wie das zu einer »schönen, liebenswürdigen, gebildeten Tochter«, es sei »höherer Art« als seine vorigen Beziehungen. Und schon bald gilt, »... ich konnte nicht ohne sie, sie nicht ohne mich sein«.

Und trotzdem gibt es immer auch schon etwas zu bemängeln, der gesellschaftliche Zirkel ist zu groß, durch einige Mitglieder des großen Kreises entstehen immer wieder »Mißtage« und »Fehlstunden« – und selbst »Lustpartien die zur Unlust ausliefen«. Diese Liebe scheint unter einem ungünstigen Stern zu stehen. Selbst ein Bruder Lilis schafft Verzögerungen, erledigt seine Geschäfte »mit der größten Gelassenheit«, verdirbt dadurch manche Verabredung, und der verliebte Johann Wolfgang Goethe vermutet wohl nicht zu Unrecht »Schadenfreude«, wenn ein Treffen mit Lili dadurch nicht zustande kommt.

Gedichte, die er in dieser Zeit auf Lili (auch Belinde) schreibt, klingen manchmal wie Stoßseufzer, verraten aber auch Trennungsabsichten:

> Herz mein Herz, was soll das geben?
> Was bedränget dich so sehr?
> Welch ein fremdes neues Leben!
> Ich erkenne dich nicht mehr!
>
> (...)
>
> Will ich rasch mich ihr entziehen
> Mich ermannen ihr entfliehen;
> Führet mich im Augenblick
> Ach mein Weg zu ihr zurück.

Und das lyrische Ich resigniert:

> Muß in ihrem Zauberkreise
> Leben nun auf ihre Weise.
> Die Veränderung ach wie groß!
> Liebe! Liebe! laß mich los!

In dem Gedicht »Lilis Park« vergleicht er die Welt seiner Geliebten, die Gesellschaft, in der sie lebt, mit einer Menagerie, in der sich die »wunderbarsten Tiere« befinden, die hüpfen, laufen, trappeln und mit »abgestumpften Flügeln« zappeln. Er selbst darin wie eine Wetterfahne im Wind, ein Bild, das er schon in Straßburg für sich verwendet hatte. Die Geräusche, die er dem Gesellschaftspark assoziiert, sprechen für sich: Gegacker, Gequiek und Gequacker. Darunter aber er, jetzt nicht als Wetterfahne, sondern als Bär, »ungeleckt und ungezogen«, den man »unter die zahme Kompanie gebracht« hatte.

Er steht außerhalb dieser Gesellschaft, hört sich mit Abscheu das »Geschnatter« an, ist wütend, wohl auch auf sich selbst. Fluchtgedanken schwirren durch seinen Kopf, aber ein Zauber hält ihn fest (»bleit« ihn nieder). Er möchte schon dazugehören, möchte sich aber auch nicht zum Schoßhündchen machen lassen, das brav Pfötchen gibt:

> Allons tout doux! eh la menotte!
> Et faites Serviteur,
> Comme un joli Seigneur![3]

Losgebunden und fest zugleich empfindet er sich, sucht sie, schaudert, flieht wieder; ein »dumpfes« Zauberwerk ist diese Liebe für ihn, unklar und verworren, wenn auch tief empfunden.[4]

Je mehr er an den gesellschaftlichen Veranstaltungen im Hause Schönemann teilnimmt, desto mehr hat er an dieser Menagerie auszusetzen. Lili, die er sonst im gewöhnlichen »Hauskleid« sieht, tritt ihm nun »im eleganten Modeputz ... entgegen«, sie bleibt zwar dieselbe, doch ihre Anziehungskraft strahlt jetzt noch mehr. Viele Menschen kommen in das große Haus, und er kann nicht verhehlen, dass ihm diese »Fremden« größtenteils »unbequem« sind.

Der Frühling in Offenbach sollte jetzt für ihn eine Erholung von der Gesellschaft bringen, die »ländliche Freiheit«, wie er es ausdrückt, sollte das Verhältnis zu Lili enger knüpfen. In dem kleineren Kreis in Offenbach spielt Lili auch virtuos auf dem Piano; Johann André, der Komponist, ist ganz fasziniert, und der junge Dichter trägt wiederholt vor, rezitiert, und alle Unternehmungen, sagt er freimütig, dienten »den Liebenden nur zur Verlängerung des Zusammenseins«. Glückliche Tage in Offenbach: Musik, Gedichte, Tanz – oft bis in den frühen Morgen.

Traten die Verliebten morgens ins Freie, genossen sie den Fluss, die bezaubernde Landschaft, »eine sanft hingleitende lebendige Welt, mit liebevollen zarten Empfindungen im Einklang«. Selbst das Wetter spielte mit – »ein heiterer Himmel der schönsten Jahreszeit überwölbte das Ganze, und wie angenehm mußte sich eine traute Gesellschaft, von solchen Szenen umgeben, morgendlich wiederfinden«.

Als später einmal bei den d'Orvilles ein Fest gefeiert werden soll, kann Lili aus irgendeinem Grunde nicht kommen. Goethe schreibt spontan ein launiges Stück: »Sie kommt nicht!« Natürlich kommt sie dann letzten Endes doch noch und »ward von heitern, ja lustigen Gesichtern bewillkommt, beinah betroffen, daß ihr Außenbleiben so viel Heiterkeit erlaube«. Man erzählte der hübschen Lili von dem Stück, in dem jeder eine Rolle übernommen hatte, und sie »nach ihrer lieben und süßen Art, dankte mir, wie sie allein nur konnte«.

Natürlich hatte man in Frankfurt über das Liebespaar geredet, die Mutter, die Brüder, der Familienrat, die Gesellschaft – alles drängte auf eine baldige Entscheidung, weil »ein so öffentliches Verhältnis nicht länger ohne Mißbehagen fortzuführen war«.[5] Johann Caspar Goethe und Mutter Aja verhalten sich sehr reserviert in dieser Angelegenheit, auch Cornelia äußert sich ablehnend; man zeigt eine Abneigung gegen die Geldaristokratie. Goethes Vater spricht von der »Staatsdame«, soziale Gegensätze und dazu auch noch konfessionelle Unterschiede (Familie Goethe lutherisch, Familie Schönemann reformiert) werden deutlich und scheinen unüberwindbar. Man hält alles für protzig und oberflächlich, hört skeptisch von Bällen, Festen und vom Glücksspiel, das im Hause Goethe besonders verpönt war. Was war zu tun?

Eine Vermittlerin musste her, zumal der junge Liebhaber zauderte, unschlüssig war, sich nicht entscheiden konnte.

Eine solche wurde gefunden: Helene Dorothea Delph, geboren 1728, die vielfache gesellschaftliche, geschäftliche und private Beziehungen hatte. Lili und die Familie Schönemann kannte sie seit Langem, und nun war sie auch mit den Goethes bekannt geworden. Eine durchaus »eigene«, sollen wir sagen eigensinnige Person? Ihr Äußeres wird beinahe als männlich geschildert, und sie ging mit derben, hastigen Schritten durch diese Welt. Sie hatte auf den Frankfurter Messen zu tun, und ihr wurden allerlei Vermittlungsgeschäfte anvertraut.

Ihr Einsatz »drohte« immer dann, so ist der Tenor von Goethes Schilderungen, »wenn sie die Gesinnungen der Personen zwischen Zweifel und Entschluß schwanken sah«; dann, speziell dann, »wußte sie eine solche Kraft der Charaktertüchtigkeit einzusetzen, daß es ihr nicht leicht mißlang, ihr Vorhaben auszuführen«. Der Leser wird ihr im Schlusskapitel wieder begegnen, in einer Situation, in der sie eine gewisse Hartnäckigkeit an den Tag legt.

Goethe unterstellt ihr keine egoistischen Motive; Belohnung genug schien für sie zu sein, wenn sie etwas eingefädelt hatte, beispielsweise eine Heirat »gestiftet« hatte.

Johann Wolfgang und Lili waren in diesem Falle junge Menschen, denen geholfen werden musste, und Goethe bekennt, »unsern Zustand hatte sie längst durchblickt«, hatte längst ihren Plan gemacht mit der Absicht, »diese Neigung sei zu begünstigen«, die Vorsätze mussten unterstützt, »dieser kleine Roman« müsse »fördersamst abgeschlossen werden«.

Und dann taucht sie eines Tages auf, die energische Hausfreundin und Vermittlerin (am 19. oder 20. April 1775[6]), fühlt sich mit der Zustimmung beider Elternteile ausgestattet, hält sich nicht lange mit Präliminarien auf, stürzt auf das junge Paar zu, ruft pathetisch: »Gebt euch die Hände!«, und der junge Bräutigam, der Lili gegenüberstand, reichte ihr wie auf Befehl seine Hand, und sie »legte die ihre, zwar nicht zaudernd, aber doch langsam hinein, nach einem tiefen Atemholen fielen wir einander lebhaft in die Arme«.

Die Delph hatte ihr Ziel erreicht – wenn auch auf unkonventionelle Weise, die beiden waren verlobt! Wie gut, dass der junge Bräutigam, Johann Wolfgang Goethe, zwei goldene Herzchen besorgt hatte, die die Liebenden fortan um den Hals trugen.

61. Die Fluchtreise in die Schweiz (Mai–Juli 1775)

Im Mai (1775) melden sich die Grafen Christian und Friedrich Leopold Stolberg, die Brüder von Goethes Briefvertrauter, zu einem Besuch in Frankfurt an. Durch Veröffentlichungen im Göttinger Musenalmanach kannte man sich. Mit ihnen kam ihr Freund Graf Haugwitz, und sie wurden von Goethe »mit offener Brust empfangen, mit gemütlicher Schicklichkeit«. Die drei Freunde wurden im Gasthof untergebracht, doch Mutter Aja ließ es sich nicht nehmen, sie im Haus am Hirschgraben zu bewirten. Ein heiteres Zusammensein, so schien es zunächst, doch schon bald »traten exzentrische Äußerungen hervor«.

Mutter Aja versorgte die drei Freunde ihres Sohnes, die

sich nicht lange bitten ließen, und auch manche Flasche Wein wurde getrunken. Zu vorgerückter Stunde und in entsprechender Stimmung sprachen sie lautstark vom Tyrannenhass, schienen regelrecht nach dem Blut »solcher Wütriche« zu lechzen. Vater Goethe schüttelte lächelnd den Kopf und ließ die Heißsporne gewähren. Mutter Aja versuchte das »Heftige ins Heitere« zu wenden, holte den besten Wein aus dem Keller, wies auf die geschliffene Flasche, den »hochfarbigen Wein« – das sei das wahre Tyrannenblut, daran sollten sie sich ergötzen, Mordgedanken sollten sie ihr aus dem Hause lassen!

Johann Wolfgang Goethe beobachtet die Zecher, hängt seinen Gedanken nach, und als die Stolberger sich endlich beruhigen und ihn auffordern, sie in die Schweiz zu begleiten, stimmt er nur zu gerne zu. Alle lassen sich eine »Werther«-Tracht anfertigen: einen blauen Rock mit gelber Weste und Hosen, dazu tragen sie runde graue Hüte.

Goethe selbst will mit dieser Reise, die den Fluchtcharakter nicht verbergen kann, den Versuch unternehmen, ob er sich von Lili zu lösen, sie zu »entbehren« vermag. Der Vater redet ihm zu, und die notwendigen Dinge sind bald gepackt. Ohne Abschied, wohl aber mit einer vagen Andeutung, trennte er sich von Lili und fuhr mit den heißblütigen Gefährten zunächst nach Darmstadt, die sich dort bei Hofe noch »ganz schicklich« benahmen. Goethe verbringt einige Zeit bei Merck, der über diese Reise seine mephistophelischen Bemerkungen macht und die Reisegefährten schonungslos beurteilt – leben und leben lassen war nicht seine Devise.

Noch ehe die Reisegesellschaft Darmstadt verließ, musste unbedingt noch nackt in einem Teich gebadet werden. Goethe schreibt es den »Verrücktheiten« der Zeit zu, die Freunde gebärdeten sich ohnehin genialisch – und »nackte Jünglinge bei hellem Sonnenschein zu sehen« war durchaus (und wohl nicht nur in Darmstadt) etwas Besonderes, etwas

Ungewöhnliches, das sofort die Gaffer anlockte. Es gab einen Skandal, Merck setzte sein »Hab-ich-doch-gleich-gewusst-Gesicht« auf, und die vier jungen Leute beeilten sich, schleunigst Darmstadt zu verlassen.

Mannheim war ihr Ziel. Leopold Stolberg erzählte unterwegs von einem Liebesverhältnis zu einer schönen Engländerin – man hatte ihn aber genötigt, es aufzugeben. In seiner Leidenschaft und Sentimentalität kannte er keine Grenzen, die anderen versuchten eiligst, ihn auf andere Gedanken zu bringen.

In Karlsruhe treffen sie Klopstock, unterhalten sich mit dem Markgraf und der Markgräfin, doch Goethe plant schon einen Abstecher nach Emmendingen, um seine Schwester Cornelia zu besuchen.

Cornelia lebt auf in diesen Tagen; sie, die oft kränkelte, fühlt sich schlagartig besser. Bruder und Schwester sprechen auch über Lili, und Cornelias offensichtliche Ablehnung und auch unverhohlene Eifersucht werden deutlich. Beim Abschied von Schwester und Schwager ist der verliebte Bruder unsicherer als vorher; es liegt ihm schwer auf dem Herzen, dass »meine Schwester mir auf das ernsteste eine Trennung von Lili empfohlen, ja befohlen hatte«.

Die Reise geht weiter, doch Goethe ist wie benommen. Bis sie nach Zürich kamen, erinnert er sich nur an den Rheinfall bei Schaffhausen, seine Gedanken sind bei Lili.

In Zürich besucht er Lavater, der Empfang war »heiter und herzlich«; sie unterhalten sich über seine »Physiognomik«, und Lavater schien die ganze Welt zu seinen Mitarbeitern machen zu wollen.

Goethes Reisegesellen haben eine getrennte Wohnung bezogen, aber sie melden sich auch gelegentlich »mit allem gräflichen Übermut« bei Lavater, und der stellt gleich physiognomische Überlegungen besonders über Leopold Stolberg an, findet ihn weich und zart, er sei ein »edler, trefflicher talentvoller Jüngling«.

Goethe entfremdet sich seinen Reisegesellen, doch sie besuchen noch zusammen den alten Bodmer*, der über dem rechten Ufer wohnte, »wo der See seine Wasser als Limmat zusammendrängt«, und sie steigen auf immer steileren Pfaden zu seinem Haus hinauf. In »hoher freier Luft« genießen sie die Fernsicht, die anregende Unterhaltung mit Bodmer – »wir schieden als die besten Freunde«.

Den Jugendfreund Passavant** trifft er zu seinem Vergnügen in Zürich, er mag die »anmutige rasche Entschlossenheit« des Freundes mit schwarzem Haar und Bart, dazu lebhafte Augen. Ein unerwartetes freudiges Zusammentreffen; die gräflichen Gesellen waren unterdessen »auf mancherlei Wegen ausgezogen«, hatten sich in ihrer unruhigen Art »umgetan« und wie große Kinder die Leute erschreckt. An einem schönen »glänzenden Morgen« fährt Goethe mit Passavant »den herrlichen See hinauf«, kommt dabei ein wenig zur Ruhe, genießt das reine Naturgefühl, den großartigen See und die Berge. Etwas wehmütig denkt er an seine Liebe, schreibt spontan (in sein Reisetagebuch) die Gedichtzeilen:

> Ich saug' an meiner Nabelschnur
> Nun Nahrung aus der Welt.
> Und herrlich rings ist die Natur,
> Die mich am Busen hält.
> Die Welle wieget unsern Kahn
> Im Rudertakt hinauf,
> Und Berge wolkenangetan
> Entgegnen unserm Lauf.

---

* Johann Jakob Bodmer (1698–1783), Historiker und Schriftsteller; Wiederentdecker mittelalterlicher Dichtung, Professor in Zürich, Mitglied des Großen Rates.
** Jacob Ludwig Passavant (1751–1827), Kandidat der (reformierten) Theologie; arbeitete zeitweise auch für Lavater.

> Aug mein Aug, was sinkst du nieder?
> Goldne Träume, kommt ihr wieder?
> Weg, du Traum, so gold du bist,
> Hier auch Lieb und Leben ist.
> Auf der Welle blinken
> Tausend schwebende Sterne,
> Liebe Nebel trinken
> Rings die türmende Ferne,
> Morgenwind umflügelt
> Die beschattete Bucht,
> Und im See bespiegelt
> Sich die reifende Frucht.[1]

Der spontane Augenblick, das Leben, die Liebe, die Natur; Goethe vermittelt eine Ahnung von »jenen glücklichen« Momenten der Reise. Das Gedicht, schwermütig und heiter, auch zuversichtlich zugleich, wird später umgearbeitet, doch diese erste Fassung auf dem Zürcher See vermittelt den authentischen Eindruck: die Wellen, das Schiff, die Träume, die Seelenlage das Autors: »Goldne Träume, kommt ihr wieder?« Es sind Träume, die er gleichzeitig verdrängen möchte.

Dann aber, auch in seinem Reisetagebuch, die eigentliche Adressatin seiner Hoffnungen und Wünsche, seiner Sehnsucht:

> Wenn ich Lili dich nicht liebte
> Welche Wonne gäb mir dieser Blick
> Und doch wenn ich Lili dich nicht liebt
> Wär! Was Wär mein Glück.

Die Reise durch die Schweiz führt sie nach weiteren Stationen bis zum Sankt-Gotthard-Pass. Dort angekommen, will er wenigstens einen Blick nach Italien werfen, das Blatt, das er zeichnet, betitelt er: »Scheideblick nach Italien«. Passavant bedrängt ihn, doch nach Italien zu reisen, aber Goethe traut es sich so spontan nicht zu; er zögert, kehrt um.

Scheideblick nach Italien

Bei ihrer Rückkehr nach Zürich finden sie die Stolberge und Haugwitz nicht mehr vor, doch diese hatten durch ihr Nacktbaden für erneutes Aufsehen gesorgt. »Nackte Körper«, schreibt Goethe, »leuchten weit, und wer es auch mochte gesehen haben nahm Ärgernis daran.«

Bald ist Goethe wieder in Frankfurt; zuvor, auf Zwischenstation in Darmstadt, gönnt er Merck seinen Triumph, der ihm ja die Trennung von den sich so genialisch gebärdenden Freunden vorausgesagt hatte.

In Frankfurt und Offenbach sah er Lili wieder, »... es war ein schonender zarter Zustand zwischen uns beiden«. Die Gesellschaft hatte während der Zeit seiner Reise auf Lili eingeredet, sie müsse sich von ihm trennen, diese »willkürliche« Abwesenheit des Verlobten sei Erklärung genug. Lili aber, so erfuhr er von Vertrauten, solle gesagt haben, sie würde mit ihm sogar nach Amerika auswandern.

Der junge Liebhaber denkt aber wieder an die Ge- und Verbote seiner Schwester, fühlt sich immer noch unentschlossen, unglücklich, spricht jedoch auch von der »Anmut des Unglücks« und dichtet:

> Ihr verblühet, süße Rosen,
> Meine Liebe trug euch nicht;
> Blühet, ach dem Hoffnungslosen,
> Dem der Gram die Seele bricht!

62. »Bedecke deinen Himmel, Zeus ...«

Aus dem dichterischen Füllhorn:
Prometheus, Obszönitäten bei »Hanswursts Hochzeit«,
»Claudine von Villa Bella«, »Stella« und »Egmont«
dazu
Eine Entlobung und eine Selbsteinschätzung:
»... ich bin wider scheissig gestrandet ...«

Seine Produktivität und Kreativität scheinen ungebrochen. Ein genialer Jüngling hatte in dieser »Frühlingszeit« der deutschen Literatur ungestüm auf sich aufmerksam gemacht, hatte nicht erst zaudernd und zögernd angeklopft, sondern war geradezu auf die Bühne gestürmt, auf die Weltenbühne.

Schon in seinem »Götz« hatte er sich nicht um altehrwürdige Traditionen, um die postulierte Einheit von Ort, Zeit und Handlung gekümmert, hatte die Szenen rasch aufeinanderfolgen lassen, geradeso, wie sein Genie es ihm eingab.

In seiner Prometheus-Ode war er kühn und revolutionär, wandte sich gegen die Götter, nennt sie übermütig und geringschätzig »die Schlafenden dadroben«, fordert:

> Bedecke deinen Himmel, Zeus,
> Mit Wolkendunst!
> Und übe, Knaben gleich,
> Der Disteln köpft,
> An Eichen dich und Bergeshöhn!
> Mußt mir meine Erde
> Doch lassen stehn ...

Auch eine dramatische Form (Fragment) war zum »Prometheus«-Thema entstanden; das Thema war unter den »Stürmern und Drängern« nicht unbekannt, das Feuer hatte er gestohlen und auf die Erde gebracht.

Der Prometheus wird bei Goethe ein Revolutionär, ein kühner (göttergleicher) Jüngling, der sich gegen jede Form der Autorität wendet; ein schöpferischer unerschrockener Kraftprotz betritt hier die Bühne, ein respektloses Genie, das gegen die allmächtigen Götter protestiert und aufbegehrt.

Zur Zeit dieser Dichtung (1773) befindet sich der junge Dichter in einer schweren Krise, Depressionen plagen ihn, er hat Selbstmordgedanken, wir hörten davon. In der Ode »Prometheus« ist der gesamte Unmut versammelt, der Protest, die Schwierigkeiten des Vater-Sohn-Verhältnisses, die allgemeine Trotzhaltung.

Prometheus, in der griechischen Mythologie ein Sohn des Titanen Iapetos, wird bei Goethe zum Sohn des Zeus, ein selbstbewusster Schöpfer, anmaßend und unerschrocken:

> Hier sitz' ich, forme Menschen
> Nach meinem Bilde,
> Ein Geschlecht, das mir gleich sei,
> Zu leiden, weinen,
> Genießen und zu freuen sich,
> Und dein nicht zu achten,
> Wie ich.

»Prometheus« also, und größer könnte der Kontrast nicht sein, der jetzt folgt, aus dem Füllhorn des Dichters herausgegriffen, ein »mikrokosmisches Drama«, betitelt: »Hanswursts Hochzeit«.

Die Frage scheint berechtigt, ob das Stück auch aus der Feder des »Prometheus«-Dichters stammen könne. Wohl Ende 1774 war es entstanden, das Stück »Hanswursts Hochzeit – Oder der Lauf der Welt«, in dem ein Tölpel namens Hanswurst »seine Hochzeit hält/Und sich eine Hanswurstin zugesellt«.

Schon das Personal dieser Farce verfügt über »sprechende« Namen, und die Sammlung gleicht einer Häufung von Obszönitäten. Es treten auf: Reck-Ärschgen, Schnuck-Fötzgen oder auch Hans Arsch von Rippach sowie Peter Sauschwanz, um nur einige Namen zu nennen. Der junge Goethe tobt sich aus auf dem Papier, verarbeitet durchaus eigene Projektionen, eigene erotische Vorstellungen:

> Mir ist das liebe Wertherische Blut
> Immer zu einem Probirhengst gut
> Den lass ich mit meinem Weib spazieren
> Vor ihren Augen sich abbranliren
>
> Und hinten drein komm ich bey Nacht
> Und vögle sie dass alles kracht …

Hier müssen nicht unbedingt Kommentare folgen; sein »Hanswurst« ist vermutlich einem Autodafé entgangen. Hanswurst, der von seinem Vormund und Ziehvater Kilian Brustfleck erzogen werden soll, entgegnet trotzig bei den Hochzeitsvorbereitungen:

> Indess was hab ich mit den Flegeln/
> Sie mögen fressen und ich will vögeln …

Da mag Kilian Brustfleck noch so sehr jammern, dass er ihm schon oft genug gesagt habe, »Dass ihr euch sittlich stellen sollt/Und thut dann alles was ihr wollt ...«; es hilft alles nichts, der Protagonist – »Indess er sich am Arsche reibt« – vermittelt die Erkenntnis, dass »Wurstel immer Wurstel bleibt«.

Immerhin lässt dieses Wurstel-Stück auch einige Rückschlüsse auf Goethes eigene Sexualität, seine erotischen Fantasien zu. Die Sexualität des jungen Goethe, eine conditio sine qua non, nicht nur für seine Entwicklung und Reifung vom Knaben zum Mann, sondern auch für sein Gesamtwerk, war auch eine Triebfeder, war Motivation, war Auf und Ab, beeinflusste das kreative Stimmungsbarometer, bewirkte und veranlasste euphorische Hochstimmung und war ebenso beteiligt an depressiven Verstimmungen bis hin zu Selbstmordgedanken.

Schnell entflammt ist er, spontan, unberechenbar, und nicht das weibliche Geschlecht allein ist Ziel seiner Sehnsüchte und erotischen Wünsche, es gibt durchaus auch Phasen manifester Homosexualität in seinem Leben, auch inzestuöse Wunschvorstellungen sind ihm nicht fremd.

Es sind postpubertäre* Spielereien, die er im »Hanswurst« zu Papier bringt, und seine Fantasien lebt er (ebenfalls auf dem Papier) auch aus. Der virile Liebhaber – »und vögle sie, daß alles kracht« –, der war er aber wohl selber nicht.[1]

Ein weiteres Beispiel aus der Produktionsfülle der »Geniezeit« ist »Claudine von Villa Bella«, ein Schauspiel mit Gesang. Etwa Anfang April (1775) findet der junge (verliebte) Dichter bei allen anderen Aufgaben und Projekten noch dafür Zeit. Einen Entwurf der »Claudine« gab es schon früher.

Der Vagabund Crugantino spielt die Hauptrolle. Beim ersten Auftritt (in einer schlechten Dorfherberge), den De-

---

* postpubertär, Pubertät: Goethe war ohnehin der Meinung, dass geniale Naturen (und dazu dürfen wir auch ihn zählen) eine »wiederholte Pubertät« erleben, »während andere Leute nur einmal jung sind«. (Zu Eckermann, 11. März 1828)

gen an der Seite, die Zither mit einem blauen Band in der Hand, singt er zusammen mit zwei anderen:

> Mit Mädeln sich vertragen,
> Mit Männern 'rumgeschlagen,
> Und mehr Credit als Geld;
> So kommt man durch die Welt.

Die Aktualität ist wohl eher zufällig; Crugantino und seine Genossen singen, bevor sie ihre »Unternehmung« starten:

> Mit vielem hält man Haus,
> Mit wenig kommt man auch aus;
> Heysa, Heysa! so geht's doch hinaus.

Auch Dichter lieben die Abwechslung, und den nächsten Blick werfen wir auf »Stella«, ein Schauspiel für Liebende. »Das Aufregende an der Stella-Dichtung«, sagt Karl Otto Conrady, »war die ›Heiligsprechung‹ der Dreiergemeinschaft: Eine Wohnung, Ein Bett, und Ein Grab.«[2] Es scheint zu schön, wenn Fernando zum Schluss beide Frauen umarmt, »Mein! Mein!«, ausruft und Stella (seine Hand fassend, an ihm hangend): »Ich bin dein!«, und auch Cäcilie einstimmt und die Trias mit dem Plural bekräftigt: »Wir sind dein!« Ob er aber wirklich funktioniert hätte, dieser Ménage à trois, ist eine ganz andere Frage; immerhin zeigt eine Änderung (von 1805), wie leicht aus dem Schauspiel für Liebende ein Trauerspiel werden kann.

In Fernando, dem männlichen Part des Dreiergespanns, erkennen wir auch mühelos den jungen Goethe wieder, den unentschlossenen, wankelmütigen Liebhaber; die »Verworrenheit der Gefühle« trifft auch auf den jungen Autor zu. »Und so träum ich denn und gängle durchs Leben«, schreibt er einmal an Kestner, »führe garstige Prozesse schreibe Dramata, und Romanen und dergleichen. Zeichne und poussire und treibe es so geschwind es gehn will.«[3]

Verstärkt arbeitet er in dieser Zeit auch noch am »Egmont«, der Aufstand der Niederlande hatte seine »Aufmerksamkeit« für eine dramatische Arbeit gewonnen. Nach einer kurzen Einleitung geht er gleich an die Bearbeitung der Hauptszenen, und bei diesem Stück ist es der Vater, der ihn besonders anspornt, besonderes Interesse für den Stoff zeigt.

Seine Besuche in Offenbach werden »sparsamer«, und manchmal, wenn er Lili in der Komödie trifft, vertraut er Auguste Stolberg an, redet er kaum mit ihr und seufzt in dem Brief: »Wär ich das los.«[4]

Die Trennung, eine »Entlobung« ist nur noch eine Frage der Zeit, und während der Herbstmesse des Jahres 1775 trennen die beiden sich dann wirklich, doch es bleiben Spuren und Narben zurück. Goethe redet noch im Alter von »seiner« Lili, und er bekennt Eckermann gegenüber, dass sie seine wahre Liebe gewesen sei.

Und wie sieht es nach der Trennung jetzt in ihm aus? – Seinem Freund und Kritiker Merck kann er sich (zumindest zu diesem Zeitpunkt noch) rückhaltlos anvertrauen: »Ich bin wieder scheissig gestrandet«, schreibt er ihm, »und möchte mir tausend Ohrfeigen geben, daß ich nicht zum Teufel gieng, da ich flott war.«[5]

63. Vom Wachsen und Werden des jungen Herrn G.

Von dieser zuletzt zitierten, sehr persönlichen Einschätzung Goethes einmal abgesehen, ist, wenn wir im Sinne einer Zwischenbilanz zurückschauen wollen, ein stetiges Wachsen und Werden, ein beständiges Lernen des wissbegierigen Kindes, des Heranwachsenden, des Anwalts und Dichters zu verzeichnen, ein Sich-Messen mit den Geistesgrößen der

Zeit. Er lernt von ihnen, ahmt sie gelegentlich nach (etwa Gellert), spottet auch gern über sie (z. B. Wieland), ist zuweilen aber selbst eine Mimose, verunsichert, verletzt, depressiv, enttäuscht, zumal wenn auch noch (unglückliche und unentschlossene) Liebesangelegenheiten dazukommen. Er fängt sich aber nach großer Depression und Verunsicherung schnell wieder, verbrennt manchmal Ergebnisse, Entwürfe, unliebsame Briefe, setzt erneut an, übertrifft seine Vorbilder (z. B. Herder) und »überflügelt« sie mühelos. Dann macht sein Genius ihn aber auch schon wieder übermütig und spottlustig.

Dabei ist Goethe kein Wunderkind und Genie wie etwa Mozart von Anfang an, sondern ein sich langsam und stetig entwickelndes, ein wachsendes Genie, ein überaus begabtes Talent, das sich entwickeln und entfalten muss. Wenn ein Lernprozess abgeschlossen ist, das Nachahmen, das Sich-Anverwandeln, das Benutzen, das Übertreffen in Stufenprozessen, dann steht ein neu gehäuteter Goethe da, wieder ein Stück gewachsen und verändert auf seinem genuinen Weg, wobei Krankheiten und Krisen in Kauf genommen werden müssen.

Goethe verhält sich ein Leben lang so. Am Ende seines Lebens kann er, der von vielen gelernt hat, sich mit Fug und Recht ein »Kollektivwesen« nennen und freimütig einräumen, dass er alles sammelte und benutzte, was ihm vor Augen, vor die Ohren und vor die Sinne kam: »Zu meinen Werken haben Tausende von Einzelwesen das ihrige beigetragen, Toren und Weise, geistreiche Leute und Dummköpfe, Kinder, Männer und Greise, sie alle kamen und brachten mir ihre Gedanken, ihr Können, Ihre Erfahrungen, ihr Leben und ihr Sein; so erntete ich oft, was andere gesäet; mein Lebenswerk ist das eines Kollektivwesens, und dies Werk trägt den Namen Goethe.«[1]

Wir greifen weit voraus, doch im Prinzip gilt das alles jetzt schon. Es fällt, nebenbei bemerkt, auf, dass er die Frauen nicht explizit nennt, von denen er gelernt hat; es ließe sich dennoch eine stattliche Reihe aufstellen. Verliebt (glücklich oder unglücklich) hat schon der junge Goethe seine genialen Inspirationen zu Papier gebracht, seine Sehnsüchte artikuliert und auch gelegentlich Schuldgefühle verarbeitet.

Aber zunächst geht seine Entwicklung weiter; die nächste große (Lebens-) Entfaltung steht ihm unmittelbar bevor.

64. Ein Bote aus Weimar

»... ein wohlgebildeter schlanker Mann« tritt ein

Eines Tages steht er nämlich da, im Zimmer des Autors, ein Deus ex Machina; Goethe hält ihn zunächst für Fritz Jacobi, blickt von seinen Arbeiten auf, sieht einen »wohlgebildeten« schlanken Mann, der in seinem Auftreten auch etwas Militärisches verrät. Der Ankömmling stellt sich vor: Karl Ludwig von Knebel war in preußischen Diensten, hatte sich in Berlin und Potsdam aufgehalten, hatte »mit den dortigen Literatoren und der deutschen Literatur überhaupt ein gutes und tätiges Verhältnis angeknüpft ...«

Sie sprechen sofort über die »allgemein deutschen literarischen Gegenstände«, Knebel zeigt sich sehr kundig und erzählt, dass er »gegenwärtig in Weimar angestellt und zwar dem Prinzen Konstantin zum Begleiter bestimmt sei«.[1]

Goethe hatte bislang allerlei von Weimar gehört, von der Herzogin Anna Amalia, von der Erziehung der Prinzen, der Akademie in Jena. Das Gespräch kam auch auf Wieland, und Knebel berichtete von dem verheerenden Schlossbrand im Mai des Jahres. Knebel und Goethe finden Gefallen aneinander. Goethe äußert kaum den Wunsch, »mit den dortigen Verhältnissen näher bekannt zu sein«, als Knebel auch schon sagt, das treffe sich gut, denn der Erbprinz und Prinz Konstantin träfen soeben in Frankfurt ein, und die Prinzen hätten auch schon den Wunsch geäußert, den berühmten Dichter kennenzulernen.

Sogleich wird ein Treffen vereinbart, und Goethe »eilte« mit Knebel zum »Roten Haus«, »zu den jungen Fürsten, die mich sehr frei und freundlich empfingen ...« Bei den jungen Prinzen, Carl August und Konstantin, war ihr Begleiter, Graf Goertz, und es begann eine zwanglose Unterhaltung, angeregt auch wohl durch Mösers »Patriotische Phantasien«, die »frisch geheftet und unaufgeschnitten« auf dem Tisch lagen.*

Wenn das eine Prüfung gewesen sein sollte, bestand Goethe sie glänzend; er berichtete über den Inhalt, schilderte die Möglichkeiten eines Herrscheramtes in einem kleinen Staat und zeigte sich bestens informiert. Die sehr jungen Herrschaften waren beeindruckt.

Goethes Vortrag gefiel dem Erbprinzen, der in Kürze das Regiment in Weimar übernehmen sollte, wohl auch deshalb besonders, weil der junge Autor unter anderem davon sprach, dass nach Mösers Ansichten gerade eine »Menge kleiner Staaten als höchst erwünscht zu Ausbreitung der Kultur im einzelnen« seien, und das sehr anregende Gespräch wurde an der Tafel fortgesetzt. – Ein Dichter und zwei junge Prinzen, es ging für Goethe bald zu wie »bei den Märchen der Tausendundeinen Nacht«, ein interessantes Thema löste das andere ab, wenn auch manches aus Zeitgründen nur angeschnitten werden konnte.

Die jungen Herrschaften reisten dann weiter nach Mainz und nahmen ihrem so überaus sachkundigen Gesprächspartner das Versprechen ab, sie dort zu besuchen. Goethe sagte mit Freuden zu.

---

* Justus Möser, 1720–1794 (Osnabrück), »Patriotische Phantasien« (1774–86), 4 Bände; Staatsmann, Publizist, Geschichtsschreiber, Goethe schätzte ihn sehr. Vgl. auch: Hans Tümmler, Carl August von Weimar, Goethes Freund, Stuttgart 1978, S. 21 f.

65. Fürstendienst, Glück oder Knechtschaft?

Besuch bei den neuen (Weimarer) Gönnern in Mainz

Vergnügt, erfreut und beinahe enthusiastisch eilt Goethe nach Hause, um den Eltern von der Begegnung und der Einladung nach Mainz zu erzählen. Johann Caspar Goethe aber wollte sich keineswegs damit anfreunden, dass sein Sohn möglicherweise sogar in fürstliche Dienste treten könne, er selbst hatte sich – ganz nach seinen reichsbürgerlichen Gesinnungen – »jederzeit von den Großen entfernt gehalten«, machte seine Scherze darüber, ließ aber auch Gegenargumente gelten, nur sollte man sich dabei schon möglichst »geistreich und witzig verhalten«. Procul a Jove, procul a fulmine, wirft der gebildete Mann und Erzlateiner ein, fern von Jupiter möge man sich halten und damit fern vom Blitz!

Das muss Wolfgang gelten lassen, bemerkt aber sehr wohl, »daß beim Blitze nicht sowohl vom Woher als vom Wohin die Rede sei«.

Doch Johann Caspar Goethe, Dr. iuris utriusque, lässt sich nicht beirren, mit den großen Herren sei nicht gut Kirschen essen, betont er; und Wolfgang entgegnet eifrig, »es sei noch schlimmer, mit genäschigen Leuten aus einem Korbe zu speisen«. Das stritt der Vater nicht ab, hatte aber zugleich ein anderes Sprichwort zur Hand.

Diese Reden und Gegenreden (A und B) hat Goethe wohl später aus alten Sammlungen und auch aus dem Gedächtnis rekapituliert:

    A: Lang bei Hofe, lang bei Höll!
    B: Dort wärmt sich manche gute Gesell.

Vater Goethe war in diesem Spiel wieder an der Reihe:

    A: Willst du die Not des Hofes schauen:
        Da wo dich's juckt, darfst du nicht krauen!

B: Wenn der Redner zum Volke spricht,
Da wo er kraut, da juckt's ihn nicht.

A: Hat einer Knechtschaft sich erkoren,
Ist gleich die Hälfte des Lebens verloren;
Ergeb' sich was da will, so denk' er,
Die andere Hälft' geht auch zum Henker.

B: Wer sich in Fürsten weiß zu schicken,
Dem wird's heut oder morgen glücken ...

Es folgen Reden und Gegenreden. Vater Goethe ließ sich nicht von seinen Gesinnungen abbringen, der Sohn wusste, dass der Vater sein stärkstes Argument noch in der Hinterhand hatte: die Geschichte von Voltaire und Friedrich dem Großen, nämlich, »daß jener außerordentliche Dichter und Schriftsteller durch Frankfurter Stadtsoldaten ... arretiert und eine ziemliche Zeit im Gasthof Zur Rose auf der Zeil gefänglich angehalten worden.«[1]

Tatsächlich hatte sich Voltaire gründlich die Gunst Friedrichs verscherzt (durch schmutzige Finanzprozesse, ein Pamphlet gegen den Präsidenten der Berliner Akademie der Wissenschaften), musste 1753 Preußen verlassen und nahm dabei auch noch (unerlaubt) Gedichte des Königs mit. Friedrich bewirkte (zu Recht) seine Verhaftung, und für Goethes Vater war das ein willkommenes Beispiel aus seiner Sicht.

Der junge Goethe wusste zwar selbst, dass Voltaire nicht ohne Schuld war, doch die Einlassungen des Vaters verunsichern ihn auch, verwirren ihn – »so wußte ich kaum, wie ich mich benehmen sollte: denn er warnte mich unbewunden und behauptete, die Einladung sei nur, um mich in eine Falle zu locken ...«[2]

Was tun? Die Klettenberg war krank und bettlägerig, ansonsten fand er bei ihr und der Mutter immer Unterstützung und Hilfe, »Rat und Tat« nannte er die beiden Vertrauten. Während die Erste für den Rat zuständig war, konnte er sich auf die »Bereitwilligkeit und auf die Tatkraft« seiner Mutter stets verlassen. Und auch dieses Mal schafften es beide Frauen, »die Einwilligung des Vaters zu erlangen, der denn auch, obgleich ungläubig und ungern, nachgab«.

Sehr kalt muss es gewesen sein in Mainz, als der junge Advokat dort ankam, um die jungen Prinzen zu besuchen. Vater Goethe, immer wieder verkannt und auch als stur beschrieben, hatte nachgegeben. Wer konnte es ihm verdenken, dass er gegen die Fürstenherrlichkeit und Willkür eingestellt war, so dachte, wie es die Spruchweisheit vorgab: »Hat einer Knechtschaft sich erkoren,/Ist gleich die Hälfte des Lebens verloren ...« Den Sohn unterstützte er später auch weiterhin, als dieser längst in fürstlichen Diensten war, grummelte aber gelegentlich, dass der Fürst dann seine Leute auch angemessen bezahlen müsse.

Im kalten Mainz wurde Sohn Johann Wolfgang nun im Dezember 1774 »von den jungen Herrschaften und ihren Begleitern, der Einladung gemäß, gar freundlich aufgenommen«. Man kannte sich bereits, erinnerte sich an die Gespräche, und Goethe speiste mit den Herrschaften zu Mittag.

Der junge Dichter saß neben dem (noch jüngeren) Erbprinzen, und Letzterer genoss offenbar die Nähe des schon berühmten Mannes. Die beiden gefallen einander, das hatte bereits der Arzt Zimmermann bemerkt.

Der junge Goethe blieb sogar bis nachmittags um fünf bei den Herrschaften, man hatte sich viel zu erzählen. Ganz nebenbei, so hat es den Anschein, wurde auch noch »Götter, Helden und Wieland« zur Sprache gebracht. Goethe hatte jedoch sofort den Eindruck, dass »man die Sache heiter und lustig betrachtete«. Er muss zwar eingestehen, dass er wohl ein wenig zu weit gegangen war, aber Wieland habe zu seinem Verdruss einiges an dem großen Shakespeare getadelt, habe sich gegen die Abgötter der jüngeren Generation, die Griechen, ausgesprochen, habe dann auch noch – in der

»Alceste« – »Helden und Halbgötter nach moderner Art gebildet«. Beschwerden über Beschwerden gegen Wieland, über die man in kleinem Kreise gesprochen habe, und er, Goethe, habe sich dann, als »die gewöhnliche Wut alles zu dramatisieren«, ihn eines Sonntagnachmittags »anwandelte«, hingesetzt und habe bei einer guten Flasche Burgunder das ganze Stück in einer »Sitzung« niedergeschrieben.[3]

Er muss ganz schön geschwafelt haben damals, ordnete sich den »wahrhaft oberrheinischen Gesellen« zu, die in Neigung und Abneigung keine Grenzen kannten, aber die jungen Herrschaften nahmen die Angelegenheit ohnehin heiter und gelassen, und Wieland war ja auch wohl als Prinzenerzieher längst »abgeschrieben«. Goethes neue Gönner veranlassen ihn aber immerhin, Wieland einen freundlichen Brief zu schreiben; der ungestüme Autor muss trotz aller Heiterkeit unter den jungen Leuten einsehen, dass er Wieland verletzt hat.

Die Tage in Mainz verlaufen für ihn sehr angenehm, er porträtiert einige Personen, fährt Schlittschuh auf den zugefrorenen Festungsgräben, kehrt bald darauf nach Hause zurück, voller Eindrücke, will den Eltern alles erzählen, sieht aber ihre betretenen Mienen und erfährt, dass die gute Freundin und Ratgeberin Klettenberg gerade gestorben war.

Ein frommer Tod habe sich »an ein seliges Leben angeschlossen«, damit tröstete man sich.

Die Hochzeit des Herzogs Carl August von Weimar mit seiner Braut, Luise von Hessen Darmstadt, fand am 3. Oktober 1775 in Karlsruhe statt, Braut und Bräutigam waren beide achtzehn Jahre alt. Am 12. Oktober kamen die Frischvermählten wieder nach Frankfurt und wollten von dort nach Weimar weiterreisen. Goethe ging »wohlangezogen« in den »Römischen Kaiser«, doch durch ein Missverständnis kam es nicht zu einer (erneuten) längeren Begegnung; die Herrschaften standen kurz vor der Abreise.

Aber durch den Geheimen Rat und Prinzenerzieher (in Meiningen), Franz Christian von Dürckheim, erhält Goethe ein Angebot: In Karlsruhe war der weimarische Kammerrat Johann August Alexander von Kalb zurückgeblieben, er sollte mit einem in Straßburg angefertigten Landauer (einem viersitzigen Reisewagen) nach Frankfurt kommen, um ihn, Goethe, abzuholen. Und so wurde ihm gesagt, »… ich solle mich bereit halten, mit ihm nach Weimar sogleich abzureisen«.[4]

Er kann sich noch von den Prinzen verabschieden, und der »heitere und gnädige Abschied, den ich von den jungen Herrschaften erfuhr, das freundliche Betragen der Hofleute machten mir diese Reise höchst wünschenswert, wozu sich der Weg so angenehm zu ebnen schien«.

Johann Wolfgang Goethe kann aufatmen, alles schien geklärt. Der Reise nach Weimar stand ihm nichts mehr im Wege.

66. Die Delph, das Dämonische und das Ende …
… das ein Anfang war

»Ich packte für Norden und ziehe nach Süden …«

Aber es dauerte und dauerte, kein Wagen, nicht einmal ein Brief, keine Nachricht. Vielleicht hatte der Vater also doch recht?

Johann Caspar bot dem Sohn ausreichend »Geld und Kredit« an, nur müsse er sich gleich entscheiden, nach Italien aufzubrechen. Der Diener Philipp Seidel sollte ihn begleiten. Der Sohn, immer noch zögernd und hoffend, zwischendurch fleißig am »Egmont« weiterarbeitend, muss sich schließlich geschlagen geben.

Heidelberg soll das erste Reiseziel sein. Kaum dort angelangt, hinterlässt er ein Billet auf der Post für den Fall, dass der Bote aus Weimar durch die Stadt kommt.

Goethe wird mit Freuden im Hause der Delph empfangen, in den nächsten Tagen »in manche Familie eingeführt«, wobei ihm die Familie des Oberforstmeisters von Wrede besonders zusagt, zumal eine der Töchter »Friederiken ähnelte«. »Eine frühere noch nicht erloschene Liebe im Herzen«, erregt er »Anteil ohne es zu wollen« und fühlt sich bald heimisch in Heidelberg und Umgebung.

Die Weiterreise wird verschoben. Der Delph schien es recht zu sein. Eine »politica« nannte Mutter Aja sie, und Goethe selbst spricht später von »der alten treuen Freundin«. Dorothea Delph, die mit ihrer Schwester ein Handelshaus in Heidelberg führte, scheint gute Beziehungen gehabt zu haben, z. T. wurden sogar (politische) Dokumente aus Preußen über sie weitergeleitet, und der kaiserliche Gesandte am pfälzischen Hof in Mannheim, Graf Lehrbach, nennt sie in einem Bericht nach Wien »Madame Delft, marchande très renommée …« Allerdings fallen auch weniger respektvolle Bemerkungen über sie, und Goethe meint, dass sie eigentlich nicht intrigant sei, doch zu den Personen gehöre, die »immer ein Geschäft haben, andere beschäftigen und bald diese bald jene Zwecke durchführen wollen«.[1]

Zu ihm jedenfalls hatte sie »eine tüchtige« Freundschaft gefasst, und während er in ihrem Hause wohnte, bemühte sie sich, ihm den Aufenthalt so angenehm wie möglich zu machen. Gleichzeitig versuchte sie, seiner »Abreise allerlei Hindernisse« in den Weg zu legen.

Von Lili will sie jetzt offenbar gar nicht mehr allzu viel hören, lobt die beabsichtigte Trennung, man müsse sich eben in das Unvermeidliche schicken und den Blick nach vorn richten. Bald jedoch wird auch deutlich, dass sie bereits neue Pläne für den hoffnungsvollen Dichter und Juristen gemacht hat: Kurfürst Karl Theodor von der Pfalz residierte damals noch in Mannheim (katholischer Hof, protestantisches Land), und die Delph versuchte ganz offenbar, Verbindungen zum Mannheimer Hof herzustellen, und auch eine etwaige Verlobung mit Fräulein von Wrede schien nicht unbedingt mit ihren Plänen zu kollidieren. Ich möchte sie trotzdem keine Kupplerin nennen, sie hilft, sie schafft Verbindungen, es bereitet ihr Freude.

Er solle also ruhig erst einmal nach Italien gehen, solle sich weiter ausbilden, inzwischen werde sie für ihn sondieren, und dann wolle man auch noch sehen, ob »die aufkeimende Neigung der Fräulein von Wrede gewachsen oder erloschen« sei, und vor allen Dingen, »ob es rätlich sei durch die Verbindung mit einer angesehnen Familie, mich und mein Glück in einem neuen Vaterlande zu begründen«.

So oder ähnlich müssen Gespräche geführt worden sein in Heidelberg in dem für Goethe so entscheidenden Jahr 1775. Aber er hört sich das alles wohl an, vielleicht gefällt es ihm sogar, was da alles für ihn inszeniert werden sollte, muss dann aber erkennen, »mein planloses Wesen konnte sich mit der Planmäßigkeit meiner Freundin nicht ganz vereinigen«. Er genießt das »Wohlwollen des Augenblicks«, denkt an Lili, ruft sich seine wichtige und ersehnte Reise in Erinnerung zurück und beschließt, sich »auf eine sanfte und artige Weise« von der »Gönnerin« zu lösen und die kaum begonnene Reise fortzusetzen.

Noch in der letzten Nacht muss die Delph ihm ihre Pläne auseinandergesetzt haben, erst gegen ein Uhr trennte man sich. Nun aber kommt das »Dämonische«, nennen wir es nicht einfach schnöden Zufall, denn es wird bestimmend für Goethes weiteren Lebensweg. Hier ein möglicher Ablauf nach »Dichtung und Wahrheit«:

Er hat noch nicht lange geschlafen, voll von den Plänen und Verheißungen der Madame Delph, als ihn das Horn eines Postillons direkt vor dem Haus weckt. Die Delph erscheint mit einem Licht vor seinem Bett, mit einem Brief wedelnd: »Da haben wir's!«, ruft sie voller Aufregung. »Lesen Sie, sagen Sie mir, was es ist! Gewiss kommt es von den Weimarischen. Ist es eine Einladung, so folgen sie ihr nicht, und erinnern sich an unsere Gespräche!«

Der junge Mann reibt sich die Augen, ist einigermaßen verstört, bittet sie schließlich, ihm das Licht und den Brief dazulassen, nur eine Viertelstunde brauche er. Er sitzt auf der Bettkante; die Delph verlässt ihn nur äußerst unwillig, sieht bereits all ihre »hübschen« Pläne in Gefahr.

Goethe erkennt Siegel und Handschrift, weiß, dass die Stafette aus Frankfurt kommt, und als er den Brief öffnet, klärt sich alles auf, nur durch einen unglücklichen Umstand hatte man sich verpasst.

Kurz werden noch die Reisepläne reflektiert, die kleine Bibliothek, die der Vater ihm mitgegeben hatte, und die »herrlichen Gegenstände«, die er hoffte, in Italien zu sehen, Gedanken an alles, was er »von Jugend auf durch Erzählung und Nachbildung aller Art kennengelernt«[2] hatte – all dem wollte er sich eigentlich nähern und sich dabei gleichzeitig von Lili entfernen.

Der junge Mann hat sich inzwischen angezogen, die Delph tritt mit ernstem Gesicht auf ihn zu:

»Nun!? Was soll ich hoffen?«

Goethe aber, inzwischen offenbar ganz entschieden, schaut sie ebenso ernst an:

»Meine Beste – reden Sie mir nichts ein, ich bin entschlossen zurückzukehren! Die Gründe habe ich bei mir selbst abgewogen, sie zu wiederholen würde nichts fruchten. Der Entschluss am Ende muss gefasst werden, und wer soll ihn fassen als der, den er zuletzt angeht?«

Wir können uns das bewegte Gesicht der Delph vorstellen; Goethe selbst erzählt, dass es eine heftige Szene gab, immerhin sah die Delph nun ihre Pläne endgültig schwinden. (DuW IV, 20)

Goethe befiehlt seinem Diener, Philipp Seidel, schließlich, einen Postwagen zu bestellen. Er selbst versucht unterdessen, die Delph zu beruhigen, seine Reise nach Italien könne er immer noch nachholen, auch sei die Rückkehr nach Heidelberg ...!

Sie war nicht zu beruhigen.

Doch dann stand auch schon der Postwagen vor der Tür, Seidel verstaute das Gepäck, der Postillon bläst ungeduldig ins Horn, Goethe muss sich förmlich losreißen, sie findet immer wieder neue Argumente, sodass er endlich voller Leidenschaft und Begeisterung die Worte Egmonts ausruft, die diesem Buch den Titel gegeben haben, sich freimacht, sich endgültig verabschiedet und schnell die Postkutsche besteigt.

Das Dämonische, ich sagte es schon, tritt nun ein in sein Leben (wenn es nicht schon längst bestimmend gewirkt hatte), nennen wir es eine Schicksalsmacht, ein Wort, das in verschiedenen Wendungen und Bedeutungen im Werk des Dichters vorkommt, eine Macht, die unkalkulierbar (und durchaus widersprüchlich) eingreift in das Schicksal des Menschen.

Es ist ein Wesen, das, dämonischen Geistern gleich und den unbegreiflichen und rätselhaften Gewalten verwandt, sich einmischt, Gutes oder Schlechtes bewirkt im menschlichen Daseinskampf. Vieles im Leben bleibt ohnehin den Dämonen überlassen, wie Goethe viel später einmal schreibt, schicksalhaften (und unsichtbaren) Mächten, »die ihre Pfoten in all dem Spiel haben«. (An Zelter, 6. 11. 1830)

Personifiziert, beispielsweise als rätselhafte Sphinx, mischt sich »daimon« nun auch in Goethes Leben ein, bestimmt und geleitet seine Abreise nach Weimar.

»Wohin es geht« – er weiß es selbst noch nicht, nur die Richtung Weimar ist vorgegeben, zum kleinen Fürstentum, wo er den wesentlichen Teil seines Lebens verbringen wird.

Die Weichen waren gestellt.

Literatur- und Abkürzungsverzeichnis (Siglen)

Gesamtausgaben:

AGA: Johann Wolfgang Goethe. Sämtliche Werke. Nachdruck der Artemis-Gedenkausgabe zu Goethes 200. Geburtstag am 28. August 1949, herausgegeben von Ernst Beutler, Zürich und München 1977 (18 Bände)
HA: Goethe Werke. Hamburger Ausgabe in 14 Bänden, herausgegeben von Erich Trunz, Hamburg 1948–1964. Nachdruck: München 1998, dtv
Dazu: Goethes Briefe, Hamburger Ausgabe (1962–1967) herausgegeben von Karl Robert Mandelkow (4 Bände, Mitarbeit: Bodo Morawe). Nachdruck: München 1988, dtv. Dazu: Briefe an Goethe, Hamburger Ausgabe (2 Bände) herausgegeben von Karl Robert Mandelkow (1965 u. 1969) Nachdruck: München 1982, dtv
WA: Goethes Werke. Herausgegeben im Auftrage der Großherzogin Sophie von Sachsen, Weimar 1887–1919. Fotomechanischer Nachdruck: 143 Bände, München 1987, dtv
Dazu: Supplement zur Weimarer Ausgabe mit Marginalien, Inhaltsverzeichnis, Dokumenten zur Edition etc. (Band ohne Nr.)
Dazu: Band 144 – Nachträge 1768–1832 (Texte) Briefe IV
Band 145 – Nachträge 1768–1832 (Texte)
Erläuterungen
Band 146 – Gesamtregister (Chronologisches und alphabetisches Verzeichnis der Briefempfänger, Wohnorte etc; herausgegeben von Paul Raabe, München 1990, bearbeitet von Mechthild Raabe)
(Die immer noch unverzichtbare Ausgabe besteht heute aus 146 Bänden, dazu der Supplementband s. o. – Abt. I: Werke, Abt. II: Naturwissenschaftliche Schriften, Abt. III Tagebücher, Abt. IV: Briefe; Bände fortlaufend 1–146 und in den Abt. nummeriert.)

Benutzte Werke, Quellensammlungen etc. (Siglen):

DuW: Goethe. Aus meinem Leben, Dichtung und Wahrheit (Band 10 der Artemis-Gedenkausgabe. Zürich und München 1977)
ebenso: DuW, Band 9 und 10 der HA
DKV: Johann Wolfgang Goethe. Von Frankfurt nach Weimar. Briefe, Tagebücher und Gespräche vom 23. Mai 1764 bis 30. Oktober 1775. Herausgegeben von Wilhelm Große. Deutscher Klassiker Verlag. Frankfurt am Main 1997.
GBZ: Goethe in vertraulichen Briefen seiner Zeitgenossen. Zusammengestellt von Wilhelm Bode. Berlin und Weimar 1982 (3 Bände)
GG: Goethes Gespräche. Eine Sammlung zeitgenössischer Berichte aus seinem Umgang. Auf Grund der Ausgabe und des Nachlasses von Flodoard Freiherrn von Biedermann. Ergänzt und herausgegeben von Wolfgang Herwig. Zürich und Stuttgart 1965–1987. Nachdruck: München 1998, dtv (Fünf Bände in sechs Teilbänden)
GJb: Goethe-Jahrbuch. Frankfurt/Weimar seit 1880 (zu Einzelfragen)
GL: Goethes Leben von Tag zu Tag. Eine dokumentarische Chronik von Robert Steiger und Angelika Reimann (8 Bände) Zürich und München (Artemis Verlag) 1982–1996
HFL: Der Junge Goethe. Neu bearbeitete Ausgabe in fünf Bänden (plus Registerband). Herausgegeben von Hanna Fischer-Lamberg. Berlin 1963–74 (Diese hervorragende Arbeit war für mein Buch unverzichtbar und in Zweifelsfällen ein zuverlässiger Ratgeber.) Dank an dieser Stelle auch an Herrn Hans Grüters vom Freien Deutschen Hochstift/Goethe-Museum in Frankfurt am Main für manchen nützlichen Hinweis.
LJ: Labores Juveniles. Aus Anlaß des 50jährigen Bestehens der Johann-Wolfgang-Goethe-Universität im Auftrag des Magistrats der Stadt Frankfurt am Main, herausgegeben und mit einem Nachwort versehen von Clemens Köttelwesch,

(Faksimile Lichtdruck der Schreibübungen des jungen Goethe) Stuttgart 1964

MM: Der junge Goethe. Neue Ausgabe in sechs Bänden besorgt von Max Morris. Leipzig 1909–1912.

(Grundlegendes Werk; Hanna Fischer-Lamberg widmet ihm ihre akribische Arbeit und schreibt: »Durch Morris ist der ›Junge Goethe‹ zu einem unentbehrlichen Quellenwerk und zu einem wichtigen Arbeitsinstrument des Forschers geworden« (HFL, I, Vorwort); dem schließe ich mich (in Kenntnis der Verbesserungen und Erweiterungen durch Hanna Fischer-Lamberg) dankbar an.

(Weitere Angaben in den Anmerkungen)

Anmerkungen

Kapitel 1

[1] Herbert Heckmann, Walter Michel, **Frankfurt mit den Augen Goethes,** Heidelberg 1998, S. 24 f.
[2] Petra Maisak und Hans Georg Dewitz, **Das Goethe-Haus in Frankfurt am Main,** Frankfurt a. M. u. Leipzig 1999, S. 28

Kapitel 3

[1] Johann Caspar Goethe, **Rationum Sumtuariarum Sive Rerum Oeconomicarum Fere Omnium Liber, Anno Gratiae** 1753, **Liber Domesticus 1753–1779,** übertragen und kommentiert von Helmut Holtzhauser unter Mitarbeit von Irmgard Möller, Edition Leipzig, 1973. (Ich nenne es im Folgenden schlicht das Haushalts- bzw. Ausgabenbuch des Vaters, abgekürzt LD. Diese Quelle ist in ihrer Bedeutung nicht zu überschätzen.)
[2] Der Seidenhändler Firnhaber (Vermögen): 600 000 Gulden und der Bankier Simon Moritz von Bethmann: etwa 1 370 000 Gulden. (LD, S. XIII)
[3] Johann Caspar Goethes Mutter hatte die beiden Häuser am »Großen Hirschgraben« 1733 für 6000 Gulden gekauft. (Es war um 1600 von einem holländischen Goldschmied erbaut worden.) Ausschlaggebend für die Wahl waren vielleicht die geräumigen Weinkeller; man hatte schließlich noch Vorräte aus dem »Weidenhof« unterzubringen. (Vgl. u. a. Herbert Heckmann, Walter Michel, **Frankfurt mit den Augen Goethes,** a. a. O., S. 21)
[4] E. Mentzel, a. a. O., S. 41
[5] Nicholas Boyle, **Goethe,** Bd. I, 1749–1790, München 1995, S. 79

Kapitel 4

[1] Grindbrunnen; zu Goethes Zeiten mehrere Hundert Meter weiter mainabwärts
[2] Gutleuthof, ursprünglich ein »Siechenhaus« für Aussätzige

Kapitel 10

[1] Elisabeth Mentzel, in: **Festschrift zu Goethes 150. Geburtstagsfeier,** Frankfurt a. M. 1899; **Der junge Goethe und das Frankfurter Theater,** S. 107 f.
[2] (Kollektivwesen) Vgl. Werner Völker, **Bei Goethe zu Gast,** Frankfurt a. M 1996, S. 159 f.
[3] Karl Viëtor, **Der junge Goethe,** Leipzig 1930

Kapitel 15

[1] **Bey Herrn Rath Göthe auf dem Grosen Hirschgraben: Eine zahlreiche auserlesene Bibliotheck.** Die Büchersammlung Johann Caspar Goethes, Ausstellung des Freien Deutschen Hochstifts Frankfurter Goethe-Museums, vom 27. August bis 28. Oktober 2001.
[2] HA, Bd. 9, S. 36
[3] **Lexikon der Kinder- und Jugendliteratur,** hrsg. von Klaus Doderer, Weinheim und Basel 1984, Bd. II, S. 613 f.
[4] **Deutsche Volksbücher,** hrsg. von Severin Rüttgers, (Insel-Verlag) Leipzig o. J., S. 442 f.
[5] **Deutsche Volksbücher,** a. a. O., S. 27 f.

Kapitel 16

[1] Werner Völker, **Der Sohn August von Goethe,** Frankfurt a. M. 1992 u. 1993, S. 28 f.
[2] Bettine von Arnim, **Goethes Briefwechsel mit einem Kinde,** hrsg. von Waldemar Oehlke, Frankfurt a. M. 1984 (1920), S. 654

Kapitel 20

[1] Goethe hatte sie gebeten, für seine geplante Autobiografie alles zu notieren, »was sich auf mich und die Meinigen bezieht und Du wirst mich dadurch sehr erfreuen und verbinden«.
Goethe kann sehr charmant sein, wenn er etwas will, entschuldigt sich gleichsam: »... hätte Dir schon lange für Deine lieben Blätter danken sollen,

die mir alle nach und nach zugekommen sind ...«, um dann »eine freundliche Bitte anzubringen«. Und die sollte der Leser nun im Wortlaut »genießen«, Goethe also an Bettine:
»Da Du doch nicht aufhören wirst mir gern zu schreiben und ich nicht aufhören werde Dich gern zu lesen; so könntest Du mir noch nebenher einen großen Gefallen tun. Ich will Dir nämlich bekennen daß ich im Begriff bin meine Bekenntnisse zu schreiben, daraus mag nun ein Roman oder eine Geschichte werden, das läßt sich nicht voraussehn; aber in jedem Fall bedarf ich Deiner Beihülfe.« Die Mutter sei verstorben, aber sie habe »eine schöne Zeit« mit ihr verbracht, habe ihre »Märchen und Anekdoten wiederholt vernommen« und trage alles »im frischen und belebenden Gedächtnis«. Sie solle sich also hinsetzen und alles aufschreiben(s. o.).
»Schicke von Zeit zu Zeit etwas«, endet der Brief, »und sprich mir dabei von Dir und Deiner Umgebung. Liebe mich bis zum Wiedersehn. G. W. d. 25. Oktb 1810«

[2] Ich gestehe, dass mir schon einmal bei einer Lesung (Museum Folkwang, Essen) bei Kritik dieser Art, gepaart mit Hinweisen zum Alkoholkonsum Goethes, eine ältere Dame (höchst) energisch entgegnete: »So lasse ich mir meinen Goethe nicht verhunzen!« Ich habe es seitdem oft und gern zitiert.

Kapitel 21

[1] Richard Friedenthal. **Goethe, Sein Leben und seine Zeit,** München 1986 (1963), S. 25

Kapitel 23

[1] Die naturwissenschaftlichen Phänomene, die »Irrlichter« entstehen lassen, scheinen bis heute nicht hinreichend erforscht zu sein. Theorien gibt es viele. Sumpf, Moor und Morast, feuchte Gebiete, Nebel scheinen die Entstehung zu begünstigen, was an Sumpfgase und Selbstentzündungen denken lässt. Im Nachrichtenblatt des Senckenberg-Museums in Frankfurt berichtet ein Reisender von seinem Irrlicht-Erlebnis im Oktober 1921; er war mit seiner Frau und dem Sohn in der Postkutsche unterwegs von Ingelfingen bis ins Jagsttal nach Westernhausen: »Der Tag war warm und sonnig, und als wir bei sinkender Nacht die Höhe überwunden hatten und es bergab ins Jagsttal ging, aus dem dünne, feine Nebelschleier sich erhoben, sahen wir links der

Straße, tief unten in der Nähe des Flusses eine stetig wechselnde Anzahl vertikaler, bläulich-roter Flämmchen, etwa 20–30, die den Anschein stufenhaften Hüpfens wohl dadurch hervorriefen, daß sich an der Stelle da und dort erlöschender stets in der Nachbarschaft immer neue bildeten. Die Lichtchen, anscheinend so hoch wie eine Hand und halb so breit, leuchteten nur für sich, ohne die Gegend irgendwie zu erhellen.«

Auch hier wusste der Postillion keine nähere Auskunft zu geben. Goethe aber hat seine Erscheinung, sein Irrlichterlebnis über die Jahrzehnte nicht vergessen; den Bericht darüber (in »Dichtung und Wahrheit«) schreibt er über 45 Jahre später; im Faust findet sich eine Szene (entstanden um 1800/1801) der »Walpurgisnacht«, in der ein »Irrlicht« Faust und Mephisto den Weg weisen soll.

Mephisto: Erlaub, daß ich ein Irrlicht bitte! Dort seh ich eins, das eben
        lustig brennt.

Das Irrlicht allerdings gibt zu bedenken:
    … will mich gern nach euch bequemen.
    Allein bedenkt! der Berg ist heute zaubertoll,
    Und wenn ein Irrlicht euch die Wege weisen soll,
    so müßt ihrs so genau nicht nehmen.

Dazu Faust, Mephisto und das Irrlicht im Wechselgesang:
    Und die Funkenwürmer fliegen,
    Mit gedrängten Schwärmezügen,
    Zum verwirrenden Geleite.
    Aber sag mir, ob wir stehen,
    Oder ob wir weitergehen?
    Alles, alles scheint zu drehen,
    Fels und Bäume, die Gesichter
    Schneiden, und die irren Lichter,
    Die sich mehren die sich blähen.«
(V. 3855–3911)

Auch hier zeigt sich das phänomenale Gedächtnis Goethes, das ein Ereignis, das Jahrzehnte zurückliegt, abrufen kann, es mit dem neuesten Forschungsstand (z. B. Journal für Chemie und Physik, das er las, 6. Bd., S. 40: »Auch die Irrlichter bestehen in nichts weniger als in brennendem gekohlten Wasserstoffgas (= Sumpfgas, Methan), wie manche wollten, sondern wenn man sie haschte, so findet man eine gallertige, froschlaichartige Masse …«) verband und erweiterte und in sein literarisches Werk einbaute. (Vgl. dazu: Günther Schmid, **Irrlicht und Sternschnuppe, Zu Goethes Faust,**

Goethe Jahrbuch (XIII, 1951, S. 268 f.; s. u. a. auch Faust II, 11 741 zur Schleimhypothese: »Irrlichter fort! du! leuchte noch so stark, Du bleibst gehascht ein ekler Gallert Quark.«)

Kapitel 24

[1] HA, Bd. 1, S. 12 f., vom 13. Okt. 1765 (Nachschrift an den Vater)
[2] **Riemer-Chronik,** »Andere Fortsetzung des Leipzigischen Jahr-Buchs ... von Johann Salomon Riemern«, 4 Bde, 1714–1771, Bd. 4, S. 1724
[3] »Leipziger Zeitungen«, 8. 10. 1765, S. 627
[4] Johann Christoph Stockhausen, **Kritischer Entwurf einer auserlesenen Bibliothek für die Liebhaber der Philosophie und der schönen Wissenschaften,** Berlin 1752
[5] Aus dem Lustspiel »Der poetische Dorfjunker«, das die junge Frau Gottscheds, Luise Adelgunde, in freier Bearbeitung nach einem Stück von Destouches geschrieben hatte.
[6] **Albrecht von Haller** (1708–1777) schweizer. Arzt und Naturforscher, 1736 Prof. für Medizin u. Botanik in Göttingen, gründete dort u. a. den Göttinger bot. Garten; **Carl von Linné,** eigentlich C. Linnaeus (1707–1778), schwed. Naturforscher, Prof. der Botanik, schuf die Grundlagen einer biologischen Systematik; **Buffon-Georges Louis Leclerc,** Graf von, (1707–1788), frz. Naturforscher, verf. Naturgeschichte mit Theorien über die Entstehung der Erde und der Organismen.

Kapitel 27

[1] Übersetzung (... je serois en danger de jouer l'amour Precepteur), vgl. DKV, Bd. 28, S. 599; auch die weiteren Zitate.
[2] Johann Wolfgang Goethe, **Geschichte meines Herzens, Briefe an Behrisch,** hrsg. von Wilhelm Große, Frankfurt am Main und Leipzig 1998, S. 26

Kapitel 28

[1] Goethe und Gotthold Ephraim Lessing (1729–1781); Notiz einer Nichtbegegnung: Lessing hatte zwanzig Jahre vor Goethe in Leipzig studiert, kam

später auch gelegentlich nach Leipzig, aber »Lessing traf zu einer Zeit ein«, so Goethe, »wo wir, ich weiß nicht was, im Kopf hatten: es beliebte uns, ihm nirgends zu Gefallen zu gehen, ja die Orte, wo er hinkam, zu vermeiden, wahrscheinlich weil wir uns zu gut dünkten, von ferne zu stehen, und keinen Anspruch machen konnten, in ein näheres Verhältnis mit ihm zu gelangen. Diese augenblickliche Albernheit, die aber bei einer anmaßlichen und grillenhaften Jugend nichts Seltenes ist, bestrafte sich freilich in der Folge, indem ich diesen so vorzüglichen und von mir aufs höchste geschätzten Mann niemals mit Augen gesehen.« (DuW, II, 8. Buch)

Lessing, genial, unbehaust und nicht festzulegen, voller Pläne und Zweifel, war dem jungen Goethe nicht geheuer – er ging ihm lieber aus dem Wege. Im Gespräch mit Eckermann erwähnt Goethe später Lessings »polemische Natur«, spricht von Widersprüchen und Zweifel, aber auch von seinem »großen Verstand«.

»In Wahrheit« aber, schreibt Lessings Biograf Willi Jasper (**Lessing, Aufklärer und Judenfreund,** Berlin und München 2001) »war dem statuarischen Weimarer der rebellische Charakter zutiefst verdächtig und zuwider«. Lessing selbst, der mit seiner fatalen Neigung zum Glücksspiel an Dostojewskis Spieler erinnert, hat sich gelegentlich mit einer Katze verglichen – launisch und unberechenbar; Katzenfreunde werden dem noch andere Eigenschaften hinzufügen wollen.

[2] DuW, II, 8. Buch
[3] HFL, I, S. 483

Kapitel 30

[1] DuW, II, 8. Buch

Kapitel 35

[1] WA, IV, 43, 226 f.; Die Briefe aus Leipzig, schreibt Goethe, seien »durchaus ohne Trost« gewesen, jedoch »zwey von Straßburg heb ich auf ...«; vermutlich zwei Briefe an Horn aus der Straßburger Zeit, die sich allerdings nicht im Nachlass fanden; Eckermann scheint er sie jedoch gezeigt zu haben. (Vgl. HFL, II, S. 319)

Kapitel 36

[1] Herder an Karoline Flachsland, Bückeburg, 21. März 1772, in: **Goethe in vertraulichen Briefen seiner Zeitgenossen,** hrsg. von Wilhelm Bode, Berlin und Weimar 1982, Bd. I, S. 20; später schreibt Herder allerdings auch: »Goethe liebe ich wie meine Seele.« (I, 41)

Kapitel 41

[1] Vgl. G. Schubart-Fikentscher, **Goethes 56 Straßburger Thesen vom 6. August 1771,** Weimar 1949; die Thesen wurden auf Latein formuliert, Übersetzung bei HFL, II, S. 312 f.
[2] HFL, II, 312

Kapitel 44

[1] HFL, III, 476
[2] Alfons u. Jutta Pausch, **Goethes Juristenlaufbahn, Rechtsstudent, Advokat, Staatsdiener,** Köln 1996
Vgl. auch Georg Ludwig Kriegk, **Deutsche Kulturbilder aus dem achtzehnten Jahrhundert** (Anhang: Goethe als Rechtsanwalt), Leipzig 1874; Kriegk, der Wiederentdecker der Prozessakten, beschreibt die Arbeitsweise des jungen Advokaten Goethe: Die juristischen Arbeiten Goethes, so meint er, lassen »das Wesen Goethe's noch darin erkennen, daß sie zeigen, wie gern er an den gesunden Verstand und an das natürliche Gefühl appellirte. Den Dichter aber verrathen dieselben dadurch als ihren Verfasser, daß der Styl nicht selten einen Schwung erhalten hat und zuweilen auch etwas dramatisch geworden ist. Ein stark hervorleuchtender Zug dieser Schriften besteht darin, daß Goethe seine Gegner nicht schonend zu behandeln pflegte und namentlich sehr geneigt war, ihnen die Absicht des Verschleifens und Verwirrens der Streitsache zuzuschreiben.« (S. 268)

Kapitel 45

[1] Heckel gegen Heckel, HFL II, 239 f.

Kapitel 46

[1] Zur schreienden Ungerechtigkeit der Zeit wäre noch eine Menge zu sagen; Einzelheiten und Hintergründe zu diesem Fall in: **Das Frankfurter Gretchen, Der Prozeß gegen die Kindsmörderin Susanna Margaretha Brandt,** Hrsg. von Rebekka Habermas, München 1999. Der männliche »Verursacher«, ein Holländer, hatte Frankfurt längst Richtung St. Petersburg verlassen, hatte sich schlicht und einfach »aus dem Staube« gemacht.
[2] GBZ, I, S. 27

Kapitel 47

[1] HFL, II, S. 331
[2] **Catharina Elisabeth Goethe (Briefe aus dem Elternhaus),** Zürich und Stuttgart 1973, S. 488 f.
[3] GG, 1, S. 54 f.
[4] GG, 1, S. 54 (H. C. Robinson: Reminiscences)
[5] HFL, II, S. 82

Kapitel 53

[1] Petra Maisak, **Goethes »Faust«, Verwandlungen eines Hexenmeisters,** herausgegeben vom Freien Deutschen Hochstift – Frankfurter Goethe-Museum, Frankfurt am Main 2007, S. 23 (Ausstellungskatalog, mit einer Einführung von Anne Bohnenkamp)
[2] Goethe an Herder, Anfang 1772, DKV, Bd. 1 (28), S. 252, Frankfurt am Main 1997

Kapitel 54

[1] Thomas Bauer, **Johann Christian Senckenberg, Eine Frankfurter Biographie 1707–1772,** Frankfurt a. M. 2007
[2] Vier Söhne und eine Tochter; der dritte Sohn (Conrad Hieronymus) verstarb zehn Jahre vor Goethes Geburt; das Töchterchen verstarb als Kleinkind. Goethe spricht daher nur von drei Söhnen.

³ Wir erinnern uns an eine »dramatische« Auseinandersetzung zwischen Goethes Vater und Großvater.
⁴ Zitiert nach Thomas Bauer, a. a. O., S. 47
⁵ Zitiert nach Ernst Beutler, **Essays um Goethe,** Frankfurt a. M. 1995
⁶ B. Reifenberg, **Johann Christian Senckenberg in seiner Zeit** (Festansprachen anlässlich der 200-Jahrfeier der Dr. Senckenbergischen Stiftung, 1963)
⁷ P. S. Später, viel später, nachdem Goethe zum korrespondierenden Mitglied der Senckenbergischen Naturforschenden Gesellschaft ernannt worden war (1821), schickt er gelegentlich Sonderdrucke (so z. B. »Versuch, die Metamorphose der Pflanzen zu erklären« u. a.), bedankt sich artig in einem Antwortschreiben: »... wer Kunst und Wissenschaft fördert darf sich sagen, daß er gränzenlose Folgen vorbereitet ...«, hat aber auch schon bald eine sehr merkwürdige Frage. An den Frankfurter Arzt und Ersten Direktor der Stiftung, Neuburg, schreibt er, nachdem er in Zeitungen von einer »sonderbaren Naturerscheinung« gelesen hat; seine Frage, die der ungeduldige Leser mit Recht als eine Abschweifung vom jungen Goethe empfinden wird, lautet: »Es soll nämlich im Odenwalde eine Frau befindlich seyn, an deren Stirn sich wiederholt hornartige Auswüchse zeigen; dieses haben sogar bey uns eingetroffene Personen, die solche in Frankfurt wollen gesehen haben, versichert, nach deren Zeugniß denn dergleichen Auswuchs dem Gehörn eines Rehbocks ähneln soll. Auch sagen sie, ein solches Horn falle in gewisser Zeit ab und ein neues entstehe wieder.«
Diese »sonderbare Nachricht« habe die Naturforscher und auch den Großherzog (Goethe wohl selbst auch) aufmerksam gemacht, sagen wir ruhig neugierig, und der Herzog habe ihn beauftragt, »nähere Erkundigung einzuziehen«.
Goethe wendet sich also an die Senckenbergische Naturforschende Gesellschaft mit der Bitte, »... uns eine nähere der Wissenschaft gemäßere Notiz von diesem Phänomen zu ertheilen; auch zugleich mir Nachricht zu geben: ob man, wenn ein solches Gewächs sich von der Haut ablöste, dasselbe, gegen einen geziemenden Preis, durch Ihre Vermittelung vielleicht erhalten könnte?«
Fassen wir zusammen: Eine Frau mit Rehgehörn im Odenwald, wir wollen nicht gleich von Geweih sprechen, das wäre übertrieben; Goethes Interesse ist geweckt – der Forscher, der Dichter, der Sammler – alle wollen sie mehr erfahren.
»Die Bedeutsamkeit des Falles«, fügt er im Brief an Neuburg noch an (als Konzept erhalten, 15. Okt. 1821), »der eigene wißbegierige Antrieb und

die höhere Veranlassung, vor allem aber Ew. Wohlgeboren erprobte Geneigtheit werden diesen Wunsch und die Bemühungen die er verursacht gefällig entschuldigen.« Dem Leser, der nicht längst zum nächsten Kapitel enteilt ist, stellen sich nun doch mehrere Fragen:
1. Hat Goethe den Brief überhaupt abgeschickt?
2. Hat er eine Antwort erhalten?
Und die dritte (und wichtigste) Frage: Hat man die Odenwald-Frau mit Rehgehörn überhaupt gefunden, und wo hatte sie sich (vielleicht aus Scham) versteckt?

Kapitel 55

[1] Karl Otto Conrady, a. a. O., S. 212

Kapitel 56

[1] Historische Genauigkeit: Als ein Beispiel mangelnder historischer Genauigkeit sei Miltenberg angeführt:
(Götz: »Geschwind zu Pferde Georg, ich sehe Miltenberg brennen.« 5. Akt, HFL III, S. 282)
Hier bezieht sich Goethe auf die Lebensbeschreibung Gottfried von Berlichingens: »... sie wollten hinab ziehen, von Ammerbach (Amorbach) gen Miltenberg (...) da sahe ich ein Schloß brennen, daß heißt Willenberg, ist des Bischoffs von Maynz, welches alles wider den Vertrag, den wir ufgericht hetten, gehandelt war.« (Vgl. HFL, II, S. 343)
Aber nicht Miltenberg brannte, sondern die Bauern brannten die Burg Wildenberg nieder (4. Mai 1525), die so nach 350-jährigem Bestehen unterging und seitdem als Ruine dasteht.
Einzelheiten bei: Walter Hotz, **Burg Wildenberg im Odenwald. Ein Herrensitz der Hohenstaufenzeit,** Hermann Emig Verlag, Amorbach 1963
[2] Christoph Martin Wieland, **Schriften Zur Deutschen Sprache und Literatur,** hrsg. von Jan Philipp Reemtsma, Hans und Johanna Radspieler, Frankfurt a. M. und Leipzig 2005, II. Band, S. 449
[3] DKV, S. 310 f. Goethe an F. W. Gotter, Juni 1773
[4] Arsch: Goethe dachte wohl an den (inzwischen immer wieder nachgefragten) drastischen Ausspruch des Ritters mit der eisernen Hand: »Vor

Ihro Kayserliche Majestät, hab ich, wie immer schuldigen Respect. Er aber, sags ihm, er kann mich im Arsch lecken.« (vgl. HFL, III, S. 253)
⁵ DKV, S. 821, HFL III, S. 421

Kapitel 57

¹ HFL IV, 356, vgl. E. Staiger, **Goethe,** Zürich 1960, S. 149 f.

Kapitel 58

¹ HA, Briefe an Goethe, Bd. 1, S. 11 f.
² HA, Briefe an Goethe, Bd. 1, S. 38 f.

Kapitel 60

¹ Über das weitere Schicksal der Familie Schönemann (nach Goethes Weggang nach Weimar) ausführlich bei: Ernst Beutler, a. a. O., S. 194 f.
² HA, Briefe, Bd. 1, S. 176 f.
³ Hallo, ganz lieb sein! Gib Pfötchen! Und mach einen Diener, wie ein feiner Herr! (Übers. nach HA, Gedichte und Epen 1, Bd. 1, S. 526 (S. 101)
⁴ *dumpf:* Zum Gebrauch des Wortes; vgl.: Gero von Wilpert, **Goethe-Lexikon,** Stuttgart 1998
⁵ DuW, IV, 17. B.
⁶ Vgl. **Goethes Leben von Tag zu Tag,** Bd. 1, Zürich und München 1982, S. 716; die Szene spielte sich vermutlich in Offenbach, im Landhaus von Lilis Onkel Bernard ab.

Kapitel 61

¹ »Aus dem Tagebuch der Reise in die Schweiz, 15. Junius, aufm Zürichersee«; vgl. dazu: HFL V, S. 235 f.

Kapitel 62

[1] Der Psychoanalytiker K. R. Eissler vermutet, dass Goethe unter vorzeitiger Ejakulation (ejaculatio praecox) litt und sicherlich eine gewisse Zeit Befriedigung durch Tanzen und Küssen fand (K. R. Eissler, **Goethe. Eine psychoanalytische Studie, 1775–1786,** Band 1 und 2, München 1987). Diese Schwäche sollte sich erst viel später (mit etwa Ende dreißig) ändern. Seine »Liebesfluchten« lassen sich vielleicht durch diesen »Defekt«, diese Veranlagung erklären. – Masturbation, die auch nicht auszuschließen ist, meint Eissler, hätte »zu einem größeren Schuldgefühl geführt.« (a. a. O. Bd. 2, S. 1200)

[2] Karl Otto Conrady, S. 268 f.; »Das Erstaunliche dieses Schauspiels:«, so Conrady, »daß sich nirgends gesellschaftliche Normen mit ihren Ge- und Verboten einmischen. Auch die Kategorien von Schuld in moralischer Hinsicht verlieren vor der Macht der Liebe jede Geltung.«

[3] HA, Bd. 1, an Kestner, etwa 12. Juni 1773, S. 149

[4] HA, Bd. 1, S. 191 f.

[5] HFL, V, S. 249 (Brief an Merck, etwa 8. Aug. 1775)

Kapitel 63

[1] s. auch Kap. 10, a. a. O., S. 159 f.

Kapitel 64

[1] Knebel überrascht Goethe in einer äußerst produktiven Phase; an den Verleger und Unternehmer Bertuch schreibt er nach Weimar: »Ich habe einen Haufen Fragmente von ihm, unter andern zu einem »Doktor Faust«, wo ganz ausnehmend herrliche Szenen sind. Er zieht Manuskripte aus allen Winkeln seines Zimmers hervor.«
(GBZ, I, S. 93, Knebel an Bertuch, Karlsruhe 23. Dezember 1774)

Kapitel 65

[1] HA, Bd. 10, S. 56
[2] HA, Bd. 10, S. 56

[3] (Götter, Helden …): Er weiß schon, dass das kein Glanzstück war, in seinen Briefen (z. B. an Schönborn, 1. Juni–4. Juli 1774) gibt er ganz unumwunden zu: »Auf Wielanden habe ich ein schändlich Ding drucken lassen …« (Vgl. HA, Briefe, Bd. 1, S. 162)
[4] DuW, IV, 20. B.

Kapitel 66

[1] DuW, IV, Buch
[2] ebda., IV. Teil, 20. Buch

Abbildungsverzeichnis

Dr. Senkenbergische Stiftung, Frankfurt a. M. 263
Freies Deutsches Hochstift, Frankfurt Goethe-Museum 103, 125
Goethe-Museum, Düsseldorf 19, 148, 318
Hessisches Landesmuseum 187
Österreichische Nationalbibliothek 171
Stiftung Weimarer Klassik/Goethe Nationalmuseum 34, 74, 122, 171, 196, 242, 258, 282, 287, 299
Historisches Museum, Frankfurt 89, 95

Trotz aller Bemühungen ist es dem Verlag nicht gelungen, sämtliche Rechteinhaber ausfindig zu machen. Wir bitten darum, sich mit dem Verlag in Verbindung zu setzen, damit wir eventuelle Korrekturen vornehmen können.

Christiana Engelmann · Claudia Kaiser
Möglichst Schiller
Ein Lesebuch
Mit Illustrationen von Peter Schössow

ISBN 978-3-423-62196-0

Schiller für Jugendliche? Auf alle Fälle! Denn der Dichter und sein Werk haben ihnen viel zu bieten. Schiller war sein ganzes Leben lang von jugendlicher Kraft, seine Bühnenstücke und Balladen strotzen vor Leidenschaft und Dramatik, seine Erzählungen leuchten bis in unsere Zeit. Jedes Kapitel beleuchtet sein Werk aus einem anderen Blickwinkel: Es geht um Themen wie Freundschaft, das Verhältnis zu Autoritäten oder die Suche nach dem richtigen Beruf.

Rafik Schami
Uwe-Michael Gutzschhahn
Der geheime Bericht über den Dichter Goethe

ISBN 978-3-423-62068-0

Der 26. Mai 1890. Thomas und seine Mutter, eine deutsche Fürstin, finden auf der Insel Hulm Asyl und bald freundet sich Thomas mit Hakim, dem Sohn des Sultans, an. Als dieser selbst Sultan wird, beschließt er, das Haus der Weisheit zu bauen. In der Bibliothek sollen nur die besten und spannendsten Bücher der Weltliteratur stehen. In neun langen Nächten stellt ihm Thomas die Werke Goethes vor.